从零开始学

小红书

精准定位 + 创作引流 + 种草运营 + 直播带货

叶龙　编著

清華大学出版社
北　京

内 容 简 介

本书具体内容包括平台介绍、精准定位、选题策划、推广策略、引流涨粉、标题拟取、文案写作、图片优化、直播预告、直播带货等，向潜在用户提供他们想了解的信息，给出充足的吸引力，让他心甘情愿成为你的粉丝，或者成为产品的实际购买者。本书帮助读者更加顺利地在小红书平台深耕内容、运营社区、打通电商、进军短视频等领域。

本书适合以下读者：小红书运营人员、小红书博主、入驻小红书的企业和商家、品牌广告主及相关机构，以及想要进驻小红书的创业者、自媒体运营者、短视频和直播带货人员等。

图书在版编目(CIP)数据

从零开始学小红书：精准定位+创作引流+种草运营+直播带货 / 叶龙编著. —北京：清华大学出版社，2023.1

ISBN 978-7-302-62281-9

Ⅰ. ①从…　Ⅱ. ①叶…　Ⅲ. ①网络营销　Ⅳ. ①F713.365.2

中国版本图书馆CIP数据核字(2022)第253820号

责任编辑：张　瑜
封面设计：杨玉兰
责任校对：徐彩虹
责任印制：刘海龙
出版发行：清华大学出版社
网　　址：http://www.tup.com.cn, http://www.wqbook.com
地　　址：北京清华大学学研大厦A座　　**邮　　编：**100084
社 总 机：010-83470000　　**邮　　购：**010-62786544
投稿与读者服务：010-62776969, c-service@tup.tsinghua.edu.cn
质量反馈：010-62772015, zhiliang@tup.tsinghua.edu.cn
印 装 者：北京博海升彩色印刷有限公司
经　　销：全国新华书店
开　　本：170mm×240mm　　**印　　张：**15.25　　**字　　数：**317千字
版　　次：2023年1月第1版　　**印　　次：**2023年1月第1次印刷
定　　价：66.80元

产品编号：076703-01

前言

据小红书发布的报告中的数据显示，截止到 2022 年 2 月平台的月活跃用户已经超过 2 亿，其中 72% 的用户为 90 后等年轻用户群体。作为一个社区分享式的线上购物平台，小红书凭借其真实化、多元化的社区氛围和超过 3000 万的网红 KOC(关键意见消费者，一般指能影响自己的朋友、粉丝，产生消费行为的消费者) 在如今层出不穷的线上电商平台中杀出重围，并以其独树一帜的“社区种草”“社区购物”“社区反馈”的线上交易闭环吸引了大量用户和商家企业入驻。

小红书作为一个人人都能分享生活方式的平台和帮助用户“种草、拔草”商品的决策入口，不管是想进行产品及品牌宣传的商家企业，还是想运营好小红书账号，成为一名 KOC 甚至头部 KOL(一般指关键意见领袖，拥有更多、更准确的产品信息，且为相关群体所接受或信任，并对该群体的购买行为有较大影响力的人) 的个人用户，都能在小红书社区找到出路，因此我们决不能错过小红书这一平台。

商家企业想要入驻小红书，个人用户想要吸粉涨粉，实现流量变现，那么平台运营、内容打造以及带货技巧都需要大家牢牢掌握。书中所提供的好的知识框架以及丰富的实例，能够帮助读者更好地了解并掌握其中的知识，如果内容都是混乱的，只会造成读者一头雾水的尴尬场面。

因此，本书从小红书的账号定位、创作引流、种草运营、直播带货等 4 个角度出发，帮助大家快速掌握小红书运营技巧，零基础玩转小红书。

第 1 ~ 2 章详细介绍了小红书的平台规则以及账号定位方法，帮助读者做好运营前的准备；第 3 ~ 5 章通过策划一个热门的选题，并制定一个高效的推广策略，从而更好地实现引流变现；第 6 ~ 9 章为种草运营，通过对标题、文案、图片以及视频等 4 方面的介绍，帮助读者更好地运营账号；第 9 ~ 11 章为直播带货，介绍如何高效促单和提升转化率，包括直播预热、促单话术以及销售技巧，让你的直播间订单不断。

本书的内容由浅入深，从平台介绍到直播带货，从内容运营介绍到流量变现，不管是商家企业还是个人运营者，都能在本书中找到需要的、实用的内容。

最后希望大家能够将书中的知识全部学会、学透，化为己用，这样在你踏入小红书平台时，就会更加得心应手，平台运营、内容创意和直播带货也不在话下。

特别提示：本书在编写时，是基于当前小红书社区的内容截取的实际操作图片，但书稿从编辑到出版需要一段时间，在这段时间里，软件界面与功能可能会有调整与变化，比如有的内容删除了，有的内容增加了，这是软件开发商做的软件更新，请在阅读时，根据书中的思路，举一反三，进行学习。

本书由叶龙编著，参与编写的人员还有叶芳等人，在此表示感谢。由于作者知识水平有限，书中难免有错误和疏漏之处，恳请广大读者批评、指正。

本书配套的素材和效果文件请扫描二维码下载。

素材 .zip

效果 .zip

编　者

目录

第 1 章

平台介绍：带你了解小红书 App

学前提示

随着互联网的发展，线上交易平台呈现出井喷式增长趋势。虽然电商平台层出不穷，但能留存下来的却很少。小红书是近年来发展迅速的电商平台之一，抓住小红书给予的机会，就是抓住了我们的明天。

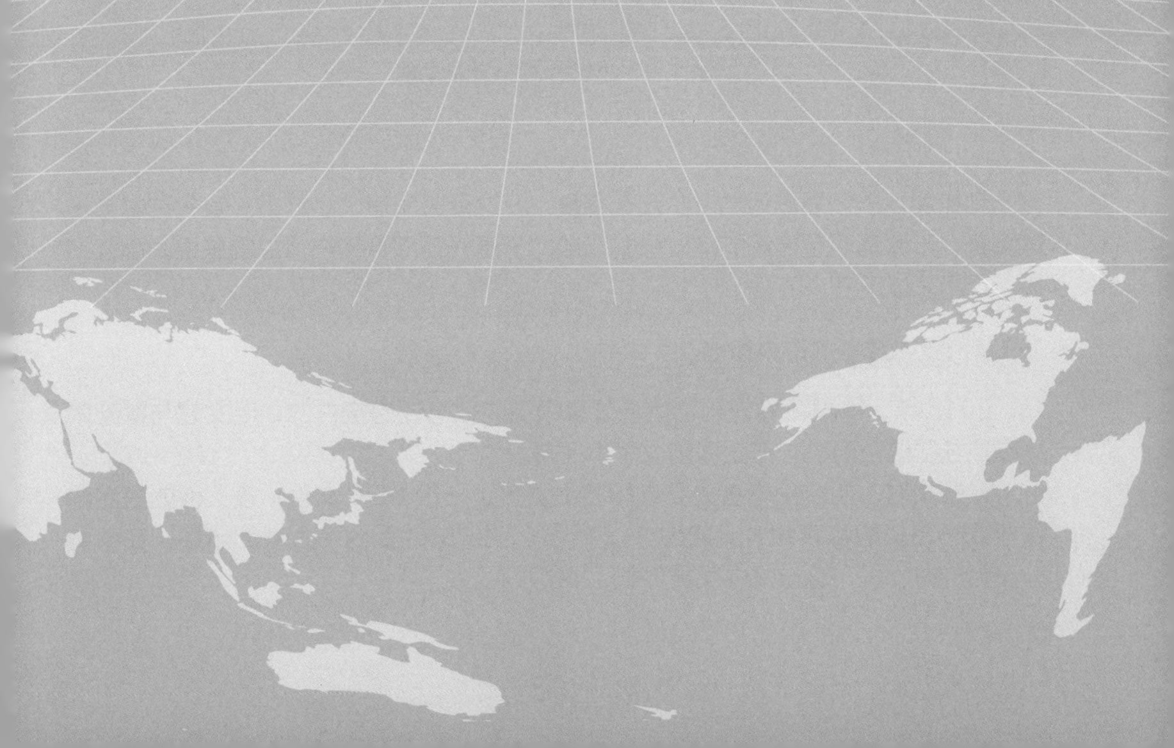

1.1 小红书概述

从 2013 年开始到现在，小红书随着外部环境以及内部情况的变化不断调整自己的商业战略。

除了不断地改变自己的商业模式，小红书还致力于打造一个有着“分享”精神，且充满着“美好”“真实”与“多元”的社区，无论是产品的发展还是商业模式的变化，小红书都不以牺牲用户的体验作为代价。

也正因为此，小红书摒弃了凭借着大规模流量的商业化变现模式，而选择了一条更加复杂、艰难的道路。事实证明，这条道路是一条正确的道路。

目前，小红书 App 还在快速发展中，其产品功能主要包括消息、商城、首页、分享和我等 5 个方面，如图 1-1 所示。

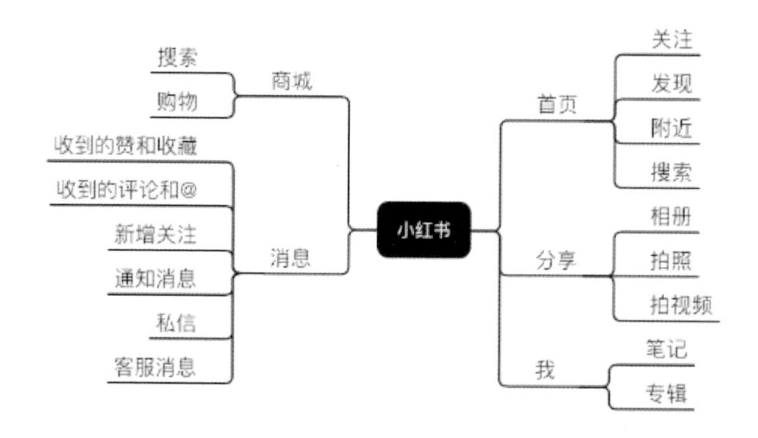

图 1-1　小红书 App 产品功能

1.1.1 小红书的发展历程

到如今，小红书已经走过了几个春秋。在这段时间里，小红书一直关注着市场的变化，不断地调整自己的商业模式，致力于更好地服务用户。总的来说，小红书平台经历了以下几个历程。

1. 找到真实的用户痛点

2013 年，中国在境外购物信息分享领域的信息还是空白的，毛文超与瞿芳两人便抓住了这个商机，在上海创立了小红书。

最开始时，两位创始者先是在网站上发布了一份 PDF 文件，该文件的名字叫《小红书出境购物攻略》，如图 1-2 所示。这份文件受到了大家的热捧，在不到一个月的时间里，这份文件就被下载了 50 万次。

图 1-2 小红书 PDF

但在 2013 年，PC 互联网的时代已经走向终点，移动互联网正在加速发展，几乎所有的互联网企业都加快了在移动端上布局的速度。因此，小红书的两位创始人也快速地作出了调整。在圣诞节前夕，两位创始人带领团队上线了主打海外购物 UGC(user generated content，用户原创内容) 分享的小红书 App。

在小红书 App 上，用户可以尽情地分享自己的境外购物心得，其中包括商品的详细信息，如商品的品牌、价格、购买地点和使用心得等。

在此期间，小红书作了一个最重要的决策，那便是使用了 UGC 的内容生产模式。图 1-3 所示为小红书 UGC 商业模式。

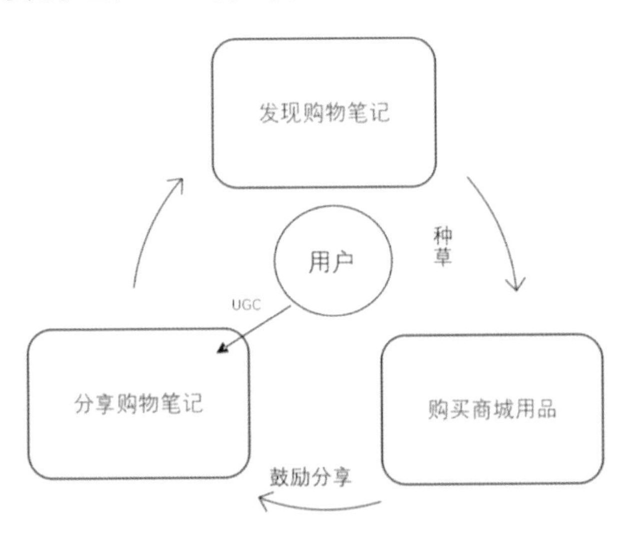

图 1-3 小红书 UGC 商业模式

在小红书发布 PDF 攻略时，正好是国庆节期间，而小红书在应用商店上发布 App 的时候，正好赶上了圣诞节这个海外购物高峰节点。在此期间，小红书完成了第一批用户的积累，打开了一定的市场。

在 2014 年春节期间，又有一批出境旅游的人，当他们在应用商店上搜索相关 App 的时候，第一个出现的便是小红书。因此，没有采用任何推广策略，在春节假期中，小红书就凭借着精准的市场定位以及差异化的内容，又一次迎来了用户的爆发式增长，随之而来的还有社区里其他内容的增加。

一开始小红书做的是海外购物信息的分享，现在小红书中关于旅游、美食的内容也在逐渐增加，这就让创始人考虑要不要加入更多的产品，以及要不要引入代购。

最终，两位创始人决定不在这一阶段加入其他类型的产品，并且要求社区的用户必须是“真实”的消费者，不允许代购加入。因此，小红书还特意设计了一个系统将不相关的信息隐藏起来。

2.“社区＋电商”双轮驱动

做“真实”用户的购物分享，让小红书中用户分享的内容更加真实、精准，因此，小红书成为专业的海外购物分享社区，并在行业内声名鹊起，越来越多的用户被吸引进来。

但是，当时的小红书平台只能看不能买，因此小红书成了用户在海外、线下门店以及其他电商平台消费决策的重要参考平台。

鉴于小红书流量众多，很多企业都想在小红书社区中投放广告，但是小红书并没有打开广告的口子，而是选择了更艰难却符合用户需求的路：电商。

当时，跨境电商也是一个风口，抓住跨境电商的机遇，也能更好地促进平台的发展，而且小红书本身就是以海外购物信息分享发展起来的。因此，小红书在 App 上为用户提供了跨境电商的服务，相关团队可以根据社区内笔记的相关数据进行精准选品，从而完成用户从发现商品到购买商品的体验闭环。图 1-4 所示为跨境电商模式的分类。

小红书开通了跨境电商的模式，找到了商业化变现的道路，并且凭借规模庞大的优质流量以及商品的正品保障，在 2015 年时，小红书获得了腾讯、元生资本等投资人的青睐。

小红书在开创初期，专注于做海外购物信息的分享，目的是为了聚焦内容以及品牌，进而吸引更加精准的用户，并给用户留下一个专业的印象。在做好海外购物信息分享后，小红书便可以筹谋更大的发展空间。

根据市场需求，小红书开始延伸内容，从海外购物分享延伸到美食、旅游、学习、育儿等各类生活方式的分享，并引进算法推荐机制，使得小红书从一个海外购物分享的平台，转变成为一个吸引众多年轻人的生活分享平台以及消费决策平台。

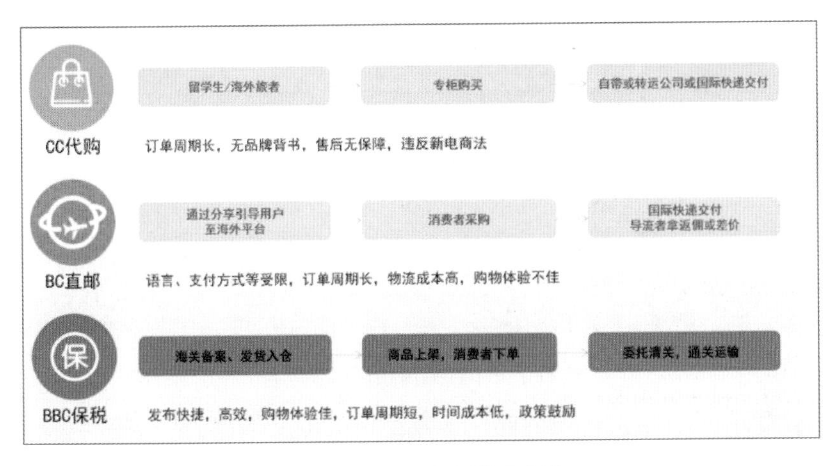

图 1-4　跨境电商模式分类

小红书还吸引了众多明星入驻，如图 1-5 所示。此外，小红书还赞助了众多综艺节目，进一步扩大了小红书的知名度，如图 1-6 所示。因此，在 2018 年，小红书实现了用户的新一轮爆发式增长。

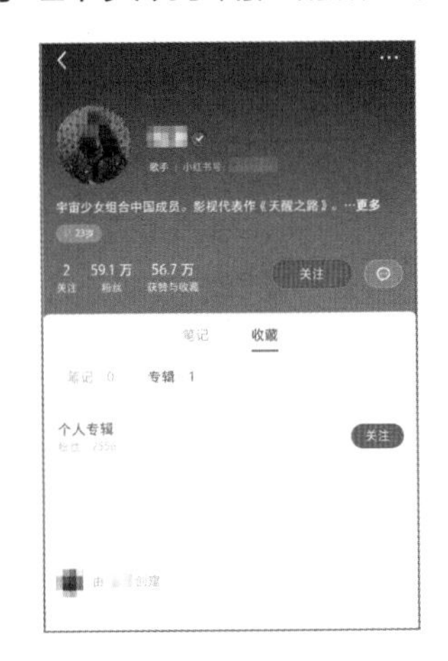

图 1-5　明星入驻小红书

图 1-6　小红书赞助的综艺节目

与此同时，小红书还在这一阶段实现了向综合电商转变，通过引进国内的一些知名品牌以及第三方商家，形成了自营与平台相结合的电商模式。这种模式一方面增加了商品的种类，另一方面也减少了自营造成的囤货风险。

3. 坚守与再进化

到 2018 年的时候，小红书的用户数量就已经超过了 1.5 亿，并且完成了财务融资，公司估值也已经超过了 30 亿美元。同年 12 月，小红书上线了品牌合作人平台，该平台是为了方便品牌与小红书博主之间的联系，如图 1-7 所示。

图 1-7　小红书品牌合作人平台

此外，同年小红书还在上海开办了两家线下商店，并参加了首届中国国际进口博览会，成为上海交易团成员之一。

2019 年年初，小红书的用户数就突破了 2 亿，并且开始了新一轮的组织升级，目的是为了更好地匹配小红书在广告与营销服务领域的战略进化。同年 11 月，小红书制定并推出了创作者 123 计划，计划提供了品牌合作平台、好物推荐平台和互动直播三大平台，从创作者中心、活动以及产品等三个方面助力创作者。

2020 年年初，小红书软件上线了创作中心。用户在小红书“个人主页”中点击☰按钮，在菜单栏中便可以找到“创作中心”按钮，点击便可以进入“创作中心”界面，如图 1-8 所示。

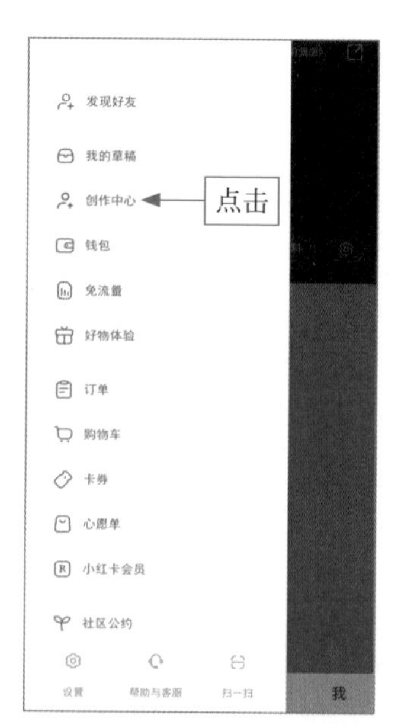

图 1-8　点击“小红书创作中心”按钮

2021 年 4 月，为了更好地规范小红书平台，保障平台的长久发展，小红书发布了《社区公约》。《社区公约》规定了社区用户的行为规范，自 2021 年 4 月 12 日开始生效，如图 1–9 所示。

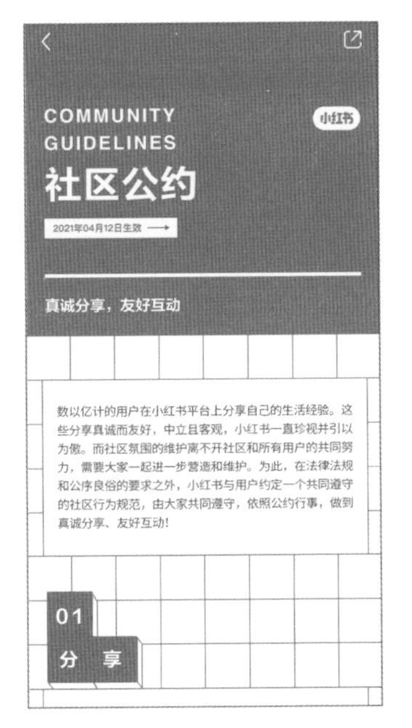

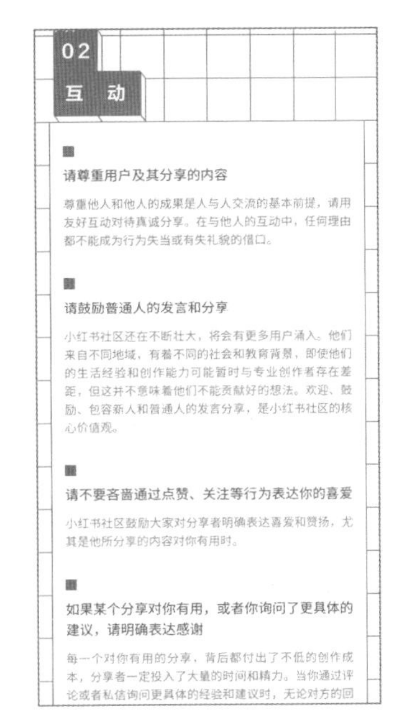

图 1–9　小红书《社区公约》

1.1.2　小红书的发展方向

目前，小红书的发展方向主要有产品电商、正品自营、内容社区三个方面，下面就这几个发展方向作详细介绍。

1. 产品电商

小红书最开始是从海外购物分享做起的，因此会出现一个难题，那便是只能看却买不到。针对这个难题，小红书上线了小红书福利社，如图 1–10 所示。福利社通过积累下来的海外购物数据，分析海外购物的趋势，然后以此为基础，把海外最受用户喜欢的商品通过最短的路径提供给用户。

与其他电商相比，小红书有两个独特之处。其一是口碑营销。用户在淘宝等平台购买商品的时候，通常会去看买家评论，了解产品的口碑情况，而小红书是一个真实分享的社区，真实用户的口碑更能够吸引用户购买。

其二是结构化数据下的选品。在小红书上，有着大量的用户在平台上发现并分享自己喜欢的好物，同时用户也会针对自己的喜好去浏览、点赞、收藏一些笔记或视频，因此小红书中有着大量的底层数据。通过这些数据，小红书可以精准地为用户推送他们喜欢的笔记或视频。

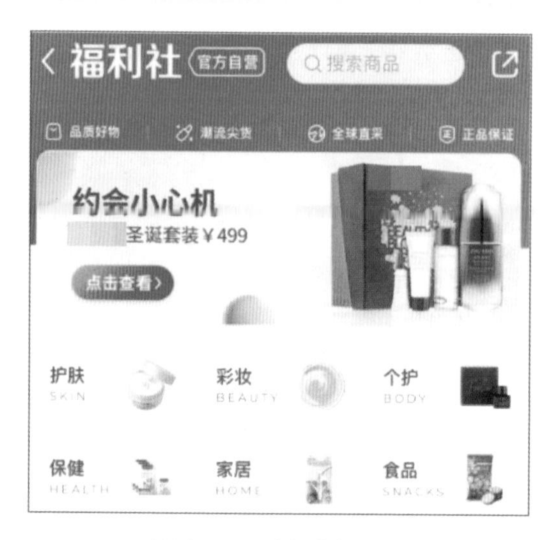

图 1-10　小红书福利社

2. 正品自营

为了确保小红书上用户购买的产品都是正品品牌，小红书与许多正品品牌都有合作，如澳大利亚保健品品牌 blackmores、Swisse 等，通过正品品牌授权和官方直营两种模式进行合作，如图 1-11 所示。

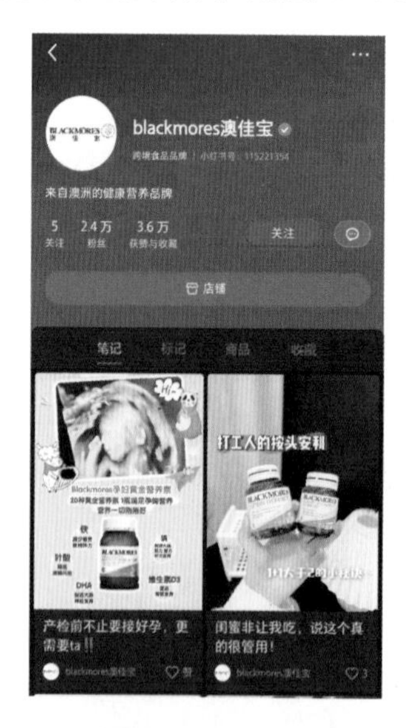

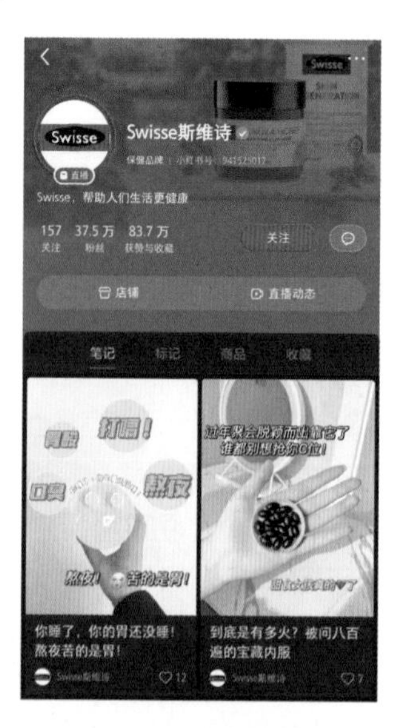

图 1-11　小红书与 blackmores、Swisse 品牌合作

此外，小红书还建立了多个海外仓库，并在国内的两处保税仓中设立了产品检测实验室。当用户对产品提出质疑时，小红书会立即将产品送去检测。小红书还建

立了国际物流系统，将产品又快又准地送到消费者手中。

3．内容社区

一般来说，大多数网络社区属于虚拟社区，一切全都在线上解决，而小红书则将线上与线下结合，用户通过线上观察、阅读，然后在线下消费、体验，因此小红书被称为“三次元社区”。

小红书通过某个用户在平台上分享自己的消费体验，然后与用户互动，激发用户到线下体验、消费的欲望，而这些用户在体验后会反过来进行更多的线上分享，形成一个循环，从而吸引更多的人进入平台。

在过去几年的时间里，有不少品牌在小红书上成长起来，如完美日记、谷雨等。如今，小红书也成为能够促进消费的主要阵地。图 1-12 所示为完美日记品牌初期声量变化。

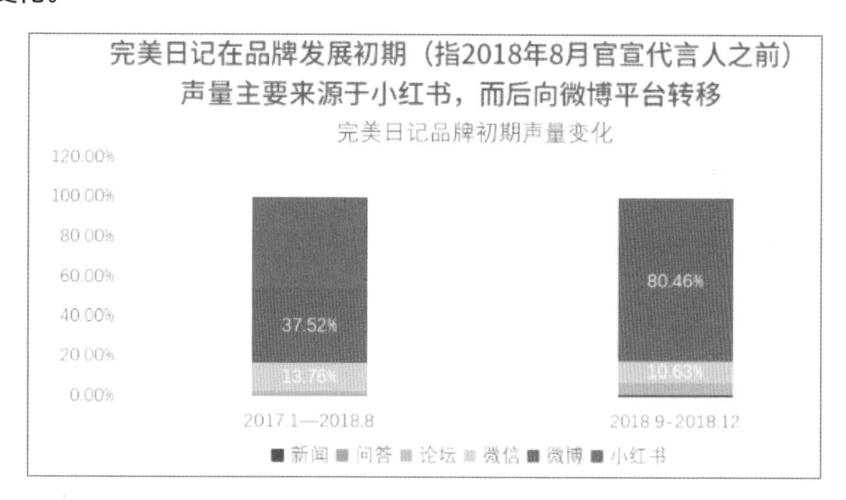

图 1-12　完美日记品牌初期声量变化（数据来源：用户说）

1.1.3　小红书的优势

与其他同类型的平台相比，小红书主要有以下几种优势。

1．紧跟市场，不断优化

小红书的一个优势就在于能够敏锐地洞察到市场的动向，并且能够根据市场的变化及时作出反应，且快速地调整并优化自身的商业模式以及业务等，从而实现利益的最大化。

自成立以来，小红书从最开始的美妆、个护等海外商品的购物分享，转变到海淘电商以及现在的以短视频、图文为主要形式的商业模式，都是顺应了时代的发展，紧密贴合了时代的步伐。但是，其核心业务逻辑一直未变，如图 1-13 所示。

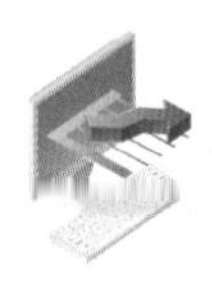

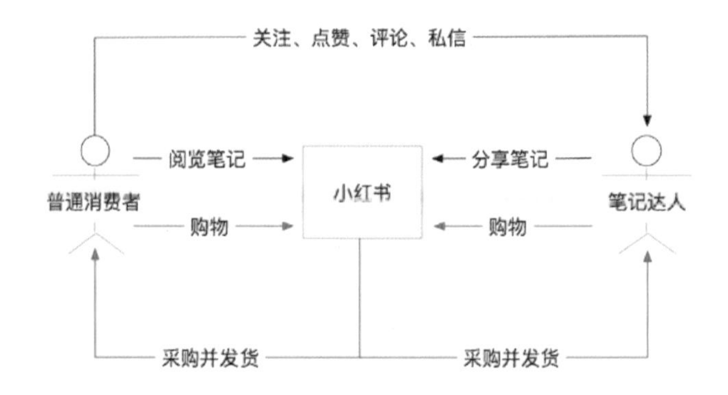

图 1-13　小红书 App 的核心业务逻辑

2．明星入驻，自带流量

小红书平台中除了大量的普通用户以外，还入驻了一批自带流量的明星。明星的入驻吸引了大量粉丝进入，小红书用户量进一步增加。

3．用户群体年轻化、基数大

小红书中的用户大多是 90 后、00 后，用户群体相对年轻，思想也较为开放，容易接受新事物、新思想，消费欲望也比较强烈。小红书用户群体画像如图 1-14 所示。

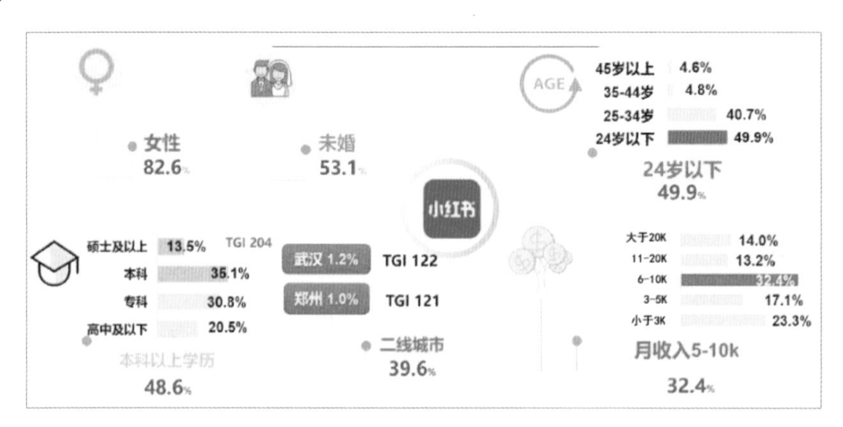

图 1-14　小红书用户群体画像

4．内容优质且丰富多样

小红书一般都会收录并且推送一些质量较好的小红书笔记，用来给查询人作参考。并且，软件中的每个视频都会显示播放量，用户可以根据播放量考量视频的质量。

小红书不仅涉及了美妆、个护、发型等内容，还涉及了影视、摄影、绘画等，能够满足用户的各种需求，如图 1–15 所示。

图 1–15　小红书内容丰富

5. 社交功能强大，社交电商优势显著

小红书的社交功能也很强大，在用户发布的笔记下面，其他用户可以进行评论，互动性强，用户之间的黏性也很强，关联度高。图 1–16 所示为小红书用户评论。

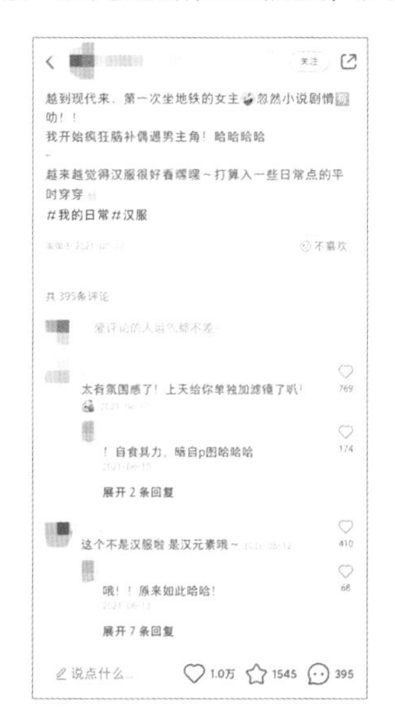

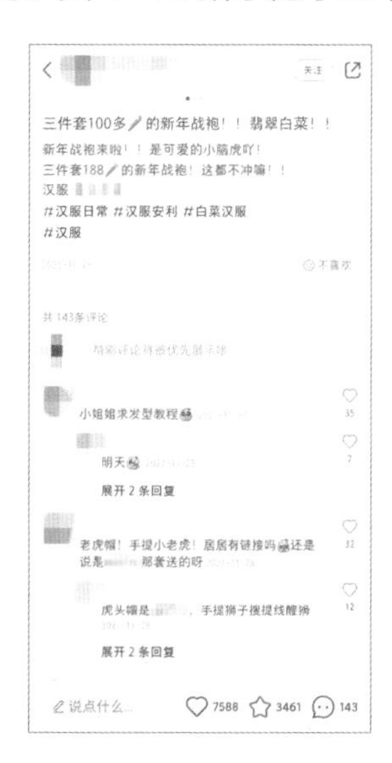

图 1–16　小红书用户评论

通过平台里真实用户的分享、推荐，能够增强用户对推荐商品的信任度，有利于促进消费。

1.2 小红书笔记权重规则算法

小红书的笔记权重关系着用户发布笔记的曝光率，相同的内容，权重高的曝光率相对大一些。那么，小红书笔记权重规则算法是什么样的呢？它是由哪几部分控制的呢？下面我们来看一下。

1.2.1 原创

小红书是一个典型的分享型社区，其核心就在于内容和氛围。如果平台中充斥着大量重复的内容，那么还有谁会去看呢？

因此，小红书关注的重点一直是笔记的原创性，无论你的笔记好与坏，都必须是原创内容。

当然，还会出现一种情况，那就是你的笔记属于原创内容，但是却与别人的笔记有相似之处。在这种情况下，小红书便会综合你每篇文章的原创程度取一个平均值，这个平均值便是原创率。

那么，我们该如何提高原创率呢？最好的办法就是你的笔记全部都是原创，包括你发布的图片，如图 1-17 所示。

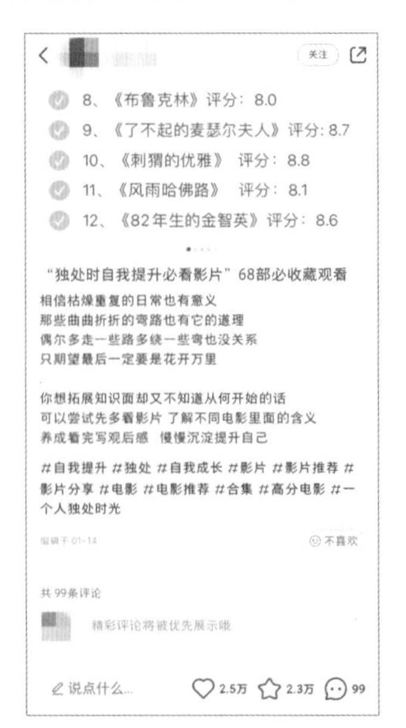

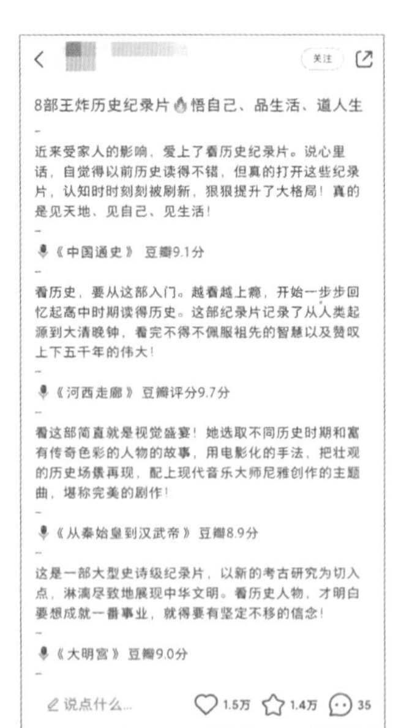

图 1-17　笔记原创内容

1.2.2 转化率

在介绍转化率之前，我们先介绍一下小红书的推送原理。在用户第一次登录注册的时候，会要求用户填写相关的信息，例如性别、地区、学校等，这些便是用户的外在特征。此外，小红书还会收集用户内在特征，即互联网行业中的通用词——用户画像。小红书将用户外部特征通过大数据进行分析，进而形成用户个人的人格画像。

例如，假如你是女生的话，且在适婚的年龄，笔记中又有着与结婚相关的词汇，且你近期一直在浏览关于婚纱、酒店、婚礼的相关笔记，系统便会知道你即将结婚，这样，系统便会给你推荐更多的相关信息。

然后，系统会根据账号和笔记的权重将相关的笔记推送给一小部分人进行转化，如果转化率不够高的话，就会结束推送，笔记就会进入到关键词的信息流下面，只能依靠用户搜索才能看到。当转化率足够高的时候，笔记就会被推荐给大量人群，这样笔记的曝光度、转化率都会提高。

那么转化率是什么呢？转化率便是这个笔记的转发、评论、收藏、点赞的数量。一般来说，转化关系主要是转发＞评论＞收藏＞点赞。

由此可见，小红书是将转发作为转化率的第一位，因为转发至站外的话能够获得更多的关注度和流量。而点赞只是观看者一个表态的动作，很难对该笔记作出价值判断，所以评论和收藏的权重相对更高一些。

如图 1-18 所示，两者都是口红测评，但是前者的收藏、点赞以及评论数都明显多于后者，也就是说，前者的转化率大于后者。

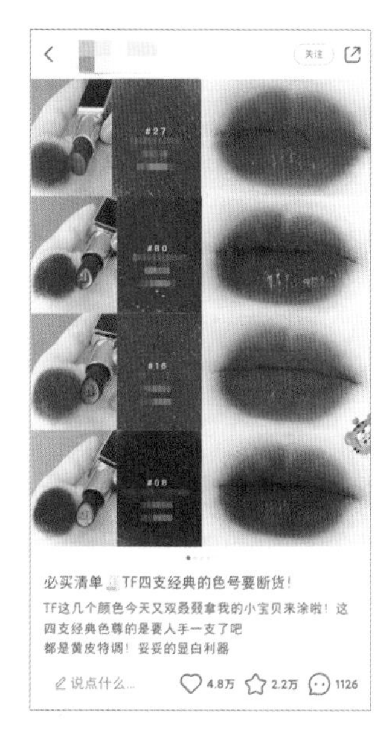

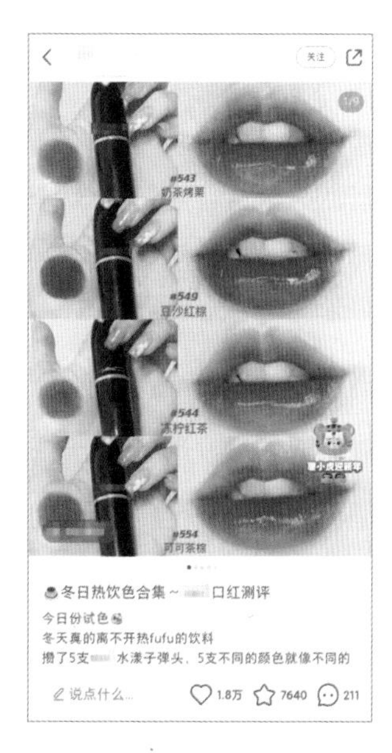

图 1-18 笔记转化率比较

1.2.3 内容长度

笔记内容的长度一般在 600 字以上，才能满足合格的条件，并且能够获得内容长度的权重分，如果笔记内容长度不到 600 字的话，就不会增加权重分。图 1–19 所示为内容较多的笔记。

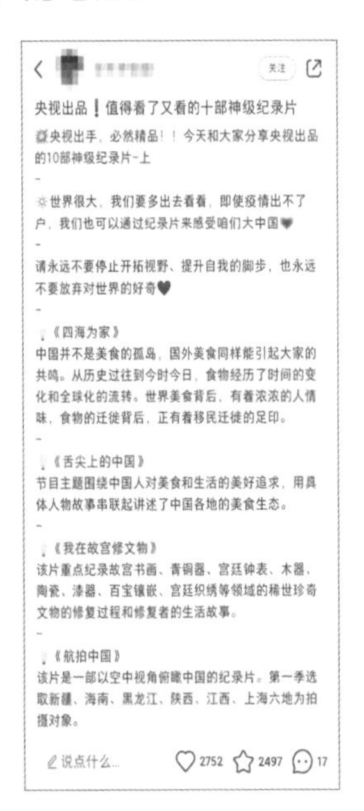

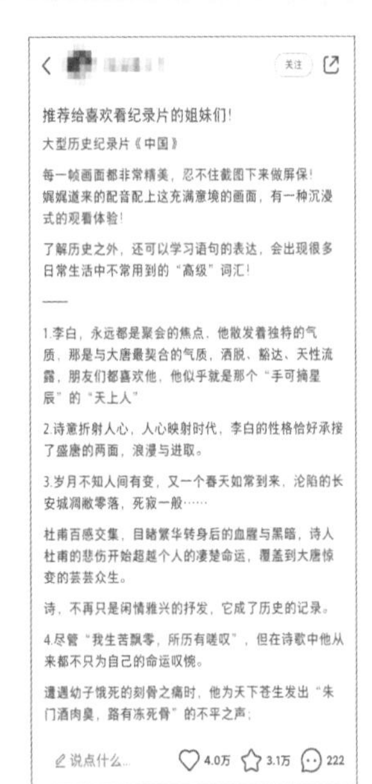

图 1–19 内容较多的笔记

1.2.4 关键词

什么是关键词呢？关键词就是用户笔记中提到的关键词句或标题中的关键词句。这个关键词必须与笔记内容关联性很高，不然系统会将你的笔记认定为是恶意引流的笔记，会降低你这部分的权重。因此，用户在发布笔记的时候切忌贴上不符合内容的关键词。

1.2.5 标签

标签对于笔记的权重也有一定的影响，其影响主要在于两个方面：一方面是标签的内容。标签的内容最好不能是广告，广告的标签很容易影响用户的观感，从而影响笔记的权重，且标签最好是与笔记的内容有一定的关联，不能乱贴标签，如图 1–20 所示。

另一方面是是否要加标签。如果你想要尽善尽美，想要自己的笔记排名靠前的话，最好加上标签，这样才会有这部分的权重分。

图 1–20　与内容相关的标签

1.2.6　话题

其实，话题和标签的权重影响是差不多的，先是看话题的关联性，不要顾左右而言他，然后是是否要加话题的问题，加的话这部分的权重就会相对高一些。

值得注意的是，用户在选择话题的时候一定要慎重，因为话题的选择关系着后期流量在搜索中的索引问题。当用户选择的话题较弱时，搜索的流量就会较少。图 1–21 所示为话题示例。

图 1–21　话题示例

1.2.7 违禁词

不管是什么软件，都有着违禁词限流的情况，目的是保障网络交流的顺畅，小红书也一样。小红书主要是在评论区存在一些违禁词问题。发布笔记的人可以将评论区中有着违禁词的评论进行删除，也可以进行举报。如果不采取措施的话，这篇笔记就会被限流。

1.3 小红书平台的运营机制

要想玩转小红书 App，首先得了解小红书平台的运营机制，熟悉其运营机制，才能更好地掌握小红书平台的引流和运营方法，在发布内容的时候，就能尽量地规避一些不必要的错误。

1.3.1 品牌合伙人规则

首先，我们来介绍一下什么是品牌合伙人，品牌合伙人指的就是收到品牌方的邀请，在小红书平台上发布与品牌有关的商业推广笔记的小红书用户。图 1-22 所示为品牌合作的具体流程。

图 1-22　品牌合作流程

目前，小红书已经将品牌合作平台升级成了小红书蒲公英，并且在小红书蒲公英平台上还增加了信用等级评分，如图 1-23 所示。

一般来说，用户想要申请品牌合伙人必须达到两个要求，一是账号的粉丝数量超过 5 000，二是近一个月笔记的平均曝光量要大于 10 000。

目前，小红书蒲公英已经与 Tiffany&Co、Sunnies Face、雪花秀等品牌达成了合作，如图 1-24 所示。

图 1-23　小红书蒲公英

图 1-24　品牌合作

值得注意的是，要想与品牌进行合作，首先要开通专业号。图 1-25 所示为专业号开通的流程图。

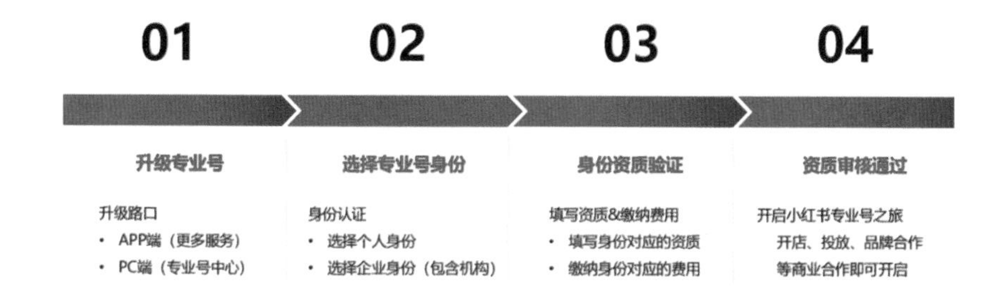

图 1-25　专业号开通流程图

专业号开通有两种身份可以选择：一是个人号；二是企业号。专业号开通是在创作中心中开通的，首先进入个人主页，然后单击上方的☰按钮，找到“创作中心”按钮，如图 1-26 所示。

图 1–26　个人主页

进入“创作中心”界面后，点击“更多服务”按钮，如图 1–27 所示；进入“更多服务”界面后点击“开通专业号”按钮，如图 1–28 所示。

图 1–27　点击“更多服务”按钮　　　　图 1–28　点击“开通专业号”按钮

执行操作后，进入“小红书专业号”界面，点击“成为专业号”按钮，如图 1–29 所示，进入“专业号申请”界面。在“专业号申请”界面，选择“我是个人”选项，点击“立即申请”按钮，如图 1–30 所示。

图 1-29 单击“成为专业号”按钮

图 1-30 选择“我是个人”选项

进入身份选择界面，输入你所要选择的身份，如时尚博主、美妆博主等，如图 1-31 所示；输入后单击“确认身份”按钮，如图 1-32 所示。

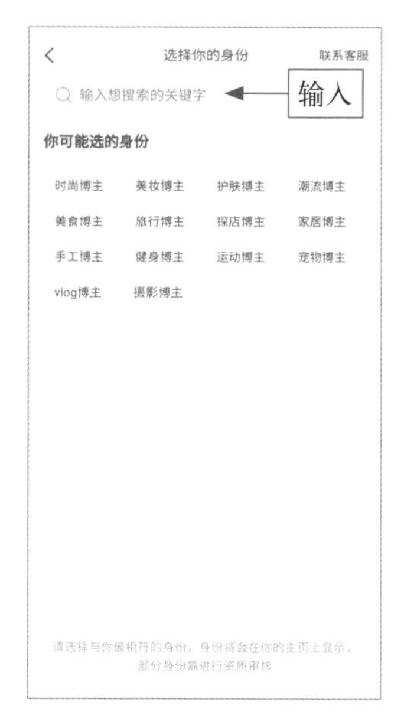

图 1-31 选择身份

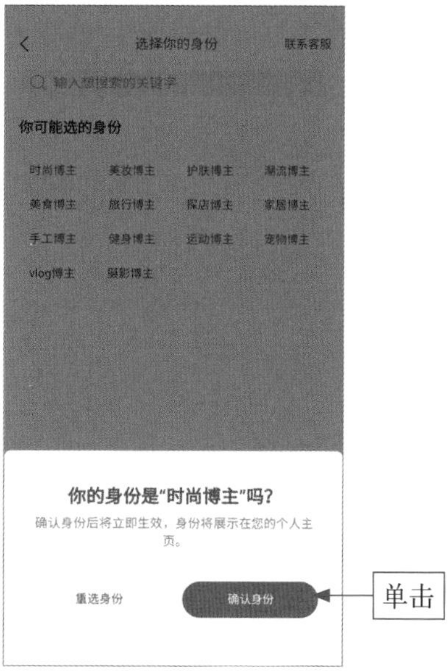

图 1-32 单击“确认身份”按钮

不管是个人还是企业，在开通个人店或个体店的时候，可售卖的商品会受限，有的经营类目需要提供一定的材料，如图 1-33 所示。

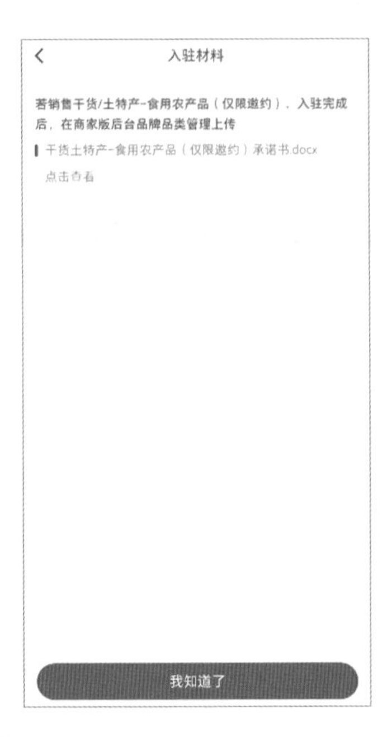

图 1-33

如果是企业号的话，就在专业号申请页面选择“我是企业”选项，然后选择与你最相符的身份。选择好后，便进入专业账号身份审核。在进行审核时，需要准备一些资料并缴纳一定的审核费用。点击“下一步”按钮按照审核的过程填写好企业的身份信息，如图 1-34 所示。

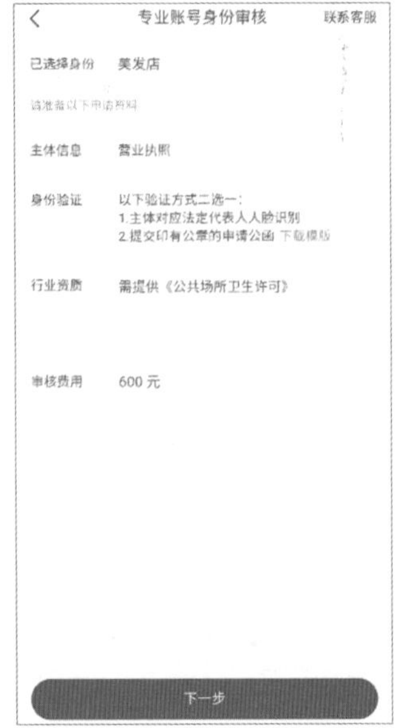

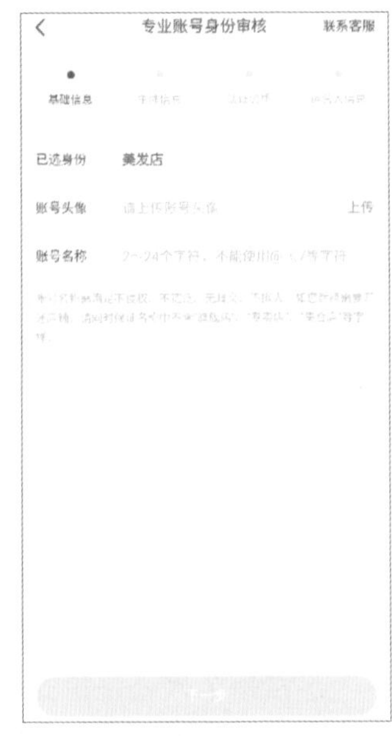

图 1-34

品牌合伙人有两种机制：一种是收录机制；另一种是延迟展示。下面来看一下这两种机制的具体内容。

1. 收录机制

一般来说，只有收录了的笔记才能够被用户搜索到，才有推荐量。文字图片类笔记和视频类笔记有着非常类似的收录机制。

文字图片类笔记指的是以图片＋文字的形式发布笔记，如图 1-35 所示。其收录机制通常是收录文字查找正文内容的第一句话。视频类笔记则指的是以视频＋文字的形式发布笔记，如图 1-36 所示。视频类笔记收录机制主要是查找视频简介。

图 1-35　文字图片类笔记

图 1-36　视频类笔记

2. 延迟展示

延迟展示是指笔记推送后往往是在之后的几天里点赞和评论的转化才会慢慢提升，并且会持续一段时间。

1.3.2　账号降权规则

想让自己发布的笔记处于热门位置，那么账号的权重也是非常值得注意的，如果用户的账号被降权了，那么账号就会被限流甚至封号。

目前，小红书的降权规则主要包括两个方面。

一是账号违规，主要包括一个手机登录多个账号、用户昵称涉及广告、头像违规或有个人二维码等。

二是笔记违规，主要包括笔记内容存在广告、用户联系方式，涉嫌抄袭和存在转发抽奖等行为。

此外，小红书官方还会针对这些行为定期地进行公示，如图 1-37 所示。

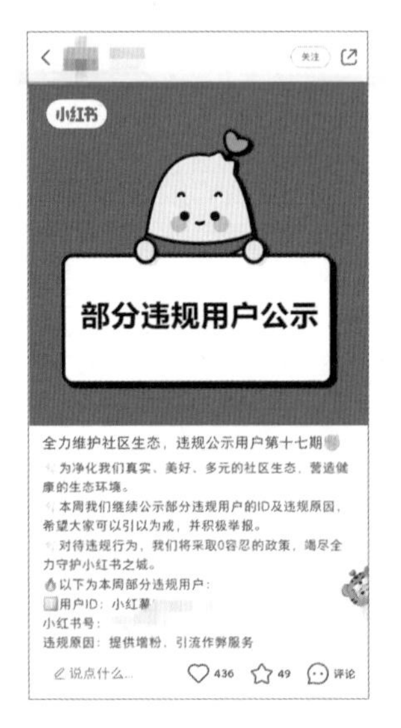

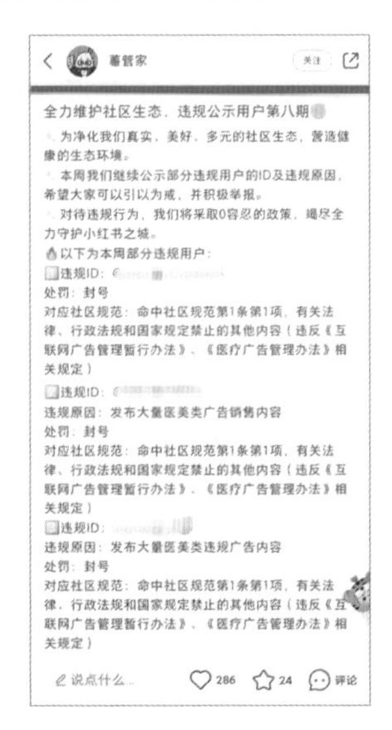

图 1-37　部分违规用户公示

那么，怎么才能避免出现账号降权的情况呢？可以从图 1-38 所示的几个方面来规避。

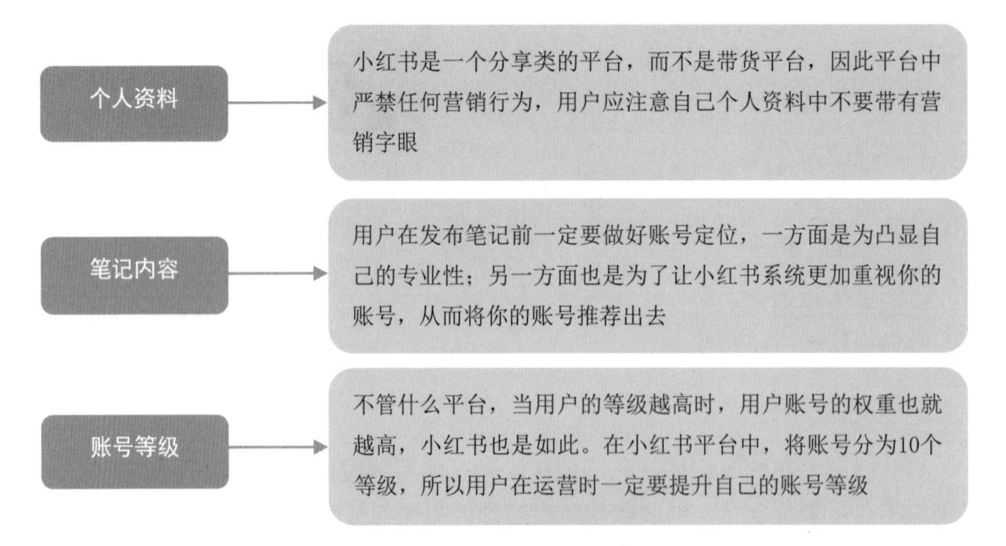

图 1-38　规避账号降权的方法

1.3.3 账号限流规则

除了账号降权以外，还有账号限流的问题。如果你的账号限流了，你笔记的热度和流量也就上不去。账号限流有两种情况：一是单篇文章被限流；二是多篇文章被限流。

怎么知道自己的账号被限流了呢？其主要表现在你原来笔记的内容或者数据消失了，并且新发布的笔记数据很差，曝光率不足。

小红书一直专注于做分享类的社区，因此对于用户发广告方面的管控是非常严格的。在小红书中，只有成为品牌合作人才可以发布广告。如果你的账号经常发布广告的话，系统便会认定你的账号为营销号，从而采取限制账号曝光度等措施，严重的话甚至会禁言、封号等，如图 1-39 所示。

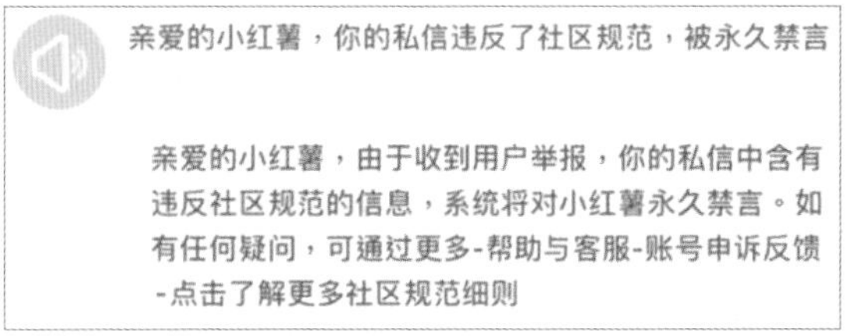

图 1-39　永久禁言公告

第 2 章

精准定位：牢牢抓住用户群体

学前提示

什么是账号定位？简单来说，就是确定账号的运营方向，让运营活动变得有的放矢。为什么有的小红书账号用户看过一眼之后，就能立马记住？就是因为这些账号围绕自身定位，打造了一个足够吸引用户的特色 IP。

2.1 账号定位

账号定位是运营账号的开始，只有做好了账号定位，你才知道你的账号以什么内容为主要输出内容，从而吸引到什么类型的粉丝。例如，你将账号定位于汉服种草，那你账号输出的内容最好都是与汉服相关的。

2.1.1 什么是定位

定位就是给自己输出的内容制定一个范围，用户在这个范围内输出内容，不是什么都涉及、什么都写，这样粉丝才不会分散。

对于粉丝来说，看到你的一篇爆文时，通常会点进你的主页去看你发布的其他内容。如图 2-1 所示，这两个账号的定位都是美食博主，其内容也都围绕着美食。

图 2-1　美食博主案例

当看到你账号有着许多同类内容的时候，粉丝大概率会关注你。如果你主页的内容杂乱无章的话，不仅吸引不到新的粉丝，原来的粉丝也将存在着流失的可能。此外，做好定位还有以下 3 点好处。

1. 提高垂直率

当你账号发布笔记的内容过于混乱时，系统无法知道你账号的定位是什么，便只能根据你的标签和内容来判断你的定位，这很不利于提升笔记的曝光率。

因为无法判断你账号定位的话，将会导致账号的垂直率降低。两篇笔记在同等情况下，系统往往会推荐垂直率高的笔记，因为这样的笔记能够更加匹配用户需求，内容也相对更优质。如图 2-2 所示，该账号的主要定位是做汉服发型，其发布的都是与汉服发型有关的内容，该账号的垂直率就相对较高。

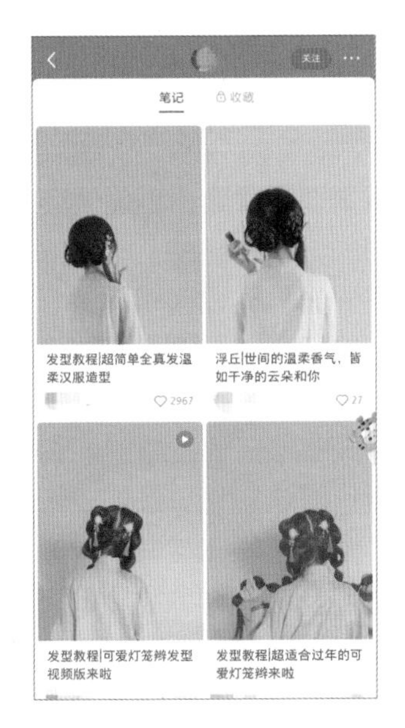

图 2-2 汉服发型博主

垂直率高的账号，小红书会根据你发布的内容给你打上一个标签，从而推送给相对应的粉丝。而那些垂直率低的账号，系统无法知道他们的标签，便只能推送给相关的粉丝，这样笔记的受众群体就不够精准，流动性也很大。

因此，只有做好了定位，给自己发布的笔记确定好一个目标，你账号的垂直率才会提升，账号才能拥有更多的曝光率。

2. 降低竞争力

给自己的账号定位其实也是降低竞争力的办法之一，给自己的账号做好定位，那么与你竞争的人就是与你定位相类似的人。例如，你是读书博主，那么与你竞争的人便是其他相关的读书博主，但是如果你的定位更加深入，比如将自己定位于历史方面的读书博主，那么你的竞争对手便会更少。

并且，给自己定位可以给潜在的粉丝一个关注你的理由，让别人知道你是做什么的，你输出的内容是关于什么的，你与其他相似的博主有什么区别。

3. 增大关注度

做好了定位，对这方面感兴趣的粉丝就会来关注你。例如，你是做小红书引流变现的博主，那么关注你的就是想学习运营的用户或是需要在小红书上引流变现的商家。因为你的笔记能够给他们提供价值，帮助他们更快、更好地引流变现。

2.1.2 4 个问题

要想做好定位，首先要确定好以下 4 个问题，回答好了这 4 个问题，能够帮你更好地给自己的账号做定位。

1 你是谁

这个问题主要是确定你的基本定位，也就是你的人设。人设不能轻易定下，是需要通过详细的分析得出的。一个好的人设可以吸引更多的人，但是在保持这个人设期间尽量不要出现人设崩塌现象，这会使你的形象大打折扣，所以你最好选择一个你喜欢的、价值高的人设。

目前，小红书上有很多类目，如美妆、穿搭、探店之类的博主。其实，平台上可供选择的种类有很多，就看你能否找到最合适、最喜欢的。

还有一点值得注意，小红书上许多热门领域呈金字塔形式，已经有了头部博主了，而且这些领域还存在着许多中低层博主，竞争十分激烈。如果你的内容不能脱颖而出的话，最好选择一个竞争相对较少的领域，或者是对这些领域作更加深入的探讨，这样你的竞争才会相对较小。

2．你的目标群体有哪些

除了要确定好你的人设以外，你还需要确定你的目标人群，对你的目标人群有一个定位才能更好地做内容。

对于目标群体，你需要知道你的内容适合男性还是女性，你粉丝年龄大致会在什么区间内，他们所在的城市是属于一线还是二线还是其他城市，他们的职业又是什么。图 2-3 所示为目标用户画像。

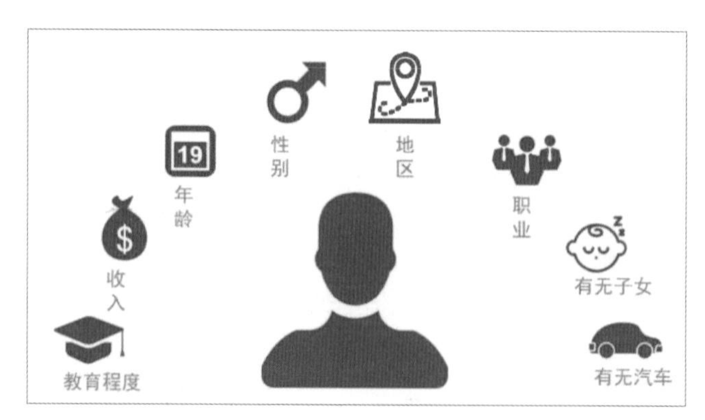

图 2-3　目标用户画像

确定好这些后，你输出的内容才会更有针对性，从而帮助你找到更加合适的人设，做好定位。

3. 你有哪方面优势

同样是做美妆博主，你与别人有什么不同，粉丝为什么选择你而不选择他，你需要给粉丝一个答案。

如图 2-4 所示，两者都是做事业单位经验分享的博主，但是前者只是讲述怎么备考，而后者的标题上写明自己已经上岸了。因此相对于前者来说，后者更能够吸引用户的关注。

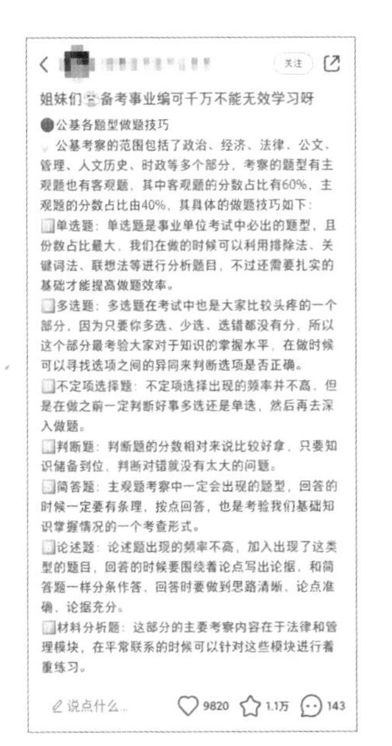

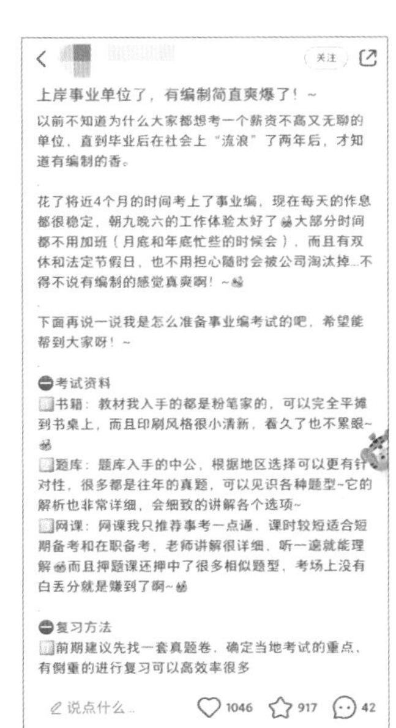

图 2-4　事业单位备考经验分享

4. 你用什么来吸引用户

小红书上的博主众多，你用什么来吸引用户呢？在朋友圈中，无论你发什么，总会有你的朋友来给你点赞或评论，但是小红书不是朋友圈，受众对象不是你的朋友，而是广大陌生用户，你靠什么来吸引他们呢？

如果你发布的笔记内容不能吸引用户观看的话，你就不能吸引到这些用户成为你的粉丝。那么，什么样的内容才能够吸引到用户呢？

1）成功经验

小红书本来就属于分享型社区，用户大多数是因为想要看别人的经验分享才来逛小红书的，因此你需要将自己的购物心得、经验等都分享给广大陌生用户，这样才能吸引用户。如图 2-5 所示，做主播的博主将自己的主播经验分享出来、减肥成功人士也将自己的减肥经验分享出来。

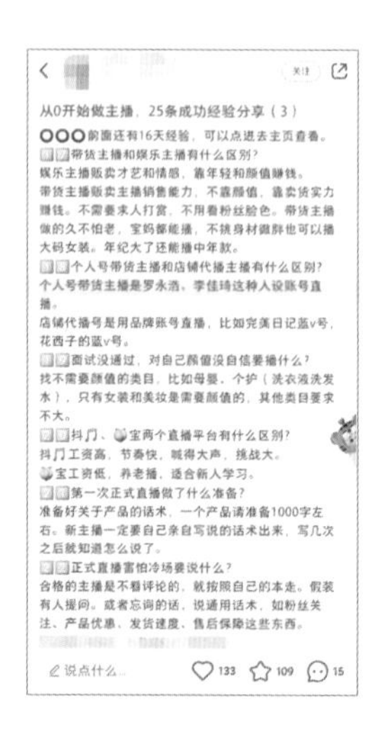

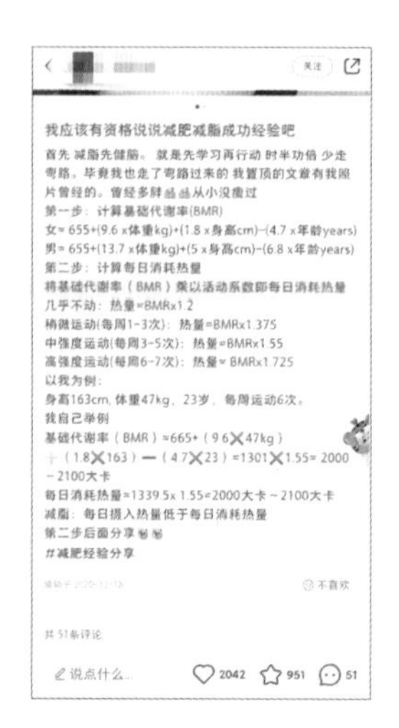

图 2-5　成功经验分享笔记案例

2）转行跳槽

对于一些想要转行却又无从下手的人来说，这方面的内容会吸引他们。将一些行业中外部人了解不到的信息分享出来也会获得很多粉丝关注。

如图 2-6 所示，针对一些转行以及跳槽等方面进行解读，为大家分析行业中的坑，帮助大家避坑，也可以吸引一些用户。

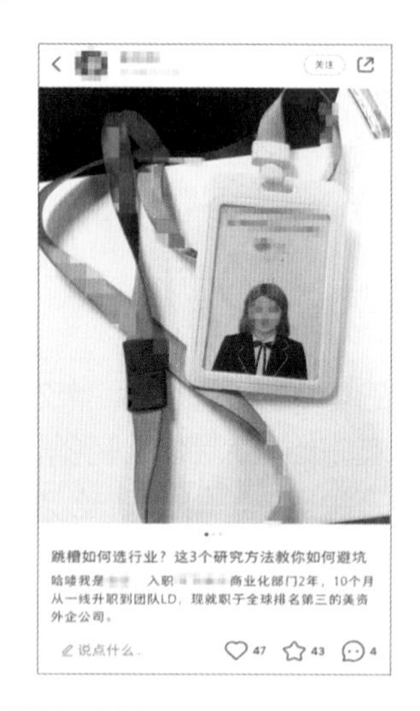

图 2-6　转行跳槽笔记案例

3）产品分享

你可以将你自己喜欢的产品或使用体验很好的产品推荐给其他用户，如果你推荐的产品其他人也觉得好的话，他们就会持续地关注你，甚至还会推荐给身边的朋友来关注你的账号。图 2-7 所示为好物分享笔记案例。

图 2-7　好物分享笔记案例

4）精神享受

当今社会，物质生活已经得到了满足，人们开始寻找精神方面的满足，因此你在输出内容的时候可以从这方面入手，给用户一种精神上的享受，这样你就会拥有一批忠实的粉丝。图 2-8 所示为精神分享笔记案例。

图 2-8　精神分享笔记案例

5）学习成长

除了以上四点，你还可以用学习成长类的内容来吸引用户。目前，小红书上有很多这种关于学习成长类的笔记，如图 2-9 所示。

值得注意的是，在确定好账号定位之后，你可以借鉴类似的博主，看看他们平时发的内容是什么，了解同类型博主为什么会更加吸引用户关注、点赞，然后开始模仿，并在模仿中形成自己的风格。

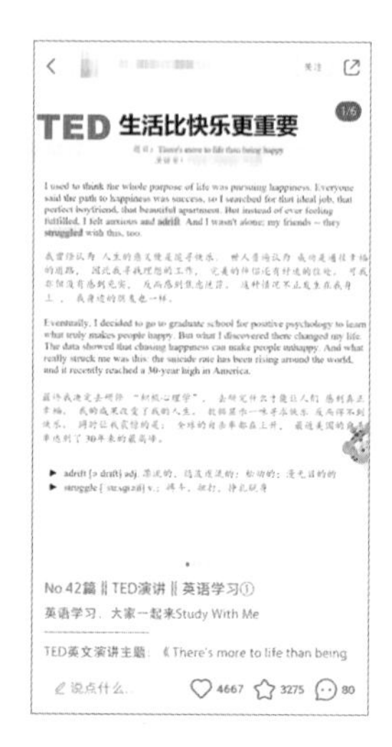

图 2-9　学习成长笔记案例

2.1.3　4 大意义

上面我们介绍了什么是定位，以及定位前的 4 大问题，下面来看一下定位有哪些意义。

1. 良好的第一印象

人们在相处时的第一印象非常重要，有时候一个好的第一印象是一段关系的开端。同时我们在看别人第一眼的时候，通常可以看到一个人的外貌特征，例如高矮胖瘦、长发还是短发等，这些特征可以让用户快速地记住这个人的样子，同时也能快速地了解到这个人是谁、这个人在做什么。

并且，一个好的第一印象也可以让用户关注你，如果你输出的东西足够吸引用户的话，他们会在第一时间关注你的。给账户定位是为了营造一个好的第一印象，吸引更多用户。

一个账号的定位十分明晰的话，粉丝一眼就可以看清楚你是做什么的，就好像是一个干净、整洁的房间，访客一眼便会喜欢上；而如果是一个脏乱的房间，访客便不会长久地停留。

2. 差异化突围

差异化的内容能够让你在众多同类博主中脱颖而出，一方面你要让平台了解到你的差异化，这样才能让平台将你的笔记推荐给更多的人；另一方面，你也要让你的粉丝看到你的差异化，不然粉丝就会转而去关注别人。如图 2-10 所示，两者都是穿搭分享，但是后者是小个子穿搭，这便是差异化，吸引的用户也更精准。

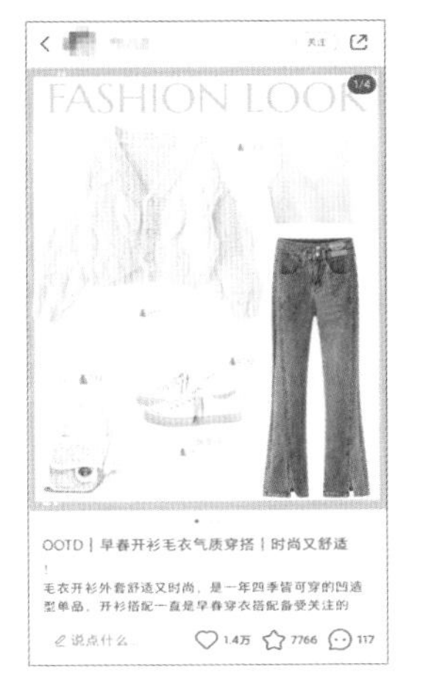

图 2-10　差异化笔记案例

3．明确内容生产

分析用户的需求以及自己的能力，明确自己要生产的内容以及要变现的方式，从而持续、有效地保持账号内容的输出，保证账号的运营。

如图 2-11 所示，前者的笔记内容主要为平价全套化妆品推荐，而后者则为转行自学新媒体运营经验分享。两者的内容截然不同，因此两者在做内容的时候不可随意混淆，前者的账号内不能出现后者的内容，后者也是一样，内容混淆的账号是很难吸引并留住粉丝的。

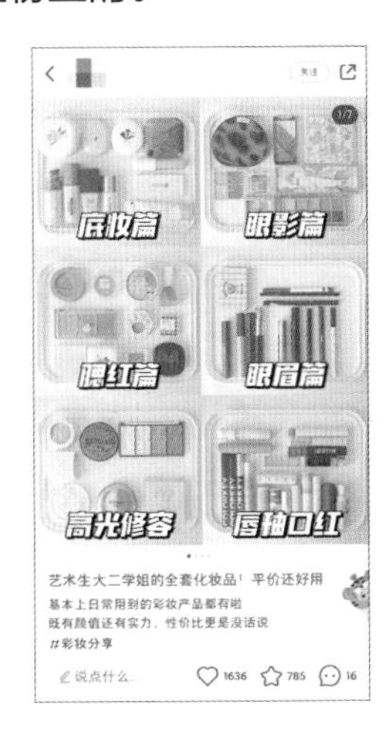

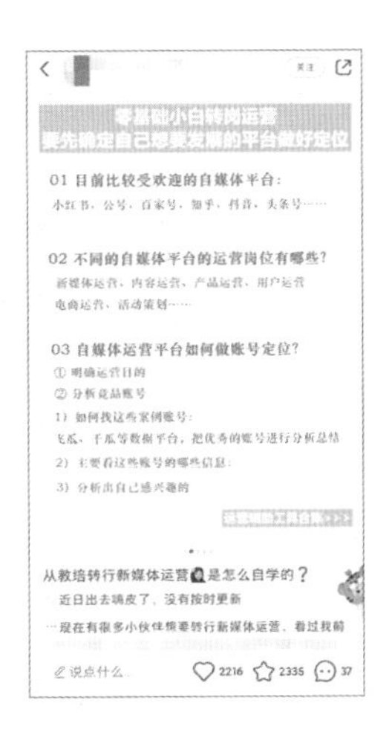

图 2-11　明确内容生产案例

4. 迎合平台喜好

当下有很多互联网平台，如微博、抖音等，这些平台都有一个共同点，就是它们都希望能够有更多地且持续地在某一领域中产出垂直内容的账号。这种账号往往能够给平台带来更大的价值，也只有这样的账号，平台才会不断地给予流量支持。

2.2 账号定位的四大原则

前面我们介绍了什么是定位、定位的 4 个问题以及 4 大意义，接下来我们来看一下账号定位的四大原则，即垂直原则、价值原则、差异原则、深度原则。

2.2.1 垂直原则

垂直原则指的是你专注于做一个内容，不在自己的账号中输出与自己内容无关的信息，尽量做到深入。如果你想要去迎合所有人的喜爱，你是没有办法做好的，人不能同时兼顾所有的事情，所以你只能做好你要做的那一部分，做精做细，这样你的粉丝便会随之而来。

如图 2-12 所示，该小红书博主便是以分享读书为主的博主，因此他的内容是以推书和读书感悟为主，这样的账号垂直率就相对较为明显，平台也会了解到账号垂直的方向在哪儿，从而将账号推荐给相关的用户。

图 2-12　读书博主案例

2.2.2 价值原则

有价值的内容，粉丝才会愿意去看。如果只是哗众取宠，或是为了博关注而输出一些没有营养价值的内容的话，就算能够得到关注，也只能是一时的关注，不能长久。你必须让用户在浏览你笔记的时候能够获得一定的价值。有价值内容的账号才能吸引粉丝，并且留住粉丝。

图 2-13 所示的两份笔记，一份是关于构图思路分享；另一份是拍摄运镜教程。这两份笔记都属于有价值的笔记，其中的内容能够帮助用户了解到一些简单的拍摄以及运镜知识，喜欢该领域并且想要学习的用户便会选择关注你的账号。

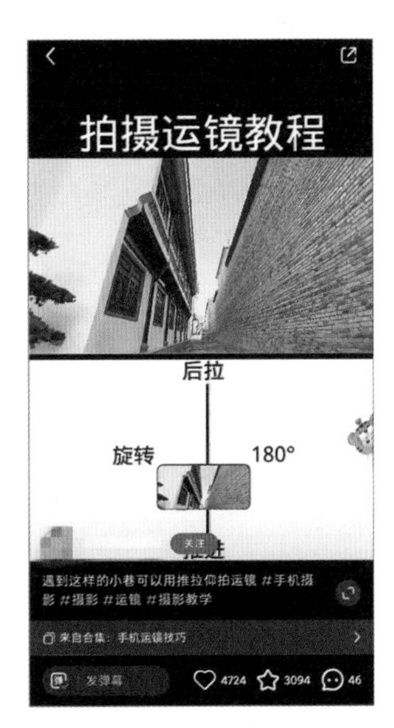

图 2-13　价值原则笔记案例

2.2.3　差异原则

前面提到过，差异化的内容才能让你的笔记在众多笔记中脱颖而出，从而让更多的用户关注你。

但是怎么做到差异化呢？不仅是你输出的内容，还有内容的结构、表达的方式、视觉效果等多方面都可以营造差异化。一般来说，很大的差异化是很难做到的，不过可以从小的差异化做起。

如图 2-14 所示，该博主另辟蹊径，从名杯和青花瓷的纹饰出发，向大家介绍中国古代的瓷器。相对于美妆这些热门领域来说，其定位就比较小众一些，但也更加与众不同，从而吸引到粉丝的关注。

2.2.4　深度原则

深度原则，顾名思义就是将某一个领域的东西从深处挖掘并输出给用户，让用户知道你的内容更有深度，对这方面感兴趣的用户便会关注你了。

图 2-14　差异原则笔记案例

图 2-15 所示为小红书中的汉服博主，其内容不仅包括汉服推荐，而且更深层次地从汉服知识出发，向大家介绍汉服中关于形制的知识。

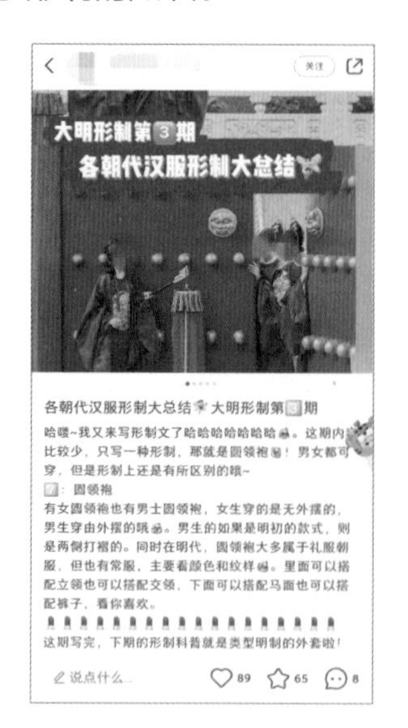

图 2-15　深度原则笔记案例

2.3　小红书账号定位七步法

一般来说，要想做好账号定位，可以从以下七步来进行。本节就来介绍一下这七步法的具体内容。

2.3.1 找到你的擅长

这里的擅长是通过你与别人的比较而得出的，不能单纯地说你擅长唱歌，别人也擅长唱歌，你要思考你是否唱得比别人好。当然，这个别人不是指所有人，而是指你的水平是在中等偏上的，比平台中的大部分人要好。

并且，你所擅长的不一定是一种技能，也可以是人脉、资源等，这些都是你擅长的一部分。那么，要从哪些方面来找到你擅长的地方呢？我们可以从图 2-16 所示的 4 个方面找到擅长的地方。

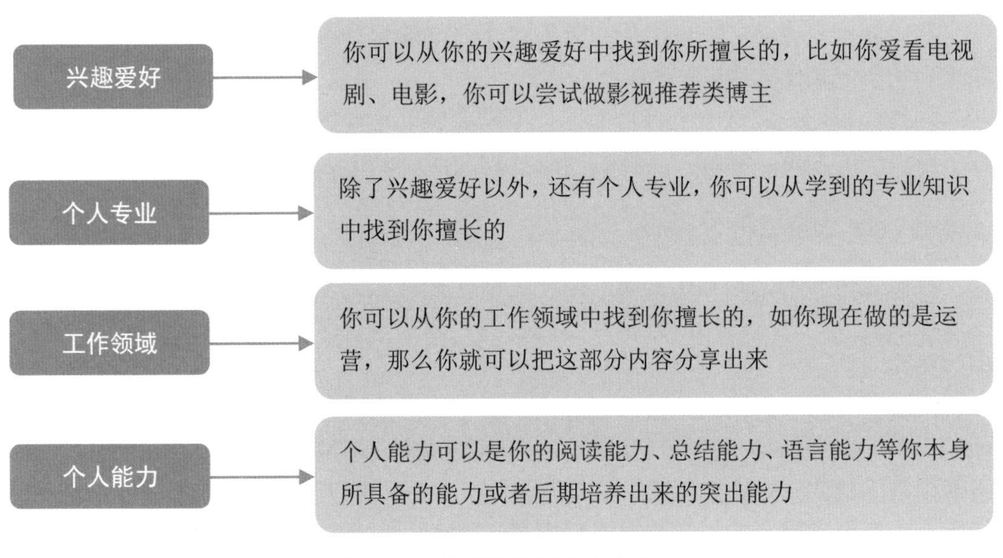

图 2-16 找到你擅长的 4 个方面

2.3.2 从擅长里找到喜欢的

兴趣是我们做事时最好的动力源泉，所以我们要在自己擅长的事物里找到自己喜欢的。如果喜欢的东西很多，我们可以用排除法，先排除掉自己不喜欢的。

2.3.3 从喜欢里找到能持续的

在开始做账号的时候，你必须想清楚，并不是付出就会马上得到回报，况且在这个平台里面，有许多博主在与你竞争，你的笔记不可能每个都能够上热门，也不可能上了热门就能吸引到很多用户。所以你要问问自己，在付出了很多却短时间内没有得到回报的情况下，你能否坚持下来。

每一个新人刚刚开始的时候，都要耐得住寂寞。山重水复疑无路，柳暗花明又一村。或许你坚持下来了，便能够得到一个很好的结果，但是往往有很多人没有坚持下来。在你坚持的这段时间里，你需要根据你每个笔记的数据及市场接受的情况，

不断地调整你的策略、方向，这样结果才会改善。

此外，还有一点，你储备的知识和财力能不能支撑你的坚持。如果你的储备量无法支撑你长期输出的话，你就必须在输出的同时不断地学习新的知识，充实自己的储备量。例如，你是做口红测评的，你家中有 50 支口红，那么你做完这 50 支的口红测评后，你是否有能力持续购买并且了解到新的口红知识来支撑你的口红测评。

2.3.4　确定用户画像

在找到自己想要的方向之后，就把这个方向的用户画像确定下来，然后根据画像来斟酌自己输出的内容。

但是，我们只是做一个账号而已，不需要做非常详细的用户画像，我们需要大致了解用户的性别、年龄、居住城市以及职业便可以了。

2.3.5　自己的目标是什么

在做这个账号之前一定要明确自己的目标是什么，是想要通过这个账号盈利还是仅仅想要向广大陌生用户分享自己的经验、情绪等，这些都与你的账号定位有着很大关系。

运营一个账号时可以从很多领域内的某个方面来运营，但是有的领域是很难变现的。例如影视剪辑，这种其实很容易获得关注度，但是想要转化变现的时候，却发现是很困难的，主要是来找你做广告的并不多。这样自己辛辛苦苦做出来的账号，结果却没有得到想要的收益就得不偿失了。

所以在做账号定位之前，一定要了解自己的目标到底是什么，如果是为了能够快速变现的话，最好不要选择那些商业价值低的领域。

2.3.6　适合小红书吗

在做小红书运营之前，一定要了解一些自己想要发布的内容以及这些内容是否合适在小红书平台发布。这方面可以提前了解小红书平台，将用户画像与小红书的背景数据进行对比。

如果你所作的内容面向的是老年人群体的话，就不适合在小红书上发布了，但如果你若是做美妆、探店、学习类内容的话，就适合在小红书平台上发布。图 2-17 所示为小红书上的探店博主，这种探店内容经常在小红书上出现，也是比较受小红书用户喜欢的。

当你发现想要发布的内容不适合时，就需要返回到第二步，重新选择自己所喜欢的领域，然后再去挑选。

图 2-17　小红书上的探店博主

2.3.7　寻求新意

在你做好以上几步之后，接下来就要思考一下你发布内容的新意。你可以提前去小红书中了解同类型的其他博主发布的内容，从中找到与众不同的方向，这样会帮助你减少竞争。

那么，怎么去寻找新意，从而避免直接竞争呢？目前主要有两种方式：一是通过选择细分领域；二是突出个人特色。

1．选择细分领域

在你选择的时候，可能会选择现在比较热门的彩妆领域等，但现在在小红书中有很多这样的博主，这时候你就得选择其中的细分领域了，这样或许还有机会获得粉丝的关注。

至于领域细分，有两种办法：一个是横向细分；另一个是纵向划分。下面对这两个办法进行详细介绍。

1）横向细分

横向细分就是从横向来对你选择的领域进行划分。例如，你选择的领域是汉服的话，别人做汉服推荐，你可以做汉服入门科普，如图 2-18 所示。

2）纵向细分

纵向细分是在一个大的领域中往深处挖掘。例如，你选择美妆这个大类的话，便可以纵向细分出眼妆、口红等，如图 2-19 所示。

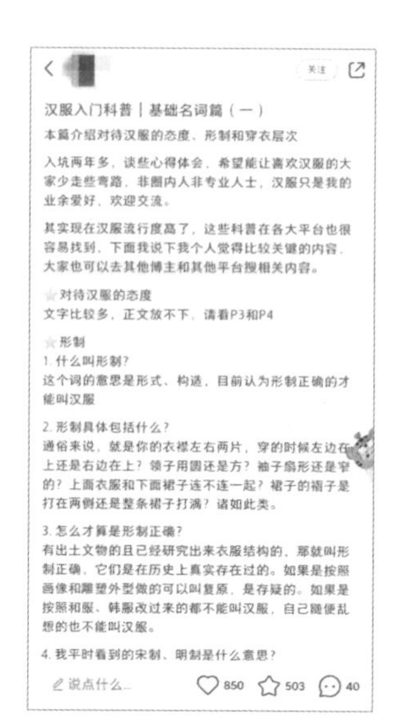

图 2-18　横向细分案例

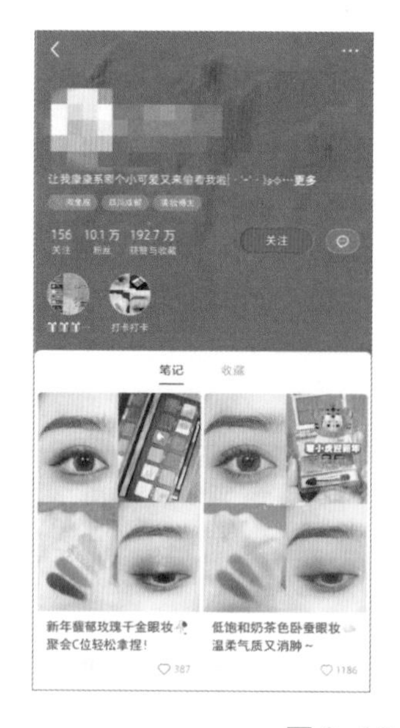

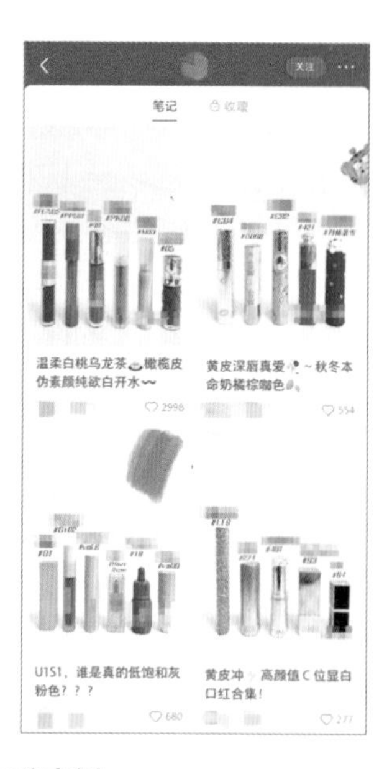

图 2-19　纵向细分案例

2. 突出个人特色

除了选择细分领域以外，还可以在自己的账号中突出自己的个人特色。比如，你在直播中或者是在视频中加入自己的口头禅等，并用风趣幽默的话语讲述出来，形成自己独一无二的特征，这样便会让一些观看你直播或是视频的粉丝更加快速地记住你并持续地关注你。

又如测评博主石原泥美。该博主在其发布的视频中穿着简单的白色背心、家居裤和凉拖鞋，以鲜明的个人特色在众多漂亮的测评博主中脱颖而出，给人一种真实不做作，甚至略显邋遢的形象，吸引了很多用户的关注，如图 2-20 所示。

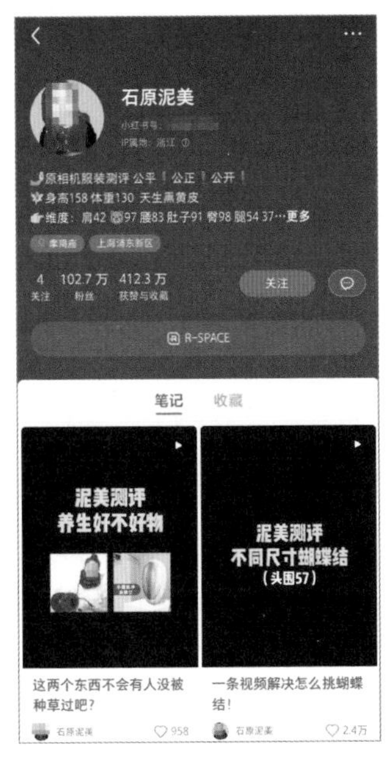

图 2-20　石原泥美小红书

第 3 章

选题策划：提高用户的点击意向

学前提示

在小红书中，有的笔记明明写得很好，内容也很丰富，可是热度却不高，有一部分原因便是选题不好。一个好的选题往往能够在无形之中给笔记助力，帮助笔记提高热度。因此，选题策划也是不能忽视的重要部分。

3.1 热门选题怎么选

好的选题是一篇优质笔记的基础，一个热门选题往往能够给笔记带来非常高的初始热度。本节就为大家介绍怎么选择热门选题？

3.1.1 热门话题

小红书作为一个分享型平台，以记录用户生活为核心，因此在小红书平台上会存在各种各样的话题，所以选题方向众多。在思考如何选择选题的情况下，可以参考已有的热门话题。

1. 女性类话题

在中国的消费市场中，女性消费者占比较大，对经济社会起着非常重要的作用。而小红书作为社交分享型平台且具有一定的消费功能，更能满足女性的消费欲望，因此在小红书中，女性是平台消费的主力军。图 3-1 所示为小红书中男、女用户的比例。

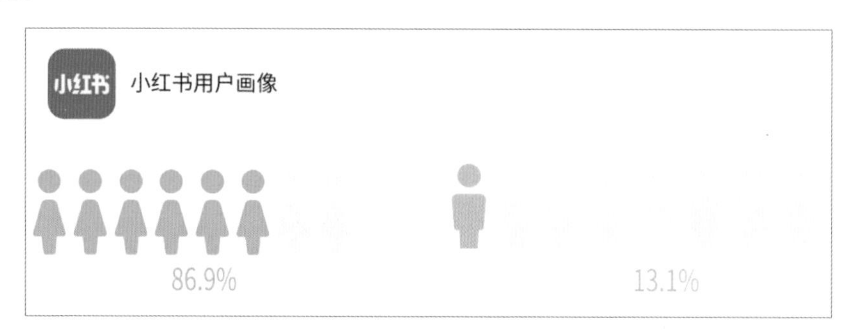

图 3-1 小红书中男、女用户的比例

除此之外，在一个家庭中，女性往往扮演了多种角色，且掌握了消费决策权，这也说明了女性的消费市场是一个潜在的广阔市场，所以女性话题往往是热门话题。那么，有哪些女性话题呢？

1) 彩妆

毫无疑问，彩妆必是其中之一。在小红书中，20 ~ 30 岁之间的女性占比较大，而彩妆是她们日常关注的重点之一。

一般来说，彩妆类话题的笔记主要有四种：第一种是彩妆单品推荐笔记，如图 3-2 所示。第二种是试色类笔记，如图 3-3 所示。值得注意的是，在小红书平台中，这两种话题的同质化比较严重。第三种是仿妆类笔记，如图 3-4 所示。仿妆教程对博主的技能要求比较高，如果在仿妆类笔记中加入教程的话，也会吸引更多粉丝关注。第四种是化妆教程类笔记，如图 3-5 所示。

图 3-2　彩妆单品推荐笔记

图 3-3　试色类笔记

图 3-4　仿妆类笔记

图 3-5　化妆教程类笔记

2）护肤

护肤也是女性话题中必不可少的一个话题。现在的女性越来越注重保养自己的皮肤，因此产生了许多关于护肤类的笔记。

目前，在小红书中，护肤类笔记的话题一般有护肤单品的推荐、护肤知识的科普等，如图 3-6 所示。

图 3-6 护肤类笔记

3）美发

头发的打理也是女性关注的热门话题之一，每当出去游玩、约会的时候，女性往往也会将头发的打理当作一个重要环节。

在小红书平台中，美发一般包括发型、编发教程、头发护理、烫染的设计等话题，如图 3-7 所示。

图 3-7 美发话题类笔记

4）时尚

时尚这个概念比较宽泛，有时尚单品、时尚穿搭等，因此你可以根据其排行等相关信息，选择合适的关键词。

5）减肥塑形

随着现在审美观念的不断变化，人们对于自己的健康日益重视，越来越多的女性加入减肥塑形的队伍之中，并且对于健康减肥的关注度不断提高。因此，在小红书中，减肥塑形的话题也是女性话题中的热门话题之一。

除此之外，还延伸出了减肥技巧、减肥过程记录、减肥教程等，如图 3-8 所示。一些专业人士可以在小红书上推出减肥教程，非专业人士可以将自己的减肥过程记录下来。

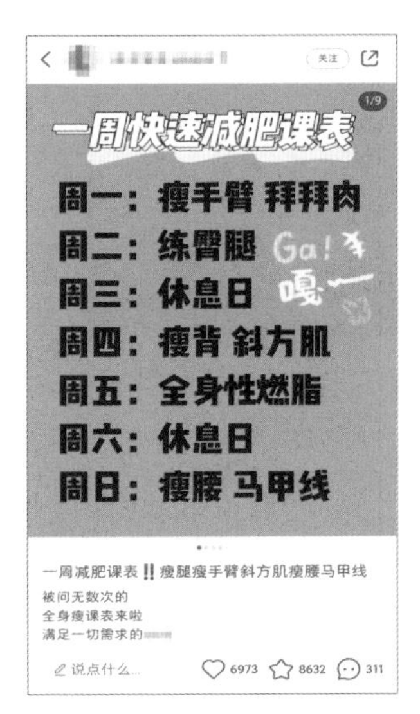

图 3-8　减肥塑形类笔记

6）穿搭

所谓衣食住行，衣是首位。从一个人的穿搭中往往能够看出这个人的性格。如今，越来越多的女性注重改变自己，不光是从发型、妆容等方面，穿搭也在其中。

小红书中的穿搭是比较热门的话题之一，连官方平台也开设了一个官方号，为用户推送相关的穿搭指南。目前，在小红书中，穿搭笔记的内容主要是各种各样的穿搭模板，用户可以根据自己的喜好进行选择。

2. 出行攻略类话题

随着经济水平的提高，人们的生活逐渐富足，越来越多的人会在假期的时候选择外出旅游。网络技术的发展使人们能够在网络上搜索出行攻略，关于出行攻略的话题很多。在小红书 App 中，出行攻略类的热门话题主要有两个：一个是旅行；另外一个是探店。

1）旅行

很多小红书用户在自己旅行后，会将旅途中的风景分享出来，而这些优美的图片能够吸引更多粉丝的关注，如图 3-9 所示。此外，人们在旅行之后还可以将自己的攻略发布出来，这样每当有用户想要去景点游玩时，便可以搜索到你的这篇文章，如图 3-10 所示。

图 3-9　旅行照片分享类笔记

图 3-10　旅行攻略类笔记

2）探店

探店与旅行有相似之处，都是通过自己去体验，然后向用户分享自己的感受，提供种草或排雷的建议，如图 3-11 所示。

图 3-11　探店类笔记

3. 学习技能类话题

在小红书上，学习技能类的话题所占的比重也比较大。能够帮助用户提升知识储备的笔记，也会引起用户的观看兴趣。

1) 读书笔记

读书笔记主要包括一些读书心得的分享、书单推荐等，如图 3-12 所示。

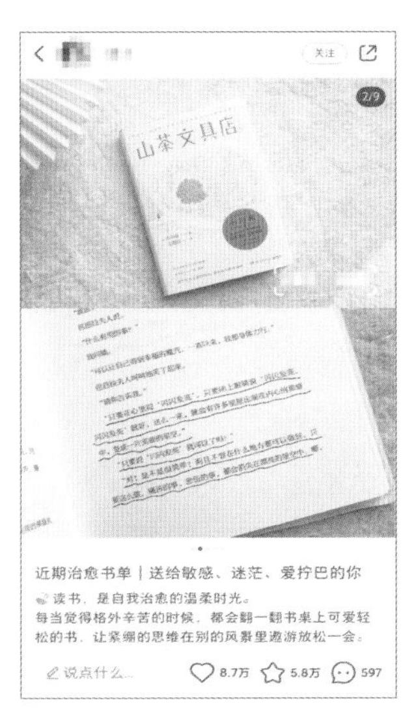

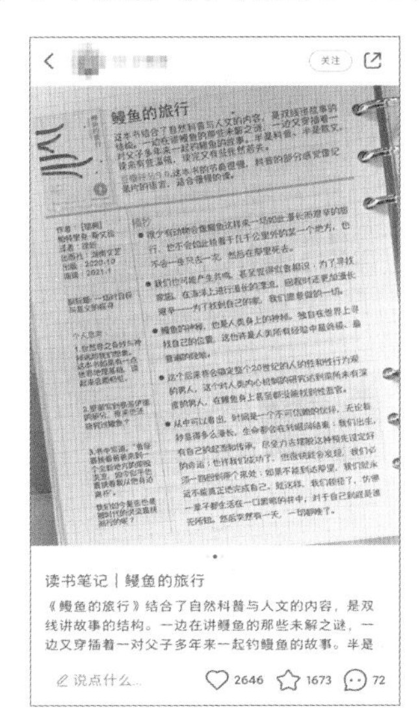

图 3-12 读书笔记类书单

2) 工作学习

工作学习一般以干货类笔记为主，例如工作计划、学习计划、日常学习、时间管理等。想要选择这类话题的人最好是有着相关的理论知识，或者自身的经验、方法比较丰富，然后根据自己的知识储备和经验来创作。

这类博主最好是在个性签名或者在自我介绍中将自己的学习或者工作的相关经验写进去，这样你所发布的相关笔记才会更有说服力。

3) 手工制作

手工制作的领域很广，不同的分类下面还蕴含着许多小的类目。这类内容要求博主有一定的专业知识。

手工制作这个话题本身就存在着互动性和趣味性，而且简单的手工制作的技术不是很难，因此，一些喜欢手工制作且有一定手工制作能力的人可以选择这个话题进行制作，如图 3-13 所示。

4) 摄影

在学习技能中，还包括摄影这类话题。有很多摄影爱好者都会分享自己拍摄的作品，一些专业的摄影人员还会在平台上讲述自己的摄影技巧等，如图 3-14 所示。目前，摄影在小红书平台上也有着较高的热度。

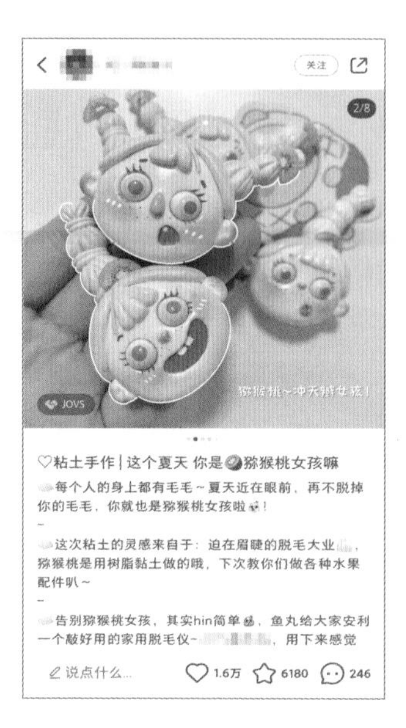

图 3-13　手工制作类笔记

图 3-14　摄影类笔记

4. 娱乐影音类话题

娱乐影音类是大部分人最爱浏览的部分，因此在各大平台中，娱乐影音类话题一直都是用户关注的热门话题之一。在小红书中，娱乐影音类话题主要包括影视推荐、名星以及音乐分享等。

1）影视推荐

影视推荐，顾名思义，是将一些影视剧以视频、图文的形式分享出来。在小红书中，有的博主通过将热门电视剧、电影中的亮点剪辑出来，吸引用户去观看，或是对近期的热门电视剧进行解读，如图 3-15 所示。

图 3-15　影视推荐类笔记 (1)

除此之外，还有的博主将自己喜爱的或是宝藏电视剧、电影、记录片以图文的形式分享出来，如图 3-16 所示。

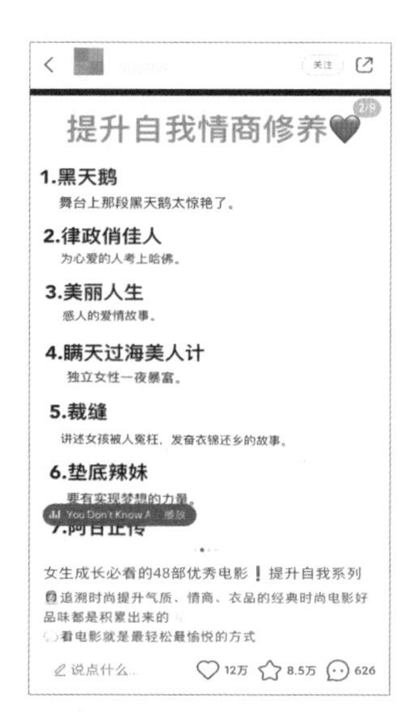

图 3-16　影视推荐类笔记 (2)

2) 明星

明星自带热度，不管是哪个平台，明星的入驻都能够带来一定的流量。因此，我们可以通过结合明星的一些相关元素制造话题，如明星仿妆、明星同款等，如图 3–17 所示。

图 3–17　明星类话题笔记

3) 音乐分享

在娱乐影音类中，音乐分享也是一个热门话题，其中包括歌单推荐、主题歌单分享等，如图 3–18 所示。

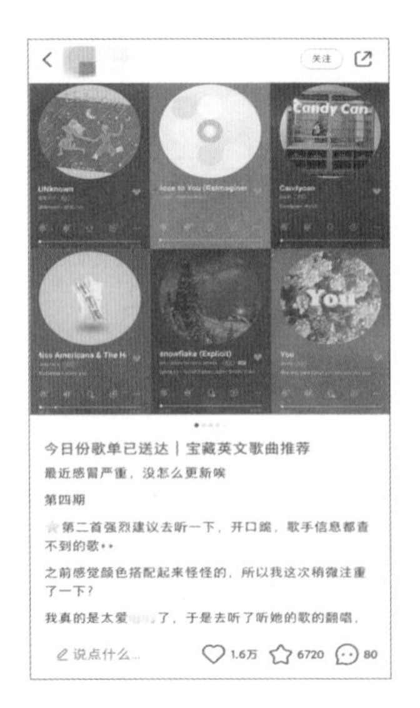

图 3–18　音乐分享类话题笔记

5. 科技电子类话题

科技电子类话题也是一个热门话题，科技电子类主要包括科学实验、电子产品等。科学实验最好是生活中能够实现的且安全性较强的实验，防止出现安全问题，如图 3-19 所示。电子产品类话题要求博主对各类产品有一定的了解，专业性较强，如图 3-20 所示。

图 3-19　科学实验类话题笔记

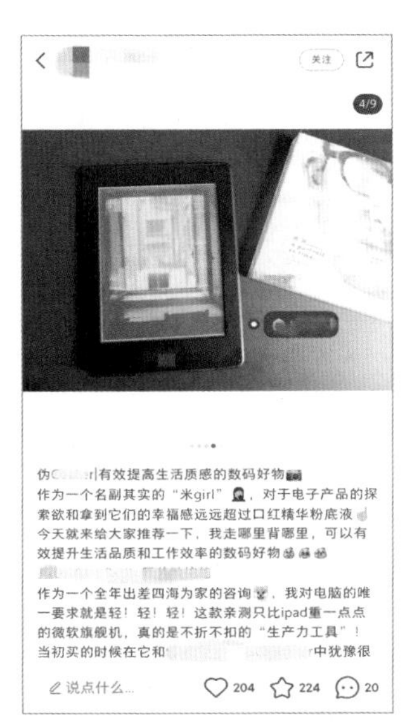

图 3-20　电子产品类话题笔记

6. 生活记录类话题

小红书的宣传语便是“标记我的生活”，因此在小红书中生活记录类话题是必不可少的，而且在小红书平台中，不管是学生还是宝妈都乐意在平台上分享自己的生活。目前，在小红书中，生活记录类的相关话题主要有以下 6 种。

1）生活日常

生活日常这个话题包含着许多种类，也能够与其他话题进行合并，如工作日常、护肤日常等，如图 3-21 所示。

2）晒娃日常

在小红书平台中，晒娃也是热门话题之一。随着亲子节目的走红以及网络的快速发展，越来越多的父母喜欢将自己的孩子展现在网络上。通过将孩子可爱的、搞笑的瞬间发布出来，也能够吸引一大群用户的关注。

一般来说，这类话题主要是将自己孩子的日常分享出来，但是如果自己没有孩子的话，可以选择一些热门的萌娃视频进行剪辑，发布主题类的萌娃视频，也能够获得用户的关注，如图 3-22 所示。

图 3-21　生活日常类话题笔记

图 3-22　晒娃日常类话题笔记

3) 宠物日常

一些喜爱宠物却又不打算自己养宠物的用户通常会想在网络上关注这一话题。并且，一些宠物的搞笑视频也能够很好地吸引用户的注意，如图 3-23 所示。

4) 搞笑视频

搞笑视频一般都是热门话题，大多数人喜欢在放松的时候观看搞笑视频。一般来说，搞笑视频的形式有很多种，例如影视剧的片段剪辑、自制的搞笑视频、搞笑对话的剪辑等，如图 3-24 所示。

图 3-23　宠物日常类话题笔记

图 3-24　搞笑视频类话题笔记

5）家居装潢

家居装潢话题主要包括租房改造、家居装修、家居好物推荐等，如图 3-25 所示。

6）生活小妙招

除了以上 5 种热门话题以外，还有生活小妙招。这类话题主要是干货整理类，其形式可以是图文、视频两种方式，如图 3-26 所示。

图 3-25　家居装潢类话题笔记

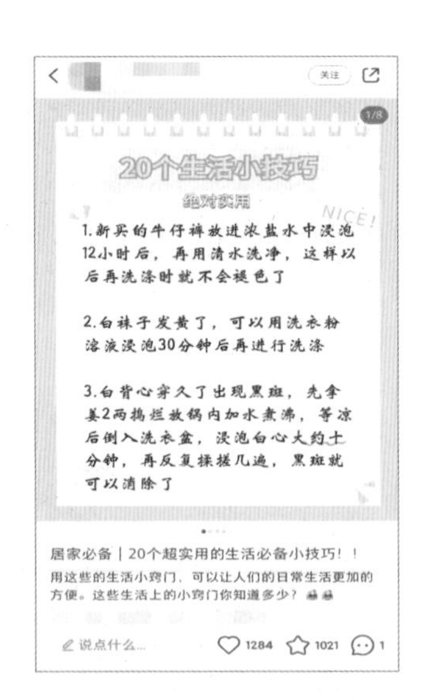

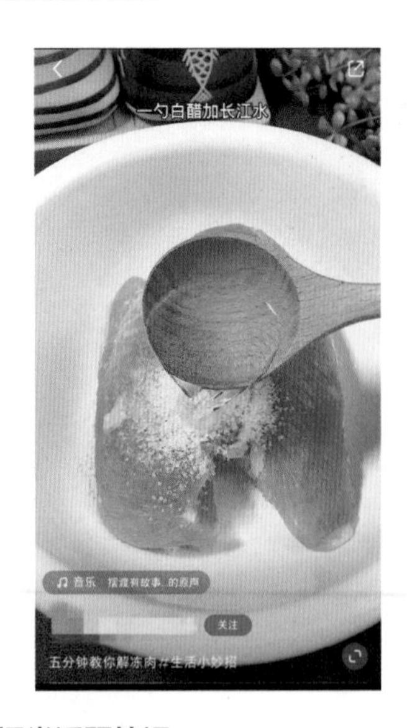

图 3-26　生活小妙招类话题笔记

7．知识科普类话题

知识普及类话题比较广泛，可以是日常生活中的小知识普及，也可以是女性健康知识普及等，并且知识科普类话题也是人们比较喜欢的话题。下面就针对其中的一两个话题进行介绍。

1）花草知识

花草知识是知识科普中比较热门的话题，一些爱花的专业人士可以将自己的相关知识发布出来，可以是花草种类的相关知识，也可以是花草种植的相关教程等，如图 3-27 所示。

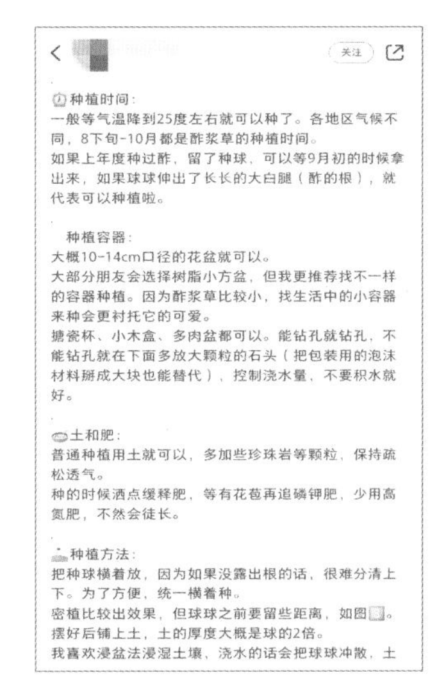

图 3-27　花草知识类话题笔记

这类话题的文章有一定的价值，能让用户在观看后了解到相关知识，并且不懂的地方可以在评论区讨论，既增强了互动性，又提高了热度，如图 3-28 所示。

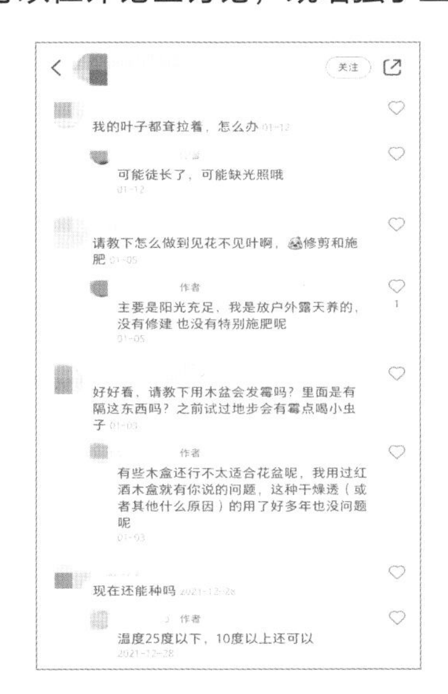

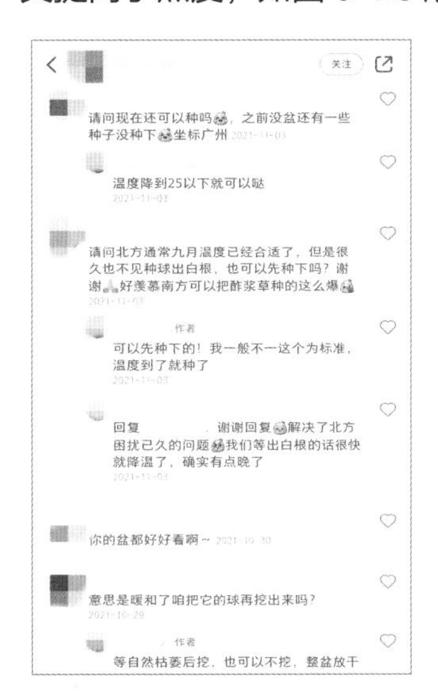

图 3-28　评论区讨论

2) 养生知识

随着人们健康观念越来越强，越来越多的人都在关注自己的健康问题，并加入养生队伍。目前，养生知识类话题也是一大热门话题，这类话题主要包括饭后养生、冬季养生、食补知识等，如图 3-29 所示。

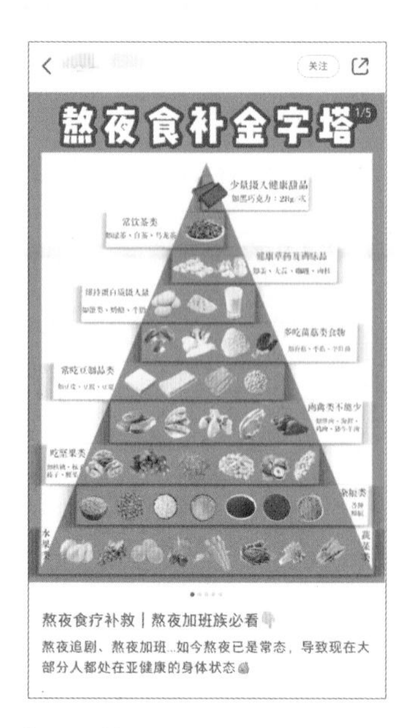

图 3-29　养生知识类话题笔记

3.1.2　根据热点裂变话题

除了在以上这些热门话题中进行选择以外，你还可以根据当下的热点去挖掘一些新的热门话题。

在当今时代，信息快速更迭，不断地会有新的热点出现，因此你需要抓住每一个机会。当热点出现时，根据用户的需求以及喜好将热点裂变成为一个可创作的话题。那么，如何把握机会，创作新的话题呢？可以通过以下几种方式创作新的话题。

1．把握时机，追逐热点

这一点要求我们要对热点具有一定的敏感度，当热点即将来临的时候，就能够感知到。有的热点时效性非常强，其火爆时间比较短，往往人们还没反应过来时，其红利期就已经过去了，对于这些热点来说，最能够爆文的时候一般都是热点刚刚出现的时候。

例如，年后一般是求职的最热时期，大多数人会在年后辞职，然后找新工作。因此，你便可以抓住年后这个时机，创作与求职相关的笔记。你可以提供一些求职干货分享，如求职的正确步骤、求职面试问题汇总等。

2．推陈出新，挖掘热点

当然，我们追逐热点，并不是一味地跟随热点。在我们利用热点进行创作的时候，一定要对其加以改变，加上自己的创意和个性，这样这个热点才能真正地为自己的创作助力。

当一个热点出现的时候，网络上许多博主都会利用这个热点进行创作。而当热点发酵到一定程度时，观众便会感到视觉疲劳。因此，只要将热点与自己的个人特色融合，再进行创新的话，就能带来更多的热度。

3．换位思考，精准捕捉

当你根据热点进行创作的时候，一定要换位思考，考虑你的目标对象想看什么、喜欢什么。站在目标对象的角度去思考该如何创作，创作出来的文章才能更加精准地捕捉到目标对象的心理。

例如，当你的目标对象是孕妇的时候，那么你就可以从孕妇的角度出发，思考孕妇在观看这个热点时最关注的是什么，然后再进行创作。

3.1.3　在关键词中挖掘选题

在小红书中，关键词也可以作为选题的依据之一。当你选择在关键词中挖掘选题时，可以把以下三个方面当作切入口。

1．搜索发现

在小红书搜索界面的下方有一个“搜索发现”栏目，该栏目会向用户呈现近期搜索次数最多的搜索词条，如图 3-30 所示。

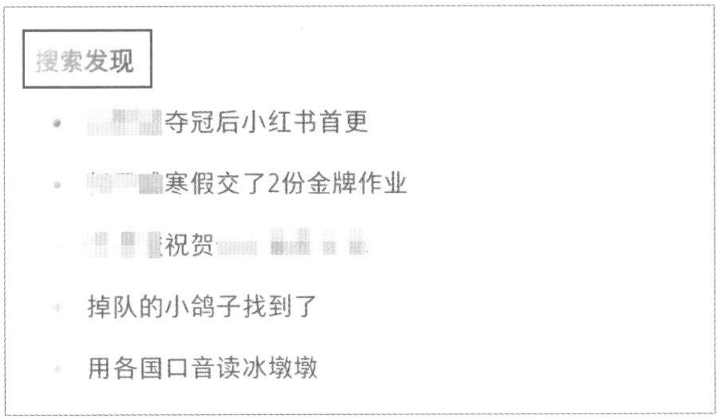

图 3-30　“搜索发现”栏目

这类词条是小红书用户搜索最多的，因此与之相关的笔记热度会很高，且容易被系统推荐。

值得注意的是，“搜索发现”栏目中的词条可能会根据个人的搜索习惯进行一定的调整，因此在确定选题时，一定要多了解词条的具体热度情况。

2．搜索框中的联想词

在很多平台，当你在搜索框中输入一个词时，便会出现与之相关的联想词，如图 3-31 所示。

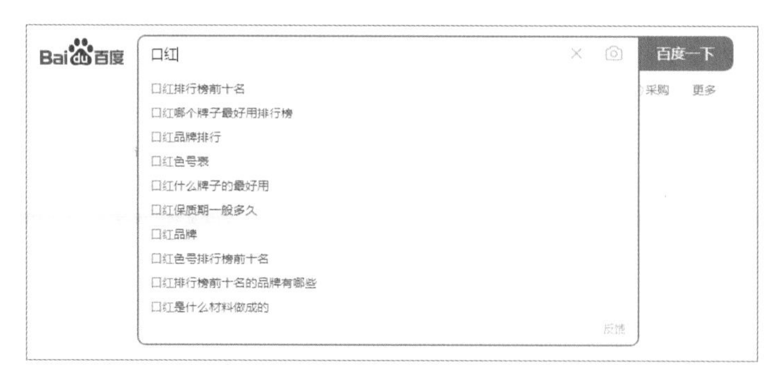

图 3–31　百度平台搜索框中的联想词

小红书也是如此。如图 3–32 所示，当在搜索框中输入“口红”和“旅行”等相关词条的时候，便会出现与之相关的联想词。

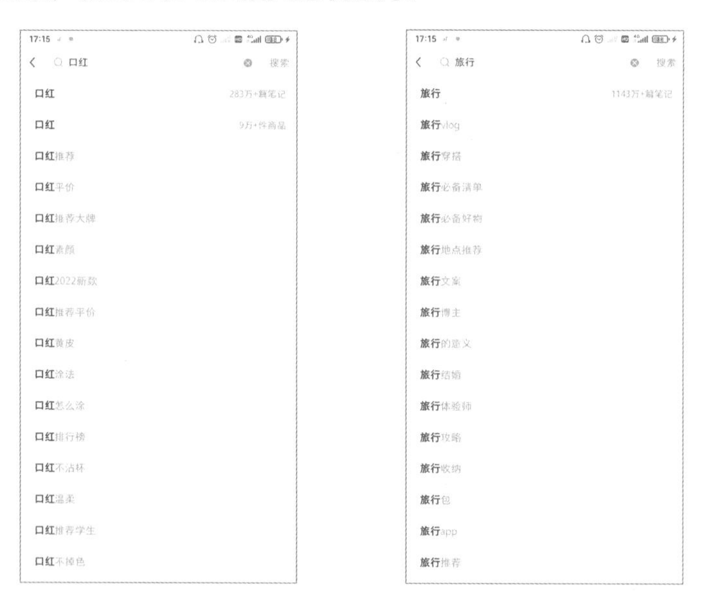

图 3–32　小红书平台搜索框中的联想词

一般来说，这些词定位精准，当你点进这些词条的时候，所呈现笔记的内容主题往往是你搜索的词。

3．细分关键词

在根据“搜索发现”栏目和搜索框中的联想词挖掘出需要的热门关键词之后，还可以对这些词进行细分。

例如，在“租房改造”这个关键词中细化出“租房改造 ins 风”，如图 3–33 所示。将关键词细分的话，缩小了选题的范围，能够更加精准地找到用户，与其他大范围关键词来说，竞争相对较少。

图 3-33 关键词细分案例

但是在关键词中挖掘选题的时候，一定要注意以下两点：一是切勿在笔记中堆砌关键词；二是在标签中加入关键词，如图 3-34 所示。

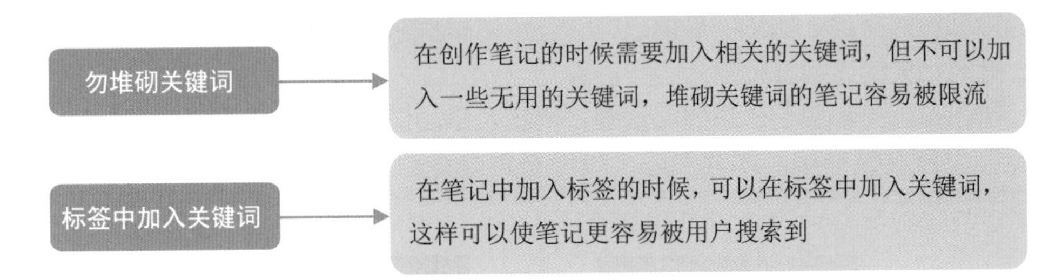

图 3-34 在关键词中挖掘选题应注意的两点

总的来说，设置关键词是提高笔记热度的一个重要方式，挖掘出正确的关键词，再加上创新，一定会加大笔记的曝光力度。

3.2 如何专题策划

在确定好选题后，根据情况还可以尝试做一些专题策划。一方面，专题策划可以提升账号的垂直性；另一方面，专题策划能够产出更多相关的内容，也更容易留住用户。

那么，怎么做专题策划呢？主要有以下三种方式：一是针对网络上的热门现象做专题策划；二是针对原生内容做专题策划；三是针对可预见的重大事件做专题策划。本节对这 3 种方式进行介绍。

3.2.1 热门现象

过年期间，相亲是提及较多的话题，因此可以在这个时期做几期关于相亲的系列专题，如图 3-35 所示。

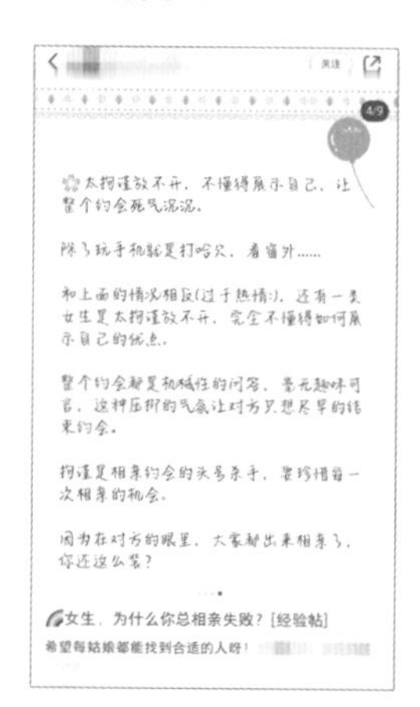

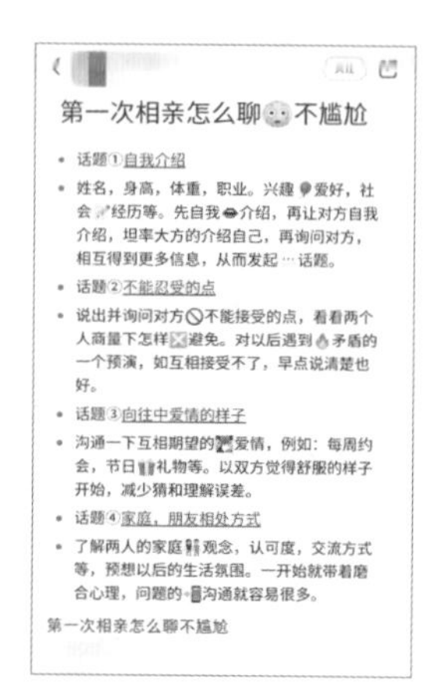

图 3-35 相亲系列笔记案例

3.2.2 原生内容

除了针对网络上的热门现象以外，还可以根据小红书中的原生内容进行专题策划，针对相关的内容进行整合创作。

学习技能类都属于原生热门话题，博主可以通过整合来做专题策划。学习类可以专门设置女性书单、寒假书单、月份书单等专题，食谱可以做一人食专题，如图 3-36 所示。

图 3-36 原生内容类专题策划案例

3.2.3 可预见的重大事件

前段时间举办的北京冬奥会，官方设置了专区给予热度，并在专区的下面开放了冬奥打 call 专区，给了用户笔记曝光的机会，如图 3-37 所示。

图 3-37 小红书冬奥会专区

用户可以根据相关内容创作笔记，但一定要与自己的账号内容相关，不可为了追逐热点而忘记了账号的垂直性。图 3-38 所示为学习博主利用冬奥会创作的相关科目考点整理的笔记。

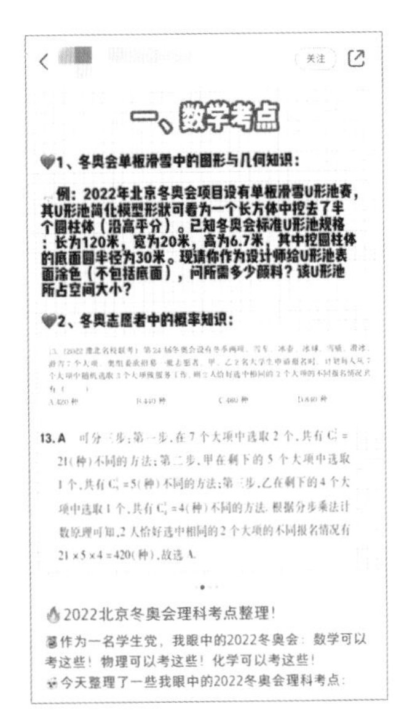

图 3-38 冬奥会相关笔记

第 4 章

推广策略：百万账号的推广攻略

学前提示

小红书作为社交型电商平台，主要特点便是去中心化，强调真实的经验分享。其实这也是一种隐形的种草方式，并且这种方式往往能达到更好的效果。因此，借助小红书平台制定完善的推广策略，能够更加贴近人们的生活，更加真实、也能更好地提高转化率。

4.1 了解小红书推广的五大优势

在介绍小红书推广策略之前，我们先来了解一下小红书推广的五大优势。

4.1.1 智能分析，精准画像

在进行推广之前，一般会对用户群体进行分析，描绘目标群体的画像，这样才能更好地进行推广。

小红书有着自主打造的智能大数据分析系统，能够更加精准地深入分析小红书中用户的画像，并且挖掘种草领域。图 4-1 所示为小红书与完美日记中受众人群年龄和性别画像。

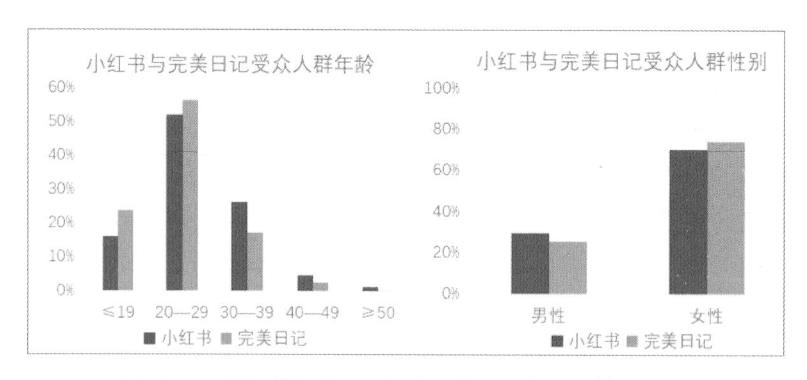

图 4-1 小红书与完美日记中受众人群年龄和性别画像

因此，品牌主可以根据小红书中的消费者画像和同行业内竞争对手的推广策略，融合自己产品的优势，打造出一个更优质的推广方案。

4.1.2 严格筛选，精准投放

在小红书平台中，系统会根据明星以及博主的粉丝、点赞、评论等数据进行判断、分析、筛选，为品牌方选择最优秀的、真实的推广用户，帮助品牌方精准投放，从而达到推广效益的最大化。

一般来说，在小红书中进行投放，最好严格按照金字塔的模式投放。图 4-2 所示为金字塔模式，这里将金字塔模式分为四部分，其中头部 KOL(key opinion leader，关键意见领袖) 和腰部 KOL 合并。

第一部分是明星，主要是为了做背书，主要形式是通过明星发布测评以及日常的好物分享。这种方式一般价格高，但是效益快且高。

第二部分是 KOL。KOL 分为头部和腰部，一般来说头部 KOL 可以投放总比例的 5% 左右；腰部 KOL 可以适当多投放一些，按 10% 的比例进行投放，主要形式是测评、晒单，用来提升品牌的曝光量，如图 4-3 所示。

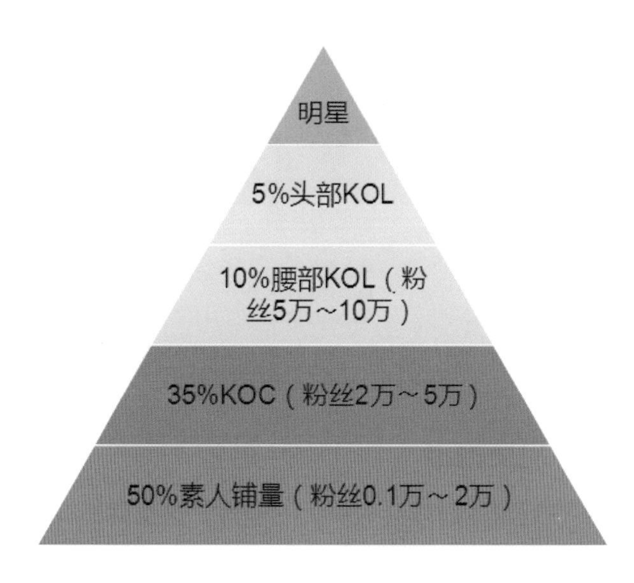

图 4-2　金字塔模式

图 4-3　腰部 KOL

第三部分是KOC。其意思是关键意见消费者，英文全称是key opinion consumer，这一类是属于粉丝数量相对较少的KOL，可以按35%的比例进行投放。这类博主虽然没有KOL影响力大，但是在垂直用户中也有一定的影响力，并且其带货能力也是相对较强的。图4-4所示为KOC推广流程。

第四部分是素人。素人笔记通常用来铺量，目的是为了提高曝光量，可以通过用关键词铺设，这部分可以投放总比例的50%。

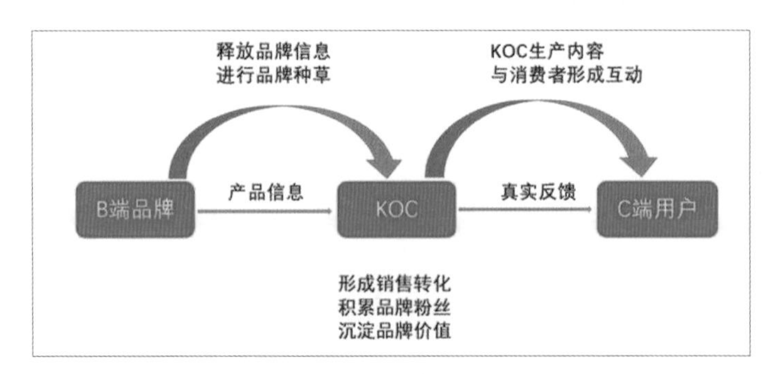

图 4-4　KOC 推广流程

4.1.3　深度研判，品质输出

不同种类的产品在运营的时候会有很大的差异，这也就影响了用户在种草时候的决策。品牌主可以在了解平台内容推荐机制的情况下，深入研究相关种类的推广案例，然后根据品类特性，输出高质量的内容，从而提升小红书推广笔记的推荐效果和曝光量。

品类特性在小红书进行推广的时候会有不同的效果，品类特性较好的往往推广效果更好，例如刚需的产品与非刚需的产品相比，刚需的产品往往效果更好。如图 4-5 所示为品类特性在小红书中引爆的情况分析。

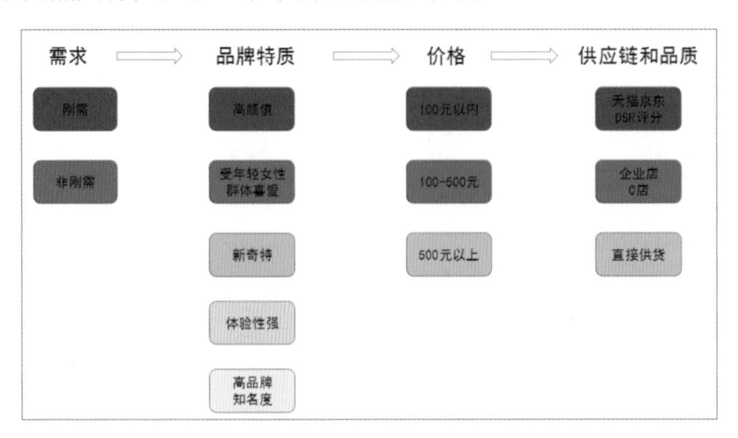

图 4-5　品类特性在小红书中引爆的情况分析

4.1.4　突破圈层，联动种草

上面介绍了金字塔种草运营策略，通过这个策略，博主可以针对不同特征的用户给予不同的方案，进而吸引更多的明星和达人，进行二次推广。此外，将后续的营销资源进行合理分配，并利用产品的关键词加入其他渠道的方式，如淘宝、抖音、快手等，突破圈层，通过多平台为产品持续推广，从而实现产品的转化。

4.1.5 专业团队，高效协作

拥有一个专业团队在推广的时候能够更加精准地了解用户的需求，因此一个专业的推广策划团队和高级编辑团队非常重要。一方面可以帮助品牌主对产品的推广文案进行优化；另一方面可以通过在笔记中穿插产品推荐等方式，来优化营销资源的分配。

值得注意的是，目前小红书正在快速发展中，平台中的传播渠道也更多了。对于品牌主来说，这是一次机遇也是一次挑战。在传播渠道扩大的情况下，如何在众多品牌主中脱颖而出，是在这场挑战中获胜的关键。

图 4-6 所示为小红书推广流程图，一个专业的团队可以从这 4 个方面着手在小红书上进行有效的推广。

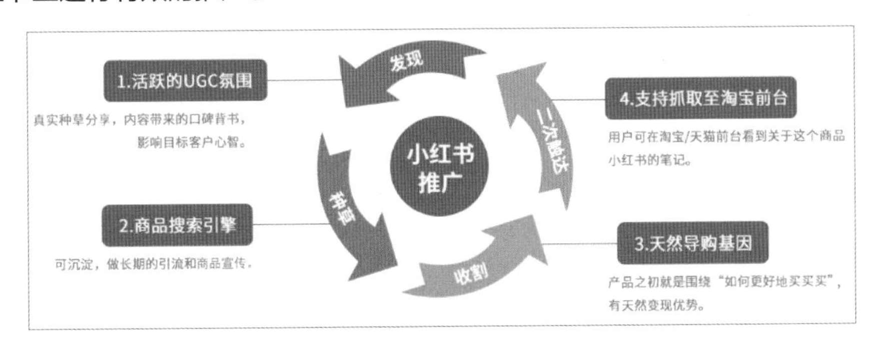

图 4-6 小红书推广流程图

4.2 小红书推广方式

目前，小红书的推广方式主要有官方和非官方两种，官方包括广告投放、品牌号营销、品牌合作人等方式；非官方主要包括素人笔记、KOL 原创图文推广、明星笔记、笔记排名优化等方式。不管是官方还是非官方，都能帮助品牌方很好地推广产品。图 4-7 所示为明星推荐 + KOL 扩散的四大功效。

图 4-7 明星推荐 + KOL 扩散的四大功效

除了以上两种方式外，还有其他推广方式，如批量私信、点赞等，但是这些受平台的限制较多，或是对技术要求比较高，一般不推荐采用这些方式。

4.2.1 素人笔记

素人笔记指的是粉丝数量不够多、没有粉丝基础的用户来发布相关的种草笔记。这种方式适用于各种品牌方和有着搜索承接平台的商家。

1. 素人笔记的作用

对于小红书用户来说，笔记是谁写的不是他们关注的重点，他们关心的是写了什么。并且，在一些用户心中，他们会觉得素人笔记更加真实可信，因此他们会更加相信素人发的笔记，而那些粉丝量多的博主，或多或少会接一些广告，真实性相对而言就不是很高。

此外，素人笔记是一种性价比很高的方式，素人通过大量、定期地发布笔记，进而占领搜索的前列，这样也就加大了曝光率和官方推送的概率。

一般来说，大商家或者品牌方比较喜欢用素人笔记这种方式进行推广，这种方式的作用主要有两个：一是背书，二是获得流量，如图 4-8 所示。

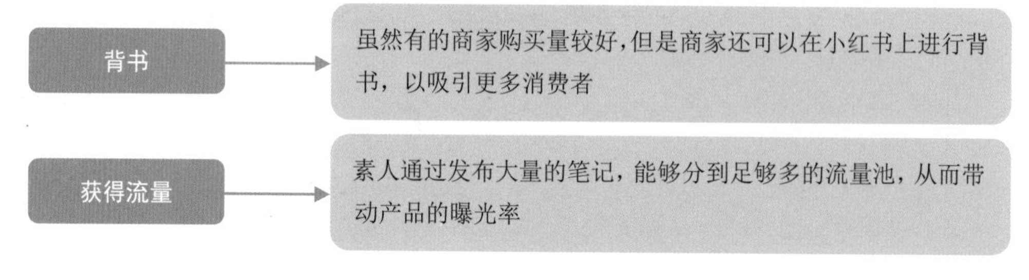

图 4-8　素人笔记的主要作用

2. 素人笔记的优缺点

素人笔记主要是用来铺量，让用户能够尽可能多地看到产品，加深用户的印象，所以素人笔记不需要太多技巧，只要将产品的性能、体验情况讲清楚就可以了。一般来说，素人笔记的字数不要超过 300 字，并且每天的投放量最好是在 30 篇内。

但是，这种方式直接促成交易的往往不多，因为素人毕竟没有影响力，用户对于素人还是保持一定的怀疑态度。因此，素人笔记不需要带有商品链接，只要写清楚产品的好处、体验感即可。

4.2.2 KOL 原创图文推广

KOL 通常指的是拥有大量且准确产品信息的人，他们能够被粉丝所信任，并且能够影响粉丝的购买行为。一般来说，KOL 通常是某个行业或领域的专业人士，如皮肤科医生。

不管什么平台或行业，对于 KOL 的要求都相对较高。在美妆行业，要求 KOL 一方面要有专业度，了解美妆的专业知识、能够用通俗易懂的方式详细地讲解测评产品等；另一方面则要求美妆 KOL 具有一定的人格魅力，如图 4-9 所示。一般来说，人格魅力较好的 KOL 通常更容易吸引消费者。

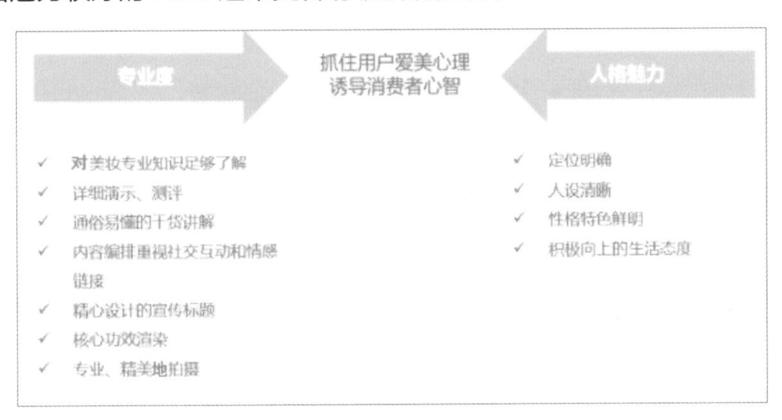

图 4-9　对美妆 KOL 的要求

这种推广方式主要通过有粉丝基础且有着专业知识的博主来发布种草笔记，各种品牌方和有搜索承接平台的商家都可以使用这种方式。

在传统营销方式下，通过引起消费者的购买需求，会促使消费者去收集相关的产品信息并了解它们的评价情况，再决定是否购买。而通过 KOL 原创图文推广一般会让粉丝更加信任，从而跳过购买前的步骤，直接决定购买。KOL 推广的好处如图 4-10 所示。

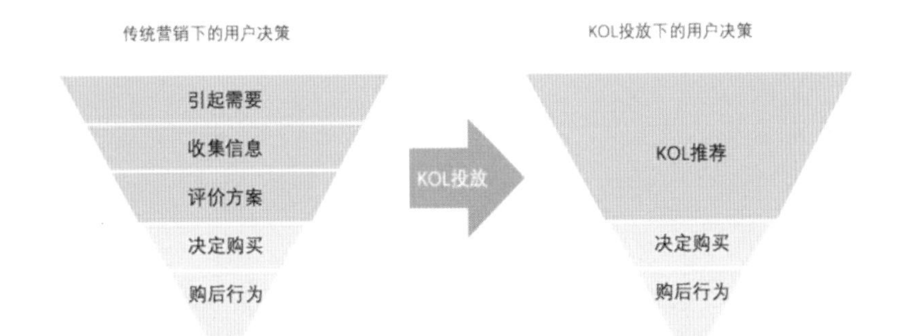

图 4-10　KOL 推广的好处

与素人笔记相比，KOL 推广的作用也在于背书和获得流量。但是这两者还是有很大区别，如图 4-11 所示。

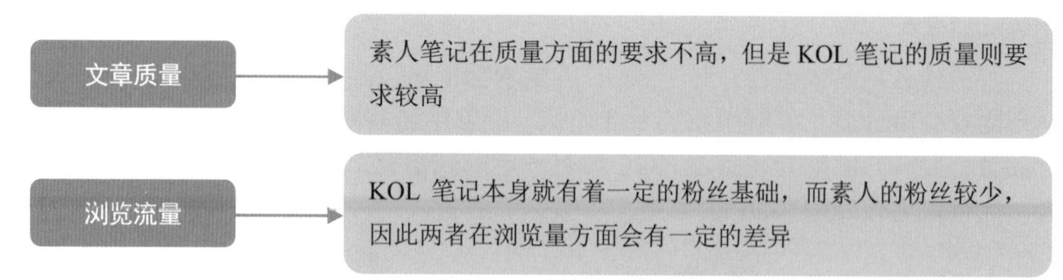

图4-11　KOL推广与素人笔记的区别

此外，我们再来了解一下KOL的特征、运作流程、推广技巧等，并提出适当的推广建议。

1．KOL的特征

KOL与那些网红不一样，他们在某个领域或行业有着一定的影响力，具有一定的公信力。一般来说，对其判定标准主要有三个：一是专业知识；二是稳定且有见地的内容；三是兴趣与天赋。其特征主要包括持久介入、人际沟通、性格特征三个方面，如图4-12所示。

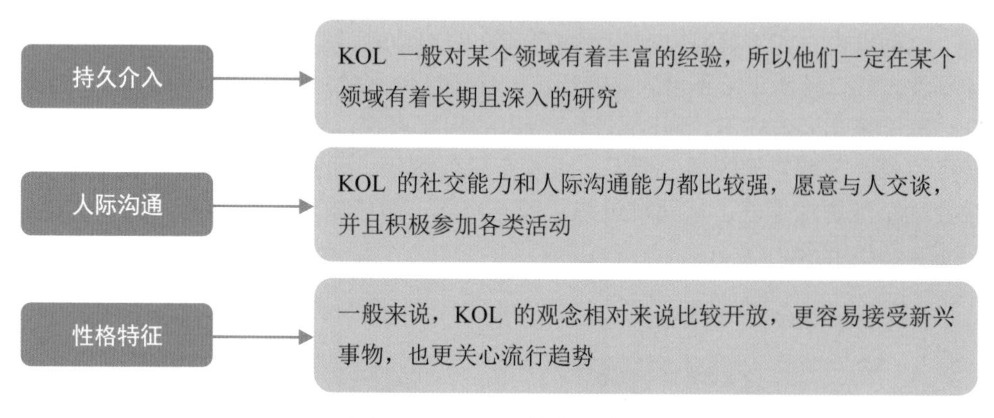

图4-12　KOL的主要特征

2．KOL运作流程

品牌方或者电商平台将商品给予KOL，KOL便对商品进行市场推广，并将推广的数据、流量反馈给品牌方或电商平台，品牌方或电商平台给予KOL一定的服务费、广告费等。

KOL在小红书上发布与商品有关的笔记后，与粉丝进行互动，并将从粉丝处得到的对于商品的反馈，再反馈给品牌方或电商平台，如图4-13所示。

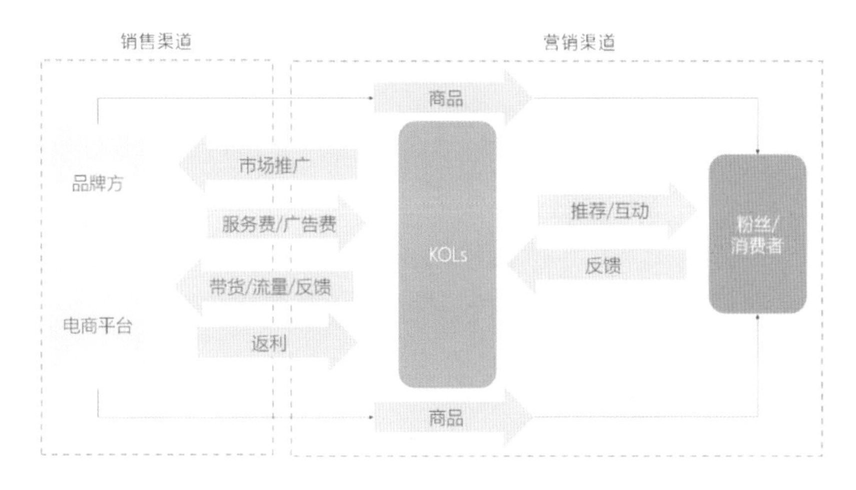

图 4-13 KOL 推广的运作流程

3. 小红书 KOL 推广技巧

下面介绍小红书 KOL 的推广技巧，主要包括埋伏法、细分法和追踪法三种。

1）埋伏法

埋伏法指的是提前布局，这种方法有一点赌的成分，但也并不是瞎猜，是按照一定的规律信息推测，主要是看你对热点的敏感度。

例如，在节假日前几天提前布局关于节假日的一些笔记，等到节假日到来的时候，就可以发布。即使你发布的笔记质量不是最上乘的，笔记的点赞量、阅读量、收藏量的数据也不会太差。

2）细分法

细分法，顾名思义，就是在一个大的热门领域中找到一个小众领域。例如在小红书中，出国旅游一直是比较热门的话题，当你也发布相关内容的时候，就会被大量出国旅游的笔记所淹没。这时，你就可以选择细分的方法，在出国旅游中找到比较冷门的国家或小众的景点等来分享。

3）追踪法

追踪法是什么呢？当你进入小红书首页的时候，会看到“🔍”按钮，单击该按钮，如图 4-14 所示，进入搜索界面。在搜索界面会看到“猜你想搜”“搜索发现”等栏目，如图 4-15 所示。

但是，这些搜出来的关键词仅仅代表目前这些关键词的热度，这些热搜是通过人工和系统的双重干预形成的，因此你所看到的也就官方默认的推荐情况，也就代表着你看到的这些就是用户喜欢看的内容，你就可以根据这些词条来生产你的内容。

图 4-14　单击“搜索”按钮

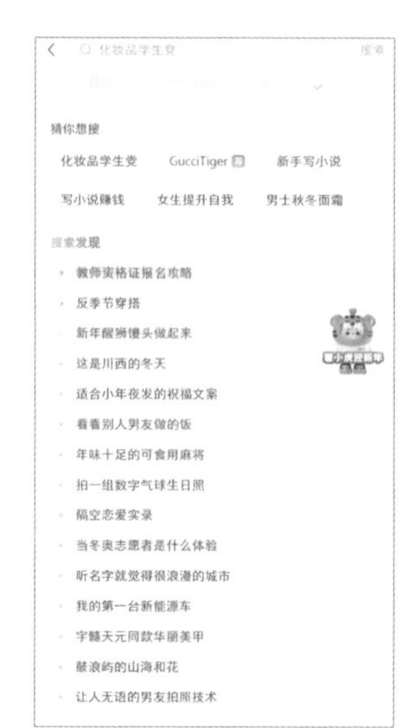

图 4-15　搜索界面

4．KOL 推广建议

目前，小红书上的 KOL 也有许多，针对 KOL 的推广，笔者提出了下面 4 点建议，如图 4-16 所示。

图 4-16　对 KOL 推广的建议

4.2.3　明星笔记

明星本身就有一定的号召力，明星发布的笔记中的产品，往往成为粉丝购买的对象。自 2017 年至今，陆续有明星在小红书上开始带货。到了 2018 年，明星发布的种草笔记往往会影响产品在淘宝中的搜索热度。图 4-17 所示为明星笔记。

相对于前两种推广方式，这种方式更加简单、直接，并且如果明星本身的流量大的话，其代言的产品购买量也会大大增加，收益高且持续时间长。图 4-18 所示为明星笔记的好处。

图 4-17　明星笔记

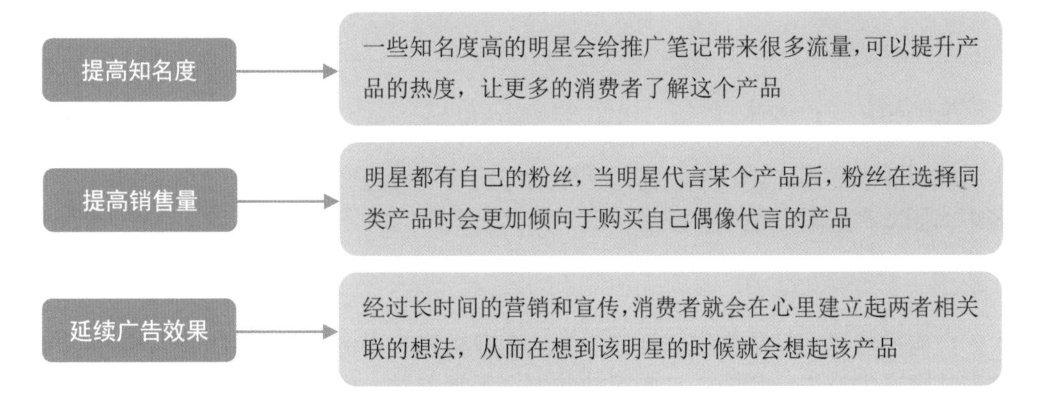

图 4-18　明星笔记的好处

这种方式适用于在小红书平台中有着一定运营基础的商家或品牌，该基础一方面是指在小红书中有着自己的店铺，不用进行二次跳转；另一方面指的是该品牌在小红书上至少有两个月的笔记铺垫。

4.2.4　笔记优化排名

笔记优化排名，顾名思义，就是将笔记进行优化，使其在搜索时排名能够得到提升。这种方式虽然流量有限，但是比较精准，适用于个体微商、线下商家、品牌方、平台商家等。

在小红书中，大部分是通过搜索关键词来搜索相关笔记，用户笔记的内容也是围绕关键词展开的，搜索这类关键词的用户一般是对其有着消费意向的用户。所以，通过优化笔记排名，在用户搜索关键词时能够在首页看到你的笔记，那么你的笔记曝光度就会大大提升。

那么，怎么优化笔记的排名呢？主要从关键词、数据、时间、内容等 4 个方面进行优化，如图 4-19 所示。

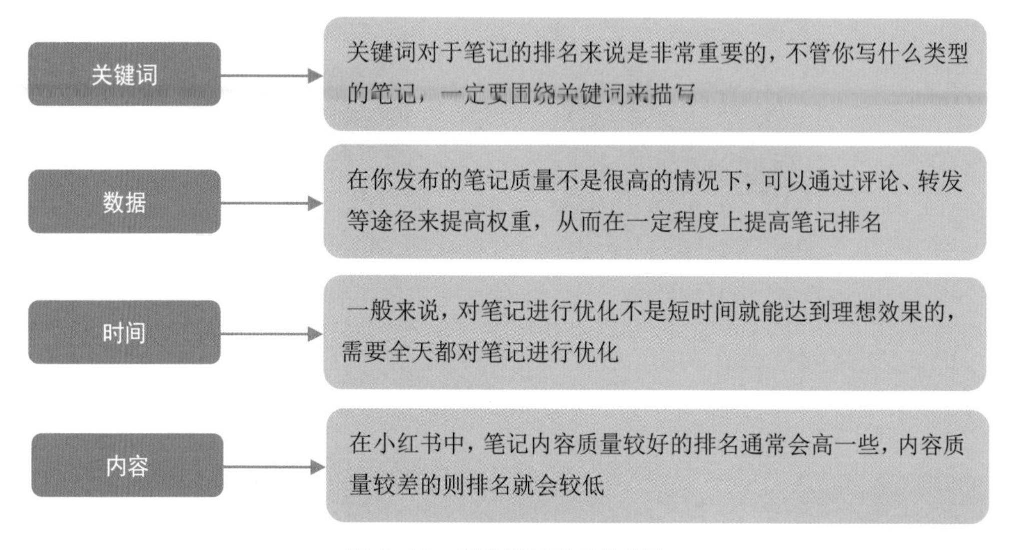

图 4-19　优化笔记排名的方法

值得注意的是，小红书平台对于新发布的笔记会有倾斜。在一个关键词笔记排名中，新发布的笔记往往有权重加成，因此新发布的笔记的排名相对较高。

4.2.5　广告投放

广告投放是根据广告主以及广告的内容在相应的平台上以文字、图片或者视频的形式精准地推送给用户。广告投放的媒介有很多种，例如报纸、电视、纸质刊物等。不同的媒介有不同的特征，用户可以根据自己产品的情况进行选择，甚至进行多方投放。

广告投放也是很多品牌主在小红书上推广的一种形式。下面来看一下广告投放的原则和小红书广告投放的分类。

1. 广告投放的原则

一些企业为了能够达到推广的最佳效果，喜欢“多管齐下”，不管什么渠道、媒介都去尝试一遍，例如电视、报纸、互联网等，但是并不是投得越多，收到的效果就越好。

广告投放最重要的是要达到推广的效果，让大众了解并产生购买欲望。进行广告投放时，一般要遵循的几个原则，如图 4-20 所示。

广告投放有着很多优势（见图 4-21），所以有很多品牌主都想通过这种方式向大众推广他们的产品。

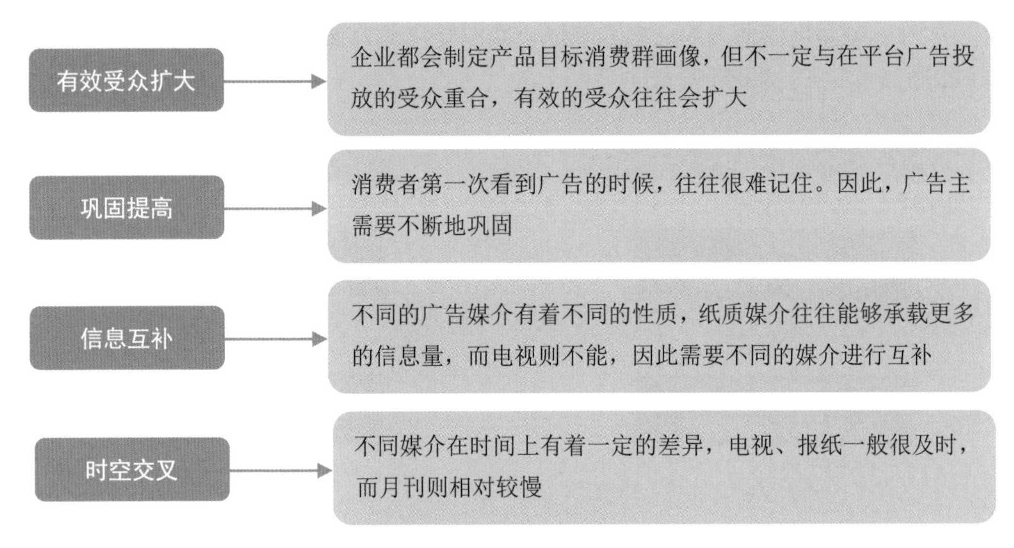

图 4-20　广告投放原则

图 4-21　广告投放优势

目前，广告主在小红书上主要有两种投放需求：一是为了增加曝光率；二是为了提高转化率，如图 4-22 所示。

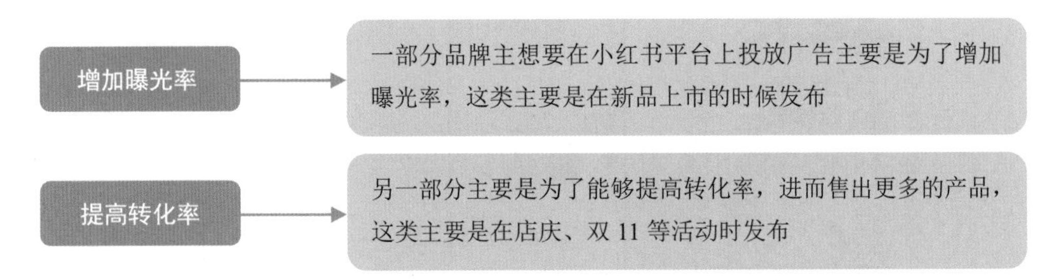

图 4-22　广告主在小红书上的投放需求

不同的投放需求，广告投放的形式和考核指标也不一样，以曝光率为重点的广告投放形式主要是信息流笔记搜索笔记，而以转化率为重点的广告投放形式则是以 H5 和商品卡为主，如图 4-23 所示。

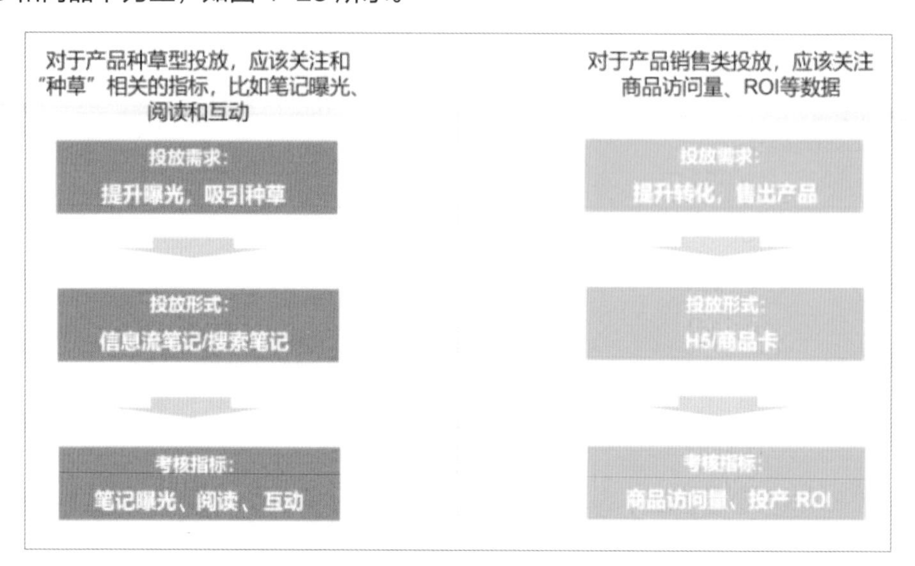

图 4-23　不同投放需求的不同形式和考核指标

2. 小红书广告投放的分类

小红书广告投放主要分为两类：一类是商业广告，以开屏广告为主；另一类是竞价广告。下面具体介绍一下这两类广告。

1) 商业广告

商业广告主要是开屏广告，这种广告价格相对较高，如图 4-24 所示。

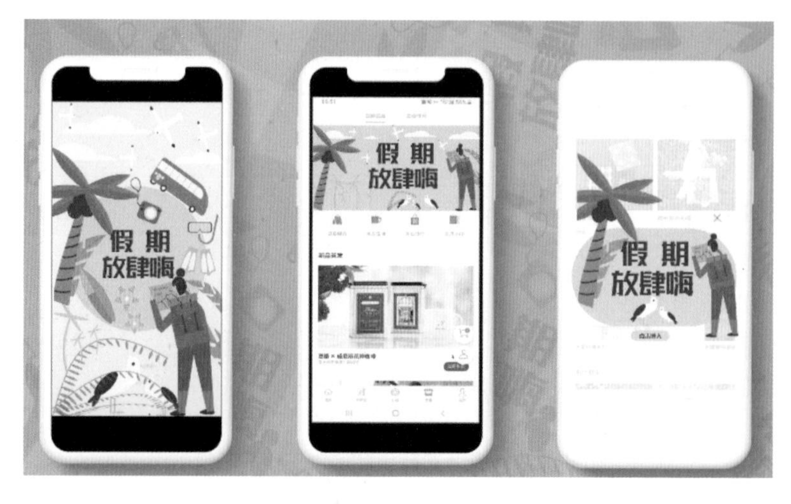

图 4-24　开屏广告样式

2) 竞价广告

在小红书中，竞价广告主要分为两种。一种是搜索广告。顾名思义，搜索广告通常是与用户的搜索有关，广告系统会根据用户的搜索来识别、分析有价值的关键词，如图 4-25 所示。

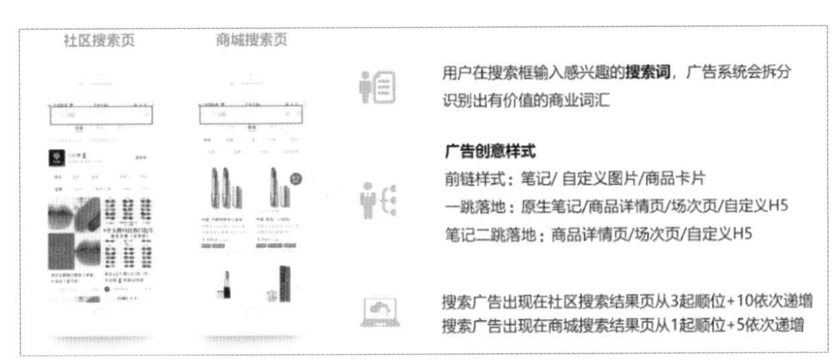

图 4-25　搜索广告

另一种是信息流广告。这类广告的主要形式通常是图片、图文、视频等，其最大的优势在于算法技术领先、能够精准地定向、用户体验好，通过算法技术在平台中精准投放，因此无论是曝光率还是转化率都能得到提升。图 4-26 所示为信息流广告。

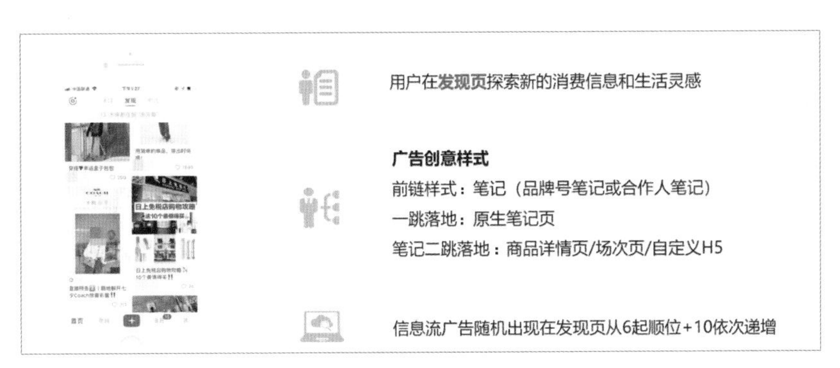

图 4-26　信息流广告

4.2.6　品牌号营销

首先，我们来了解一下什么是品牌号。在小红书中，平台将原本的品牌账号进行了升级，变成了现在的品牌号。其主要目的是为了促进消费者与品牌之间的交流，实现品牌主在小红书平台上的消费闭环。

品牌方申请品牌号成功后，可以更改品牌号的界面，打造与自己的品牌符合的主页风格。此外，用户可以直接进入小红书品牌旗舰店中，帮助品牌方高效、迅速地完成交易。图 4-27 所示为小红书上的两个品牌号。

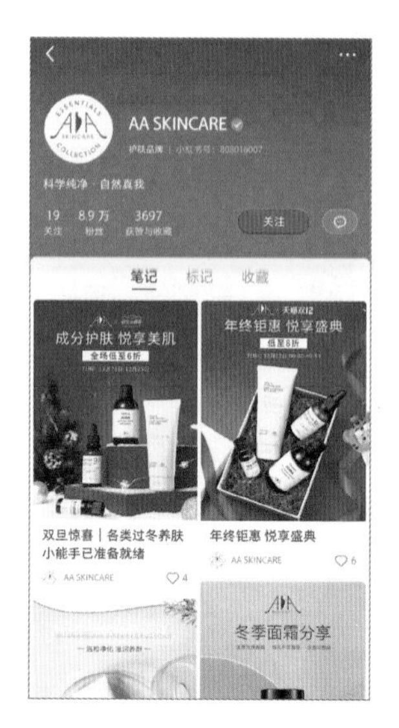

图 4-27　品牌号

这种方式适用于品牌方和商家，主要目的也是为了背书和获得流量。一般来说，比较适合做背书的行业主要是护肤类产品等这类需要长期使用的品牌，而主要为了流量的品牌最好是饰品、彩妆等。

值得注意的是，品牌号推广笔记无论内容的质量好坏，平台都会给予一定的推送，因为品牌号本身就是平台默认的用于发广告笔记的账号。

4.2.7　品牌合作人

品牌合作人是小红书平台官方推出的一种推广方式，通过官方品牌合作人平台进行推广营销。值得注意的是，品牌合作人现在已经全新升级，转变成了小红书蒲公英，这种方式适用于各种品牌和商家。

目前，小红书对于品牌合作人进行了升级，在选择品牌合作人的时候要求变得更高，因此现在大部分品牌合作人笔记的内容相对较优质。

另外，品牌合作人大多签了公司，因此价格相对较高，进行铺量是不现实的。

4.3　小红书推广实战经验分析

本节，我们来分析一下小红书推广的实战经验，帮助读者更好地推广自己的笔记。

4.3.1　优质笔记绑定商品

在小红书上发布笔记的时候，在笔记中添加商品链接是一种很好的推广方式，尤其是优质笔记，在优质笔记中绑定商品，能够很好地吸引消费者购买产品。

图 4-28 所示为小红书的品牌合作人发布的优质笔记，在笔记中插入了商品链接，为品牌方引流。

图 4-28 小红书的品牌合作人发布的优质笔记

笔记中的商品链接一般分为两种情况：一种是创作者自行添加的，为相关的商品引流；另一种是小红书系统自动添加的，强行为用户“种草”。如果创作者对系统强行添加的链接不满，向小红书官方反馈即可。

需要注意的是，如果笔记的创作者没有自己的店铺，那么添加的其他店铺的商品链接只能是其他店铺的商品，为他人引流。因此，推荐创作者加入品牌合作人，这样在笔记中添加商品链接还能为自己带来收益。

如果创作者有自己的店铺，那就可以充分利用笔记的引流功能为自家店铺引流了。在笔记中插入商品链接，能够最大限度地利用小红书平台的曝光机制，让自己的商品进入更多人的视野中。

4.3.2 好物推荐推广计划

目前，小红书平台中的好物推荐计划已经和直播选品相结合。商家企业或者个人用户的创作者在加入好物推荐推广计划之后，便可以在直播时和创作笔记时插入商品卡片。

其他用户如果想购买商品，只需要点击相应的商品卡片即可跳转进入商品详情界面。当交易完成后，商家企业可以获得商品售出的利润，而个人用户则可以得到为商品带货的佣金。

那么，创作者该如何加入好物推荐推广计划呢？创作者只需要进入“创作中心”界面，单击“更多服务”按钮，如图 4-29 所示，在打开的“更多服务”界面中，

单击“直播选品”按钮，如图 4-30 所示，满足相应的条件即可加入好物推荐推广计划。

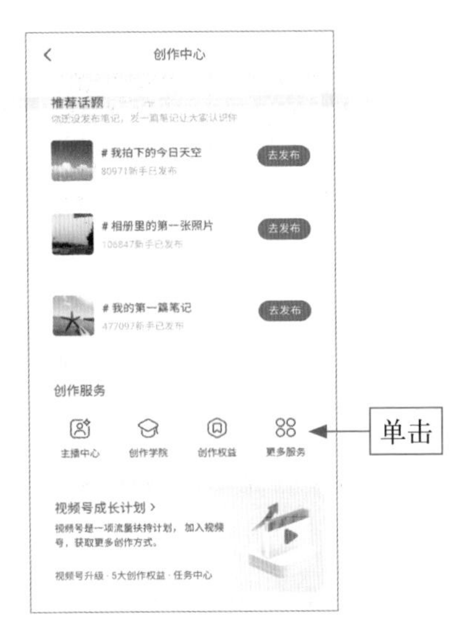

图 4-29　单击“更多服务”按钮　　　　图 4-30　单击“直播选品”按钮

但是，小红书平台的好物推荐推广计划并不是那么容易加入的，平台还设置了一定的门槛，对申请者进行筛选。加入该计划需要创作者完成实名认证和专业号认证，并在小红书平台拥有 1 000 及以上的粉丝数量，如图 4-31 所示。

图 4-31　加入好物推荐推广计划的要求

在小红书中，好物推荐推广计划主要分为 3 种：第一种是通用计划，店铺开通“好物推荐管理”权限后，全店商品都会参与这一计划；第二种是店铺计划，只有店铺中某件或者某几件商品参与计划；第三种是定向计划，主要是店铺为指定的合作人设置特殊佣金。这 3 种计划的具体区别如图 4-32 所示。

3种计划	简介	与达人的合作方式	可设佣金率范围	达人可见范围	是否提供样品
通用计划	店铺开通“好物推荐管理”权限并勾选同意《好物推荐合作协议》后全店商品默认参加通用计划。 全店商品使用同一通用计划推广佣金率，支持商家随时修改，修改后立即生效	商品添加到选品中心里，需要达人自己看	2%～80%，前闭后闭	所有达人可见商品和佣金率	不提供
店铺计划	店铺为特定商品配置特定佣金率	商品添加到选品中心里，需要达人自己看	2%～80%，前闭后闭	所有达人可见商品和佣金率	提供，需要达人付费购买
定向计划	店铺为指定的达人设置特殊佣金	商家和达人线下沟通并确定合作后，然后商家再设置	0%～80%，前闭后闭	定向佣金率仅指定达人可见	提供，需要达人付费购买

图 4-32　3 种计划的具体区别

4.3.3　营销活动获取流量

小红书的营销活动实际上就是多种形式和多种范围的促销活动，小红书平台的促销形式主要有两种：一种是商家促销；另一种则是多品促销。二者的主要区别如图 4-33 所示。

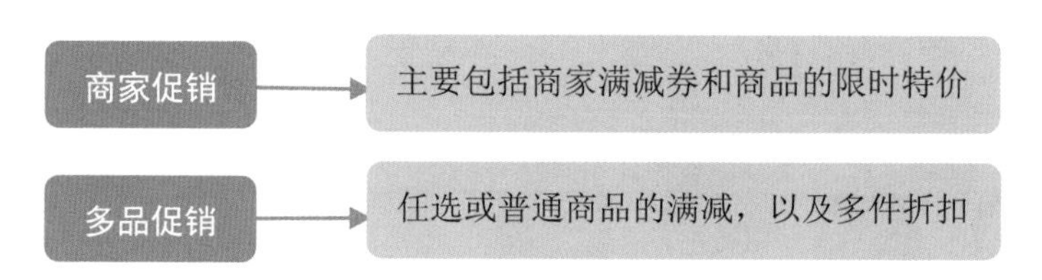

图 4-33　两种促销形式的区别

如果商家想要报名参与小红书的促销活动，则需要店铺分大于或等于 3 分，店铺商品的类型、价格、库存等符合活动的要求，这样在小红书进行活动通知之后，店铺就可以报名参加促销活动了。

专家提醒

需要注意的是，不管什么电商平台，商家参与促销活动都是一种让利行为，通过降低商品价格，降低店铺能够获得的利润，来吸引更多消费者下单购买产品，从而打响店铺名声，赢得口碑。

需要注意的是，如果商家参与了小红书的促销活动，虽然中途商家可以取消促销活动或者下线相关的活动商品，但是这样会在无形中对店铺信誉产生负面影响。

一方面是会对店铺口碑产生不良影响；另一方面是小红书平台可能不会再让该店铺参加以后的促销活动了。

那么，在参与小红书平台的促销活动之后，商家企业该如何提高自家店铺的 CTR 呢？一般来说，可以从页面设计、广告宣传和用户定位这 3 个方面着手，如图 4-34 所示。

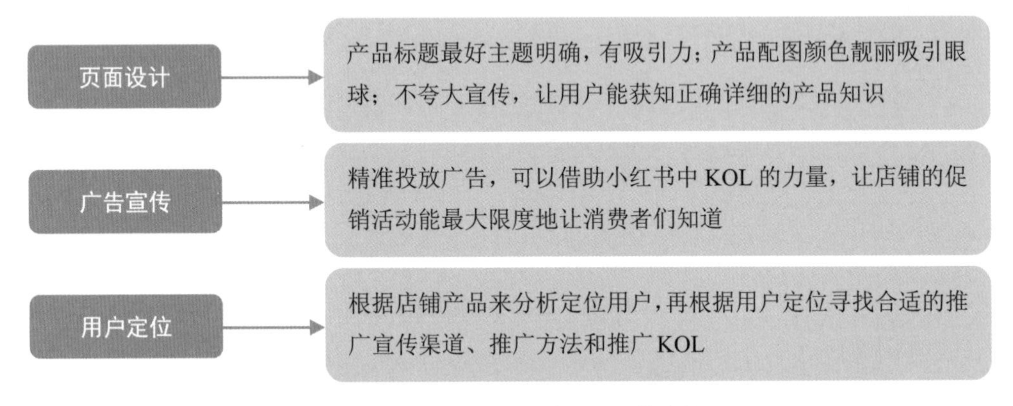

图 4-34　商家企业提高 CTR 的方法

图 4-35 所示为在小红书平台的“双十一”活动中，店铺通过具有吸引力的图片和活动来提高 CTR。

图 4-35　店铺的满减活动

专家提醒

CTR 是 click through rate 的缩写，意为点击通过率，是一种广告术语，指的是用户通过点击广告到达目标网页的到达率。

第 5 章

引流变现：帮你快速变现的手段

学前提示

虽然，小红书相对于其他平台而言，火热程度稍微逊色，但也是一个重要的内容创作平台。那么，小红书的创作者该如何通过平台引流变现呢？本章笔者就针对引流变现作详细介绍，帮助大家获取收益。

5.1 小红书养号

一些想要在小红书上引流的朋友，因为不懂小红书平台的相关规则，没有养号便直接发布作品，从而导致自己的账号权重变低，引流的效果不是特别明显。那么，怎么养号呢？本节就来解答这个问题。

5.1.1 什么是小红书养号

小红书养号，顾名思义，就是通过一些操作来提高自己账号的初始权重。当你的权重越高的时候，官方便会扩大你的推荐范围，这样你的笔记的曝光量相对于其他账号就越大。而曝光量的提高也就意味着你的笔记会有更多的人看到，你所推荐的产品就能得到进一步推广。

养号是非常重要的一个环节。如果你在刚注册账号的时候，不进行养号便直接发布广告，官方就会认定你的账号为营销号。所以，养号的最终目的就是告诉平台你是正常用户，你不会利用你的账号在平台上乱来，从而获取平台信任，让平台给予你相应的流量。

大多数人犯过同样的错误，就是看到别人说运营小红书能赚钱，于是上来就开始抱着“我也会成功”的心态发作品，暂且不说作品的质量，就说你作品的播放量、推荐量，也就是看的人数，是不是都很少？

为什么会这样呢？是因为你上来就发作品，这就好比别人都不认识你，上来就想跟别人借钱，别人能借给你吗？同样的道理，你要先通过一系列操作获取平台的信任，让平台知道你是个正常用户，然后再精心准备一个作品发出去，这样才会有更多的人看到你的作品。

5.1.2 哪几个阶段需要养号

上面我们讲了什么是养号，相信大家对养号已经有了一个初步的认知。接下来就告诉大家哪些阶段需要养号。看看你现在处于哪一个阶段，如果你处于下面 4 个阶段之一，那你就要开始养号了。

1. 刚刚注册的新账号

这个好理解，在这个平台中，你作为一个新来的陌生人，需要先熟悉平台的规则，通过一系列正规操作，让平台知道你是个正常的账号，你不会乱来。

一般来说，对于新账号建议先将自己的基本资料都完善好，如头像、昵称、个人简介等，然后确定好自己的账号定位，搜索并浏览相关的内容或“搜索发现”里面的笔记，并适当地点赞、评论。

2. 长期不使用的账号

一些用户在之前就已经建立了自己的小红书账号，但是并没有长时间地停留在其中，不久之后便又卸载了。现在他们意识到小红书平台也是一个能够盈利的平台，于是就把曾经卸载了的小红书平台又下载回来。

这些账号权重往往相对不高，需要一定的时间来养号，同时也是给平台一个重新认识你的机会。

3. 点赞、评论出现异常的账号

一些用户在使用小红书的时候突然出现无法点赞或者发布的评论别人看不到的情况，这种情况可能是没有刷新导致的，或是系统升级导致的。如果是这两种情况，则不需要养号，重新刷新或升级系统便可以了。

如果在重新刷新和升级系统的情况下，点赞和评论仍然出现问题的话，那么你就需要进行养号了。

4. 有违规行为的账号

有过违规行为的账号毫无疑问是要进行养号的，对于这种账号平台会直接贴上差等生的标签。对于差等生账号，平台不会给予过多的关注，也不会给予被推荐的机会。所以有了违规行为的账号一定要进行养号，改善自己账号在平台中的形象，你才能获得更多推荐的机会。

5.1.3 如何养号

在了解怎么进行养号之前，先来看一下养号需要多长时间，毕竟不可能一直进行养号。一般来说，养号需要一周左右的时间。如果是账号出现异常的情况，则需要延长时间；如果是账号出现严重违规的情况，则需要半个月左右。

接下来看一下如何进行养号。

1. 账号级别

小红书中存在着一个形象名称，很多人对其不是很关注。其实这是小红书为了刺激用户进行创作而设置的账号成长等级。想要知道自己的成长等级，只需要在个人主页中单击“编辑资料”按钮，在“编辑资料”界面的最下方便可以看到“成长等级”按钮，如图 5-1 所示。

小红书中的成长等级分为十个等级，包括“尿布薯”“奶瓶薯”“困困薯”“泡泡薯”“甜筒薯”“小马薯”“文化薯”“铜冠薯”“银冠薯”“金冠薯”。按照要求完成相关的任务，账号就可以升级。图 5-2 所示为“奶瓶薯”“文化薯”的升级任务。值得注意的是，等级越高权重越大。

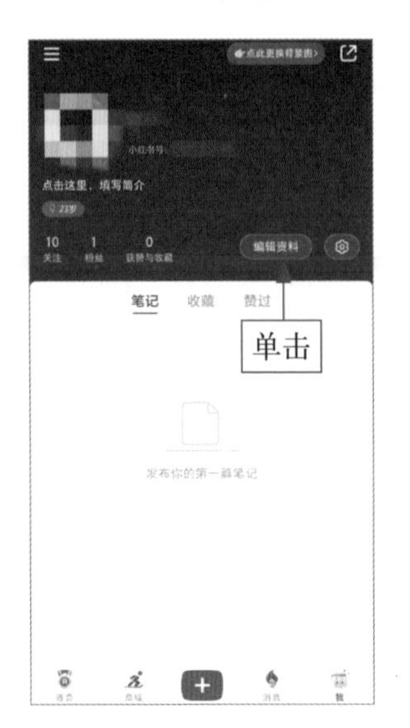

图 5-1　账号成长等级

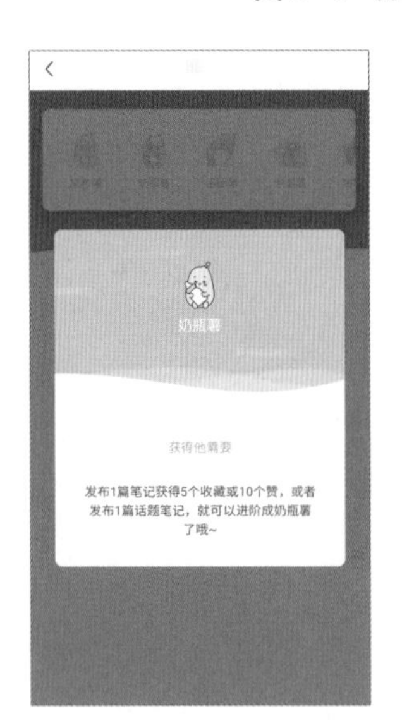

图 5-2　“奶瓶薯”“文化薯”的升级任务

2. 关注其他账号

在养号期间，可以多关注一些其他账号，也可以关注小红书官方账号，如“安全薯”“创作者小助手”等，如图 5-3 所示。

关注其他账号的同时，一方面可以进行养号，另一方面也可以对其他账号的笔记内容进行学习。

3. 浏览互动

除了提高账号等级、关注其他账号以外，还可以进行浏览互动，比如搜索热门话题进行浏览。当然，在浏览的过程中，不能快速地浏览，最好是按正常的速度将笔记全部浏览完。

图 5-3　小红书官方账号

互动的话也不能过于“水”，发布一些无关紧要的内容，如“很好”等。当然，在评论的时候一定不要出现违禁词。

4. 多开应用

一台设备要登录多个账号时，在没有条件的情况下，可以多开应用分身来解决；或者在切换账号前，关闭流量数据，开启飞行模式一段时间之后，再登录另一个账号。

5.2 引流的小技巧

一部分博主在其他平台上已经有了具有一定影响力的账号了，那么怎么将小红书上的流量引到其他平台上去呢？本节就为大家介绍几个引流的小技巧。

5.2.1 图片引流

除了可以在私信中引流以外，还可以在图文笔记的图片上加入一些店铺或者品牌的名称。这种方式一般在穿搭笔记中经常出现，如图 5-4 所示。

这种方式比较隐蔽，有的用户在观看的时候可能发现不了，你可以在评论区中提醒一下。

图 5-4 图片引流笔记

5.2.2 私信引流

私信引流是指通过私信的方式将你需要引流的信息发送给对方。可以在正文或者评论区让大家私信你，如图 5-5 所示。当然这种方式不能太引人注意，也不能加入敏感词、违禁词等，否则会被检测出来。

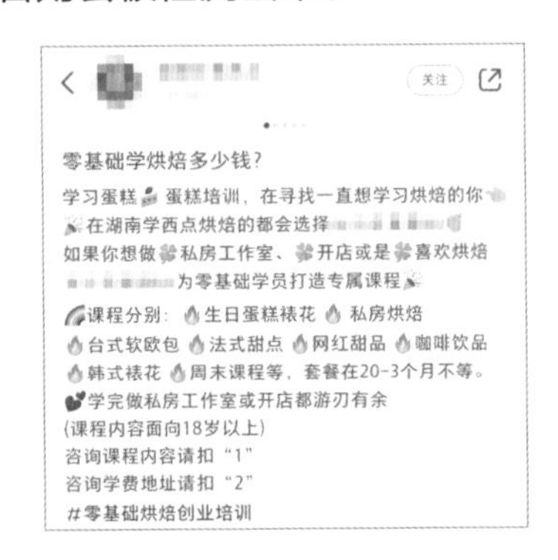

图 5-5 私信引流

很多博主都是通过私信的方式进行引流的，一方面风险没有那么大，且能够私信的用户都是对你的内容非常感兴趣的；另一方面私信是以一对一的方式进行交流的，对方能够精准地接收到你的引流信息。

5.2.3　个人简介引流

个人简介也是一种很好的引流方式。当用户点击到博主主页的时候，便能够关注到个人简介。因此，在主页的个人简介中可以加入自己的邮箱和微博等，如图 5-6 所示。

图 5-6　个人简介引流

目前很多博主都会在个人主页上加入自己的邮箱、微博昵称、淘宝店铺名称等信息，方便用户在浏览到感兴趣的内容时随时联系，因此这也是一种不错的引流方式。

5.2.4　个人品牌词引流

打造个人品牌词就像打造人设一样，好的人设可以让人轻易地记住，同样，一个好的个人品牌词也能提高账号的辨识度、增强用户的印象。

个人品牌词引流有两种方式：一是通过将个人品牌词与其他平台相关联，当用户在这个平台上关注你时，在使用另外一个平台的时候，也能够根据你的个人品牌词找到你，如图 5-7 所示；二是通过不断提及品牌词的方式加深用户对于品牌词的印象，从而达到引流到其他平台的目的。当然，这个品牌词要加入第三方平台，这样才能更好地引流。

图 5-7　与其他平台相关联的账号

值得注意的是，在确定个人品牌词的时候，一定要注意以下几点。

1．特点鲜明

个人品牌词就好像一个广告词，这个广告词必须有着鲜明的自我色彩，例如加上一些创意和特色。

如图 5-8 所示，加上“小个子”“158”等个人品牌词，更能精准地吸引用户。

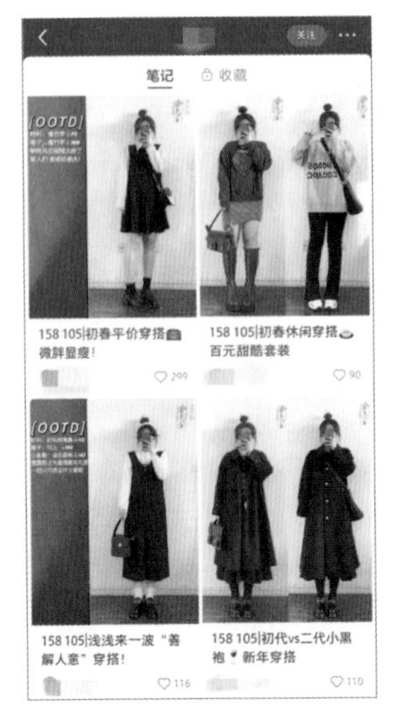

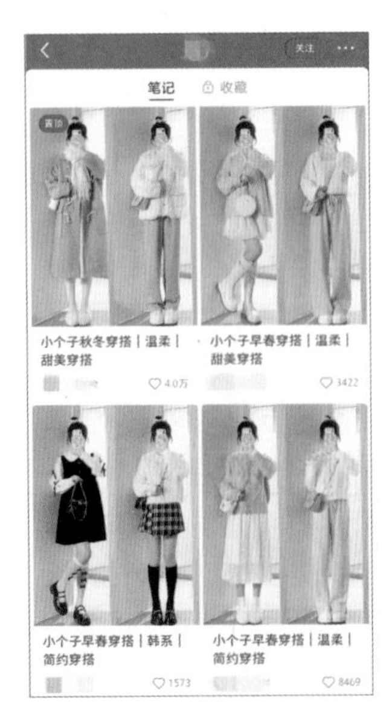

图 5-8　特点鲜明的笔记

2．与自己的定位相符

当你在打造个人品牌词的时候，不能随意确定，一定要符合你的定位。个人品牌词是帮助你提升关注度、提高热度的方式，当你的个人品牌词与你的定位大相径庭的时候，你是无法提升你账号的知名度的。

如图 5-9 所示，该账号给自己打造的个人品牌词为美食日记。该账号的昵称也是美食日记，与自己的定位相符。这样用户在首页看到笔记的时候便知道博主的定位是与美食相关的，想要了解更多的用户便会点开你的主页甚至关注你。

图 5-9　定位相符的个人品牌词账号

5.2.5　评论引流

在评论区引流是一种比较直接的引流方式。在评论区，运营者可以直接和用户交流。评论区引流有两种情况：一是在自己的评论区引流；二是在其他博主的评论区引流。下面介绍一下这两种方式。

1．在自己的评论区引流

顾名思义，在自己的评论区引流就是在自己的评论区中将小红书的流量引到其他平台中去。

一般来说，能对你的笔记进行评论的用户都对你的笔记内容有着浓厚的兴趣。因此，这些用户对于你来说，也是你的精准用户。

值得注意的是，引流是为了将用户引到其他平台上，那么主要是哪些平台呢？大致分为以下两种。

1) 线上平台

线上平台可能是一些第三方电商平台，如图 5-10 所示，读书博主在推荐好书的同时，告诉大家相关的优惠活动，引导大家前往第三方平台进行购买。

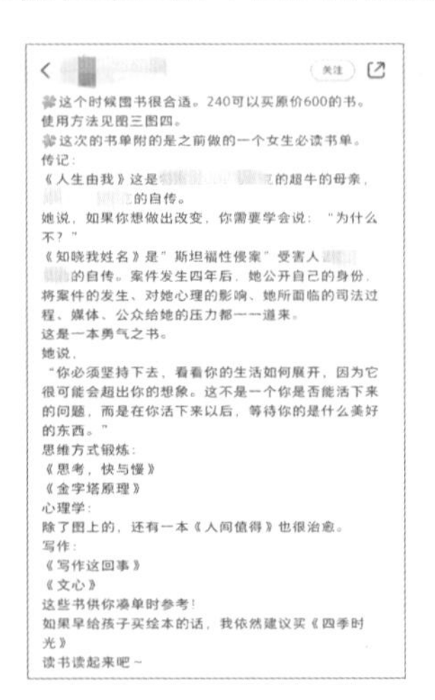

图 5-10　线上平台引流

2) 线下商店

随着网络技术的快速发展，人们通过网络便可以知道千里之外的事情，因此有很多已经在线下开设了店铺的博主，仍然选择在网络平台上开设账号，让各地的用户都能知道自己的店铺，从而吸引更多的用户走进自己的线下商店。

图 5-11 所示为小红书中的线下商店运营账号，通过将线下商店的具体情况在平台上展示给用户，让他们能够足不出户地了解到线下商店的全部信息，感兴趣的用户便会被吸引，从而前往线下商店进行购买。

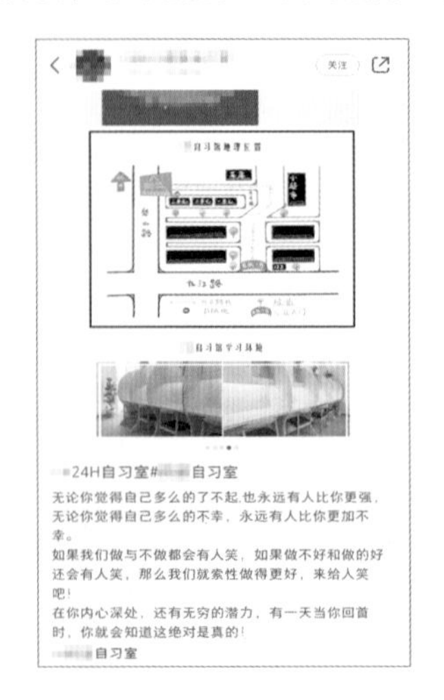

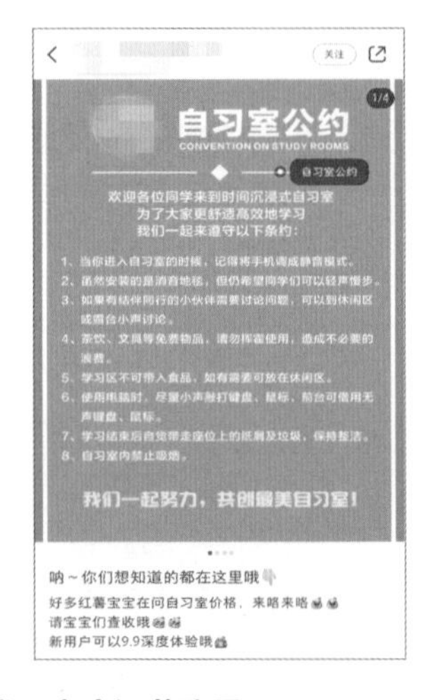

图 5-11　小红书中的线下商店运营账号

2. 在其他博主的评论区引流

有的博主会选择在其他博主的评论区进行引流，这种方式有可能会遭到其他博主的反感。因此，在进行评论引流的时候一定要注意方式，避免引起其他博主的反感。

值得注意的是，当你在其他博主下面进行评论引流的时候，一定要选择热度相对较高的笔记评论。在热度不高的笔记下面留言的话，观看的人也会很少，就没有必要在其他博主的笔记中引流了。

另外，要选择与自己的账号定位类似的，即同一领域内的笔记。如果你是美妆领域的，而你选择在一个读书博主的笔记下面留言，很显然会引起该博主的反感，而且也达不到预期的引流效果。

5.3 变现模式

当你运营的账号有了一定量的粉丝且具有影响力后，你便可以开始进行变现了。在小红书中，变现的方式有很多，博主既可以自己与品牌方对接进行推广变现，也可以自己提供服务与产品来变现。就目前来说，主要有以下两种方式可以实现变现。

一种是官方途径。官方途径是小红书平台为运营者提供的途径，用来帮助博主更好地变现。

另一种是非官方途径，这种途径也就是博主自己在平台允许的范围内进行变现，博主可以为用户提供自己的产品或服务。

本节通过几个具体的方式来看一下小红书中的变现模式。

5.3.1 品牌推广

在前面提到过，一些品牌为了提高品牌的知名度，会选择以素人铺量的方式来推广，所以当你的账号有了一定的粉丝量并且达到了品牌合作的要求之后，你便可以接一些品牌广告了。

当然，当你选择做品牌推广的时候，一定要选择与自己的账号定位相符合的品牌，毕竟小红书的核心是分享，分享你的经验、体验等，所以只有当你的品牌推广与你的账号定位相统一的时候，在笔记中介绍你的使用体验，用户才会对你推荐的产品有信心。

如果你一开始接触品牌推广时，不知道如何做才能达到最佳的推广效果，可以通过新红平台查看品牌的种草笔记等相关信息，如图 5-12 所示。

如图 5-13 所示，以京东为例，在新红平台中点开京东的品牌详情，便可以看到京东的品牌概况、品类分析、种草笔记等。

值得注意的是，如果你现在在找品牌投放，却没有资源，可以通过新红平台中的“商桥”栏目来寻找，如图 5-14 所示。

图 5-12　新红平台

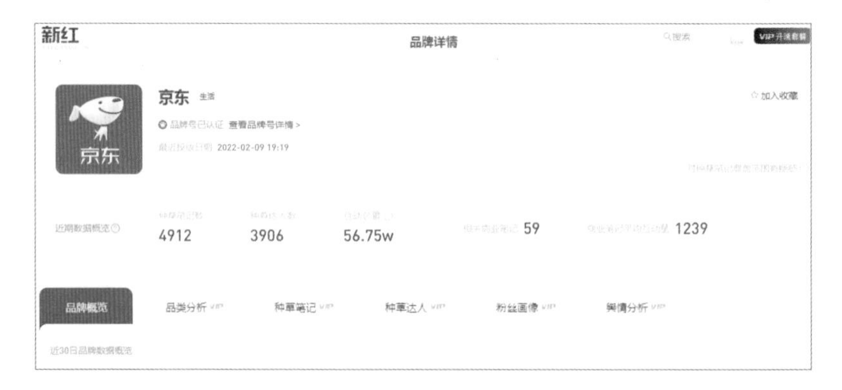

图 5-13　新红平台京东品牌详情

图 5-14　新红平台中的“商桥”栏目

与品牌合作的笔记可以将自己的使用体验介绍出来，当然内容还取决于品牌方的具体要求。与品牌合作而创作出来的笔记一般都会 @ 品牌方，或者在笔记中插入品牌方的链接，如图 5–15 所示。

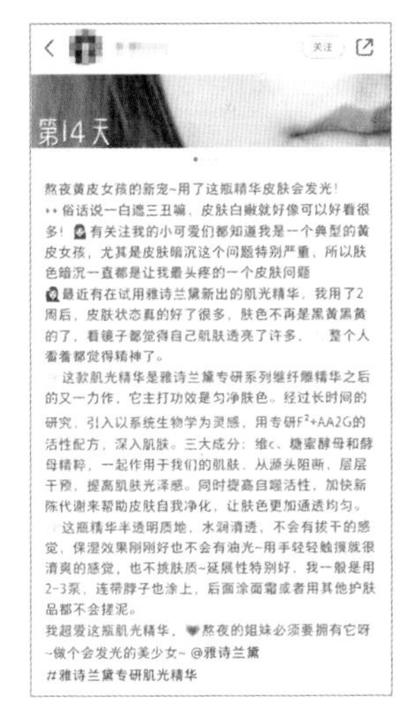

图 5–15　与品牌合作的笔记

5.3.2　带货分销

在小红书平台上，也是可以开店的。小红书平台上有一个商场专区，当用户浏览到喜欢的商品时可以直接在小红书平台上购买而不用跳转到第三方平台，如图 5–16 所示。

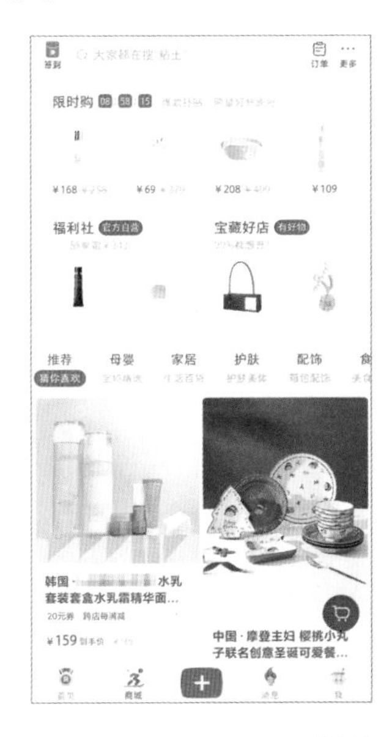

图 5–16　商场专区

因此，一些博主可以在小红书平台上通过自营或者分销的方式开设店铺。在小红书中，当你的账号升级为专业号之后便可以开店了。

在你的账号有一定影响力和粉丝基础后，便可以在笔记中插入店铺的链接。如图 5-17 所示，这两个笔记都通过不同的方式插入了店铺链接，用户点击上面的链接便可以直接购买了。

图 5-17　插入链接的笔记

5.3.3　直播变现

小红书也可以做直播，因此一些博主通过直播的方式将自己的产品推荐给用户，从而达到变现的目的。一般来说，直播主要有两种情况，一个是为自己的产品带货，这种通常是在小红书中有自己专门的店铺，如图 5-18 所示。

图 5-18　自己产品带货直播

另一种情况是为合作的商家进行推广，如图 5-19 所示。一般这种直播的账号有一定的粉丝基础，但没有在小红书中开设自己的店铺，通过与其他品牌合作来获得变现收益。

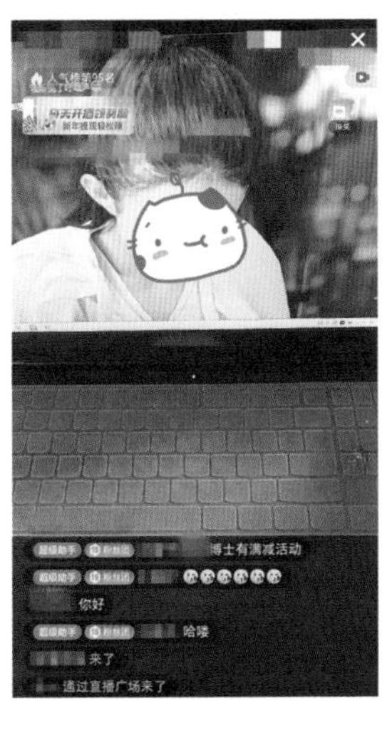

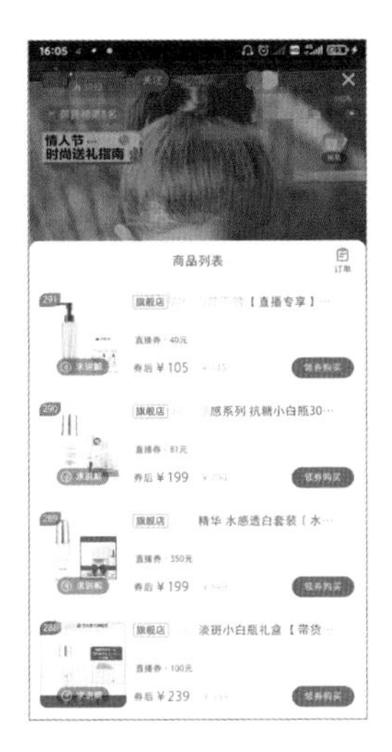

图 5-19　与商家合作的直播

5.3.4　私域引流

还有一种方式是私域引流。这种方式是通过小红书平台将用户引流到微信公众号、社群或其他平台。

例如，你在微信中运营了一个公众号，想要在小红书上引流到该微信公众号上。你便可以在小红书的笔记中加入相关的内容，并在评论区进行适当的引导，从而让这些用户能够精准地关注你的微信公众号，如图 5-20 所示。

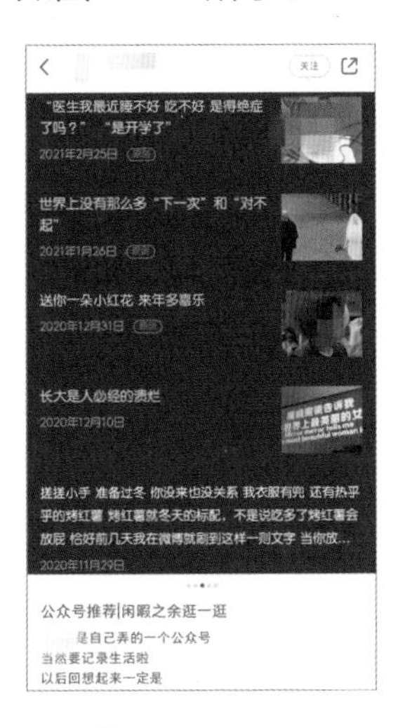

图 5-20　私域引流笔记

第 6 章

爆款标题：热文必备的标题技巧

学前提示

不管是在什么平台，也不管发布什么样的内容，一个好的标题都能极大地提高自己小红书笔记的点击率，让用户被你的笔记吸引，从而愿意点击查看你的笔记，甚至愿意关注你的点击率。因此，学会如何拟写标题文案十分重要。

6.1 标题文案如何写

标题是吸引用户眼球的第一个部分，用户在进入笔记正文之前所能看到的内容十分有限。标题是用户获取笔记主题的重要来源之一。因此，打造一个极具吸引力的“爆款”标题，在某种程度上就意味着一篇优质笔记已经完成了一半。

6.1.1 取标题的原则

其实，取标题也是有原则的。如果你在取标题的时候，参照如图 6-1 所示的这 4 个原则的话，你的标题就能够脱颖而出。

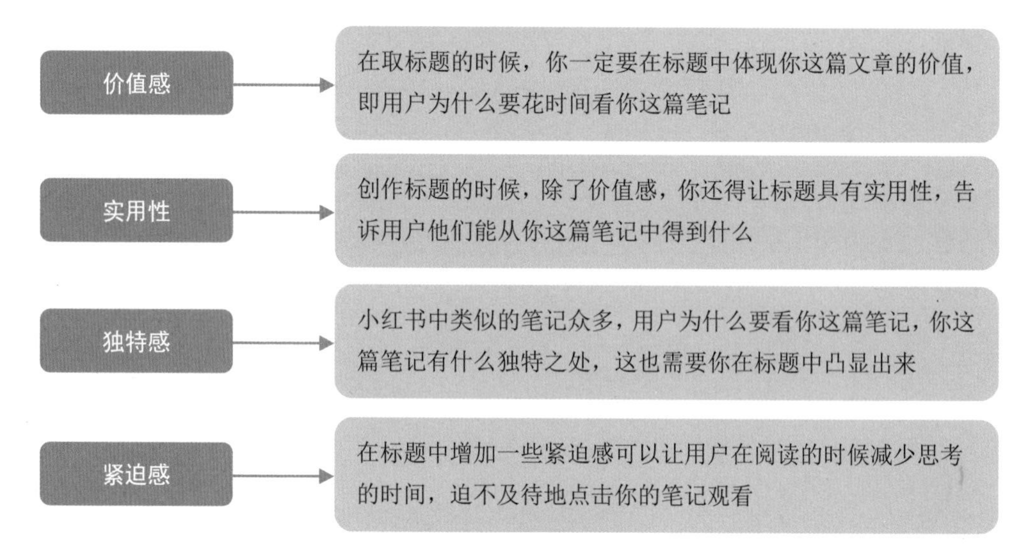

图 6-1　取标题的原则

一般来说，在取标题的时候遵守这 4 个原则，你的标题对于用户来说就会有极强的吸引力。此外，你还可以在此基础上，加上一些其他有创意的东西，例如加上一些小表情，可爱且生动，从而吸引用户阅读。

6.1.2 标题的作用

你在创作一篇笔记的时候，一篇好的文章，没有一个好的标题是不行的，就好像与其他人相亲，当你的外表搭配得当的话，那么别人对你的第一印象也就很好。

此外，现在是信息爆炸时代，人们很难静下心来去认真地阅读每一篇文章，他们往往在几秒钟内决定是否观看某篇笔记，因此标题起着很大的作用。那么，一个好的标题具体有哪些作用呢？图 6-2 所示为标题的作用。

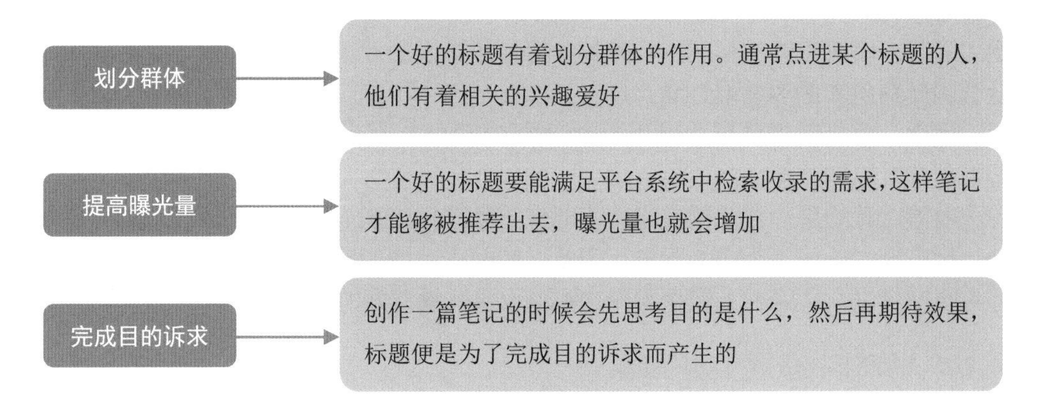

图 6-2　标题的作用

6.1.3　加入语气符号和语气助词

当你在向别人推荐你喜欢的东西时，往往带有很多情绪，有时候你的朋友受你的情绪感染便会去看你所推荐的东西。因此，当你创作一篇推荐类文章的时候，你可以在标题中加入语气符号或语气助词。

例如，加入一些感叹号“！”，用比较夸张的语气来向别人推荐，通常这样的标题能够极大地感染用户的情绪，进而促使他们点进正文。图 6-3 所示为小红书中加入语气符号的笔记，它们都在文案标题中使用了语气符号和一些“震惊”“绝了”等词语，让标题无形之中生动起来。

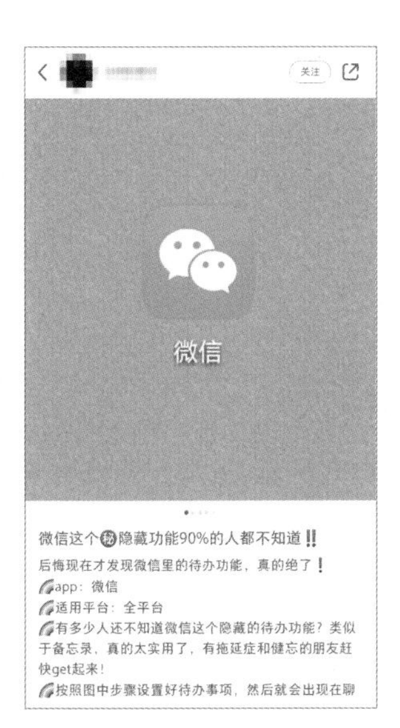

图 6-3　在文案标题中使用语气符号

可以看到，在两个笔记标题中都运用了 icon(图标、图符) 符号，醒目的红色更加吸睛；而在左边的笔记中，图片中每句话的后面都加入了感叹号，让其他用户能够感受到创作者的激动心情。

因此，在小红书笔记中运用 icon 符号和语气符号，能够引起用户的兴趣，从而被创作者的热情感染。

值得注意的是，在一篇文章中不能过于频繁地使用语气符号和语气助词，不然会让用户产生一种不靠谱的印象。因此，如何正确地使用语气助词，让笔记标题看上去更加活泼，从形式上抓住用户的眼球也是非常重要的。

6.1.4 标题中必须包含关键字

虽然小红书社区的内容输出以图片为主，但标题的重要性实在是不可小觑。标题是对笔记内容的一个总结与概括，用户在小红书中使用搜索功能搜索自己感兴趣的内容时，标题会影响到用户的搜索结果。因此，如何在标题中使用关键字，让用户搜索时能够看到你的笔记，提高曝光概率，是创作者和运营者需要重点关注的。

在标题中包含关键字，如“瘦身”“变美”“打卡”“夏日”“文艺”等都是小红书的热门关键字。此外，在首图中添加标签，为笔记添加话题，同样也能提高笔记的曝光率。图 6-4 所示为在标题中添加关键字，在首图中添加标签又在笔记中添加话题的热门笔记。

图 6-4　小红书社区的热门笔记

可以看到，在这篇分享自己看书心得的笔记中，创作者在标题中加入了“沉浸式读书”这样的关键字，在首图中加入了“用有限的生命追逐知识”的热门标签，最后又在笔记中添加了“晒晒我的书桌”的话题，极大地提高了笔记的曝光度。

6.2 曝光率大涨的标题模板

标题是别人是否愿意点击你笔记的关键，当你的标题足够吸引别人的时候，你便成功了一半。

那么怎么样才能创作出一个好的标题呢？本节就来介绍几个热门的标题模板，通过参考这些模板，你的标题写作会更上一层楼的。

6.2.1 数字化标题

数字化标题，也即“数字＋核心关键词”的搭配。有时候在标题中加入数字能够产生许多意想不到的效果。对数字敏感其实是人的天性，每当出现数字的时候，人们往往会更容易接受，因为数字的出现会使得信息简化和量化，使得人们更加容易记住。图6-5所示为数字化标题。

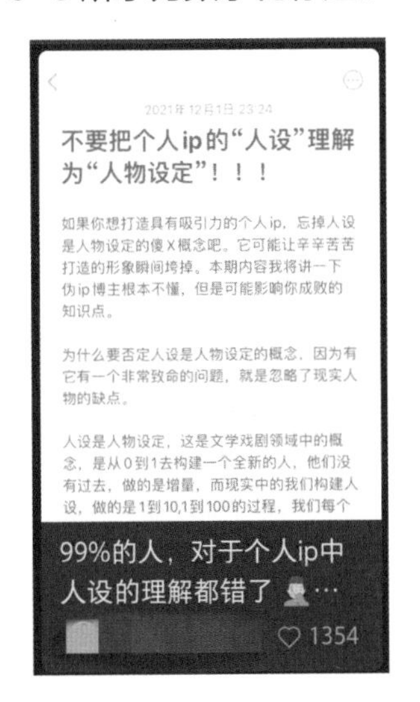

图6-5 数字化标题

并且，数字的出现也更加地具有冲击性。例如，将标题《研究了1 000个爆款文章后，我得出了这样的结论》中的数字去掉，就变成了《研究了许多爆款文章后，我得出了这样的结论》。两者相比较而言，前者标题中包含着数字，用户知道博主究竟研究了多少；而后者仅仅是一个虚词，用户并不知道许多到底是多少。

6.2.2 蹭热度标题

蹭热度标题，顾名思义，就是将当下比较火的热点事件融入标题之中，这样你笔记的阅读量才会有所提高。

什么是热点呢？热点便是某个时期内最受大众关注的事件或新闻等。也就是说，热点本身就带有很大的关注度，因此在你的笔记标题中加入相关字眼的话，大众通常都会点击观看。

一方面是想看看有没有更多关于这个事件的信息，另一方面也是想看一下你对这件事的看法。如果你的看法与大众一致的话，有可能他们也会在评论区中与你进行讨论。

当然，蹭热度的时候一定不要成为标题党。不能在标题中带入热点，在正文中却是牵强附会，这样很容易引起用户的反感。

最近热播剧《开端》受到了大家的热捧，剧中的公交车、用红色袋子装的高压锅、无限流、卡农等都成了流行的热点，如图 6-6 所示的两个笔记中就通过加入相关的元素，蹭《开端》这部剧的热点。

图 6-6　蹭热度标题

值得注意的是，在蹭热点的时候，一定要与自己的账号定位相符合。拿上面两个例子来说，前者博主本身就是拇指琴博主，后者也是手账类博主，只是加入了《开端》这部剧的热点元素。

6.2.3　对比型标题

对比型标题能够给用户带来强烈的反差感，进而影响用户的点击行为。如图 6-7 所示，焦虑与成长，崩溃与自愈，通过对比，来展现生活的困难，进而克服困难。

此外，还有一种对比方式是通过与同类产品进行对比，来突出自己产品的特色优势，加深用户对产品的认识。图 6-8 所示为对比突显式小红书笔记的标题。

图 6-7 对比型标题 (1)

图 6-8 对比型标题 (2)

专家提醒

对比突显式标题还可以加入悬念式标题的手法，能更加突显出商品的特色，吸引用户的注意，这样的小红书笔记标题既用了对比，又有悬念，很符合当代小红书用户的口味，如《为何别人躺着能赚钱，而“我”却要上班？》等。

6.2.4 扣住“十大”型

扣住“十大”的意思指的是在标题中加入“10 大”“十大”之类的词语，例如《2021 年十大悬疑类电视剧推荐》《长沙旅游必去的十大景点》《揭秘！行业的十大内幕》等。

图 6-9 所示为扣住“十大”型标题。用好“十大”型标题，能够使小红书笔记吸引更多用户的关注。

图 6-9 扣住“十大”型标题

一般来说，这种类型的标题有 3 个主要特点，如图 6-10 所示。

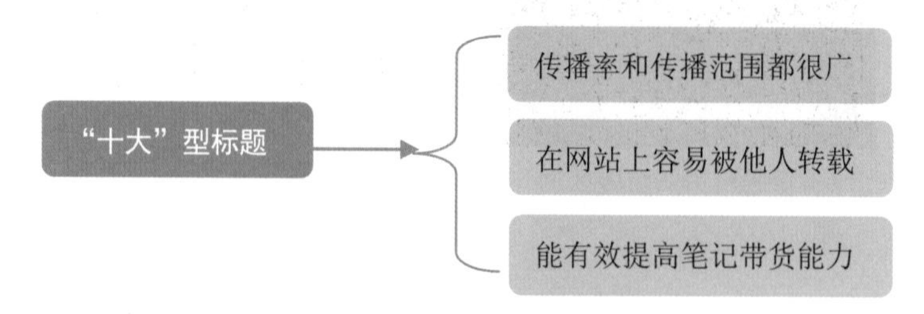

图 6-10 “十大”型标题的特点

6.2.5 激发好奇型标题

人们都是有好奇心的，每当看到话说一半的标题，人们总会忍不住地想要去点击查看内容，那么我们该如何激发用户的好奇心呢？

要想激发用户的好奇心，让他们没有顾虑地点击进来，最有效的办法便是，话说一半。也就是将关键内容在标题中隐去，以结果为导向，进而勾起用户的好奇心。例如《一个月涨粉 10 000，变现 2000 元，我做对了什么》《1 个月瘦 20 斤，只因做了这件事》《两个月时间成功上岸，我是怎么做到的》等。

可以看出，这三个标题都直接告诉了用户结果，且这个结果是很好的，说明这个方法是有效的，但是具体是什么方法却没有直接说明。

其实，这种情况在现实生活中也很常见，有时候身边的朋友和你讲述一件事的时候，并不直接告诉你，而是吊你的胃口。但当你的好奇心被激发起来的时候，朋友却不说了，这个时候你特别希望朋友快速将事件说出来，而这便是由于你的好奇心旺盛的原因。

值得注意的是，这种标题最好和数字化标题两者结合起来，数字化的标题能够给用户一种直观的感受，这样才会更加激发用户的好奇心。如上面的第一个例子《一个月涨粉 10 000，变现 2000 元，我做对了什么》，把这个标题改为《一个月快速涨粉，实现变现，我做对了什么》的话，两者相比较，后者相对较虚，而前者直接将数据摆出来，使得前者的标题更能够吸引用户。

图 6-11 所示为激发好奇型标题。这两个标题都与数字化标题相结合了，给用户一个结果，进而让他们点进正文观看博主实现的过程。

图 6-11 激发好奇型标题

6.2.6 论述观点型

什么是论述观点型标题呢？论述观点型标题指的是以表达观点为核心的一种小红书笔记标题撰写形式。这种标题模板一般会在标题上精准到人，而这些人既可以是明星，也可以是在某方面有着丰富经验的权威人士。通常模板是将人名放置在标题前，而后紧接着补充这个人对这件事的看法。

在论述观点型的小红书笔记标题中，同样也有几种常用公式供广大博主和创作者们套用，如图 6-12 所示。

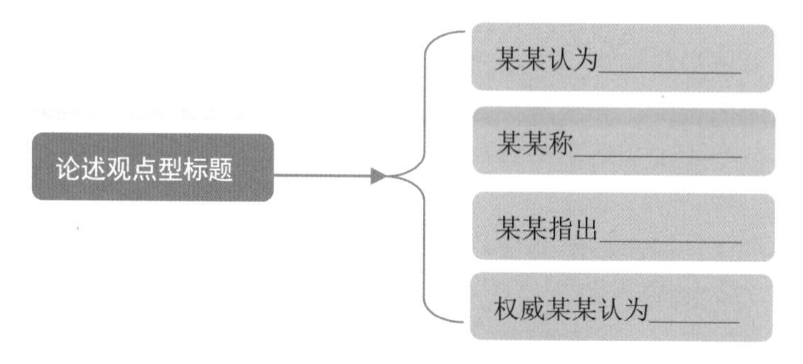

图 6-12　论述观点型标题的常用公式

图 6-13 所示为小红书平台中运用论述观点型标题的笔记。这种笔记通常能够得到众多用户的青睐，因为大众往往对专家的观点更加认同。

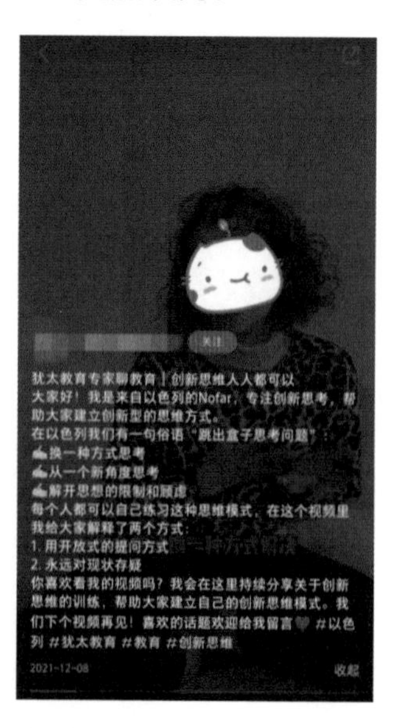

图 6-13　论述观点型标题的笔记

在这两篇小红书笔记中，博主都在标题的前边加上了教育专家的字眼，表明了自己的身份，且第一个笔记还在视频中加入了“30 年教龄老师”的字眼，这样一来，视频笔记中的内容就更具有说服力了。

论述观点型的标题一般有两个作用：一个是通过名人效应，提升品牌知名度或者曝光度，让更多人看到自己发布的笔记；另一个是通过引用权威人士的发言，让自己发布的笔记更具有说服力。一般来说，用户们会更愿意相信权威人士或者知名品牌的发言。

6.2.7 选择型标题

选择型标题会在标题中给予用户两种选择，这样便会吸引一些有选择困难症的用户或是无法作出决定的用户点击观看。

图 6-14 所示为选择型标题，两者都通过给予观众两种选择，然后分别分析它们的不同，从而让用户有一个自己的答案，因此这种标题也会受到一部分用户的欢迎。

图 6-14　选择型标题

6.2.8 网络词汇型

网络词汇型很好理解，就是将当时最热的一些网络词汇运用在标题中。一般来说，这些词汇都是当时比较火的，用户在浏览的时候也会觉得很熟悉且有新意，便会点击进去查看内容。

图 6-15 所示为运用网络词汇的小红书标题。使用这种标题显得文章内容与时俱进，让用户感到妙趣横生。

专家提醒

“绝绝子”为当前热门网络词汇，形容某物、某人在外表或某方面很棒、“很绝”，让人为之赞叹。

“凡尔赛”又称“凡学”，本义是指法国凡尔赛宫，后成为网络语言，用来形容“精神贵族”。

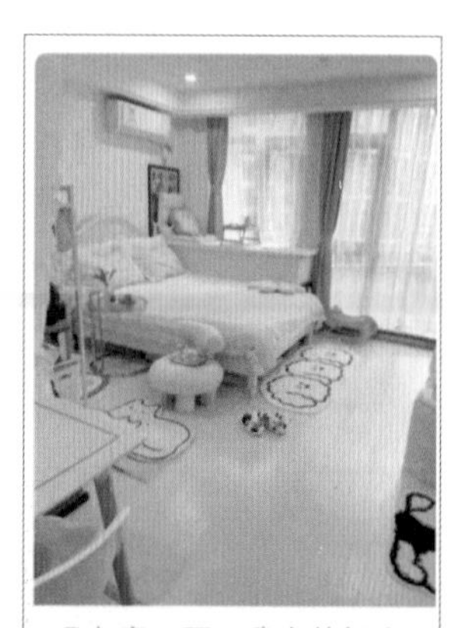

图 6-15　网络词汇型标题

6.2.9　经验分享型

在小红书平台中，经验分享类的笔记更受欢迎，因此经验分享型的标题也更受用户喜爱。一方面是因为小红书平台的特性；另一方面也是因为小红书中的用户都是带有目的性地去阅读小红书笔记的，他们通常想要从笔记中汲取某一方面的经验。

标题对于创作者而言，要求相对较高，特别是在逻辑性方面，你要将自己的经验整合发布，要让用户能够看得懂并且知道该怎么做。你可以通过对大量文章进行对比，然后加入自己的生活经验总结一个让人眼前一亮的笔记，让他们在读过之后尽量少走弯路。

图 6-16 所示为小红书中经验分享型的笔记标题。通过这个标题我们就能知道创作者在这篇视频笔记中就是为用户介绍拍摄技巧。

6.2.10　问号型标题

问号型标题就是以疑问句的形式作为标题，然后在正文中对标题进行解答。这种方式能够让用户下意识地去思考这个问题的答案到底是什么，进而激发他们的好奇心和求知欲，从而产生点击阅读行为。

图 6-17 所示为问号型标题，不仅标题以疑问句的形式呈现，而且在视频或是图片封面上也展现了，一些想要了解情况的用户便会点击进去。

此外，要想达到更好的效果，那就必须加入一点技巧，那便是利用反常识。如果仅仅是一个疑问句的话，哪怕你写得再好，也会感觉缺点什么。具体缺点什么呢？那便是新意。简单的疑问句标题只能吸引一些想要了解的用户关注，但是如果在其中加入新意的话，那便能吸引到更多的用户。

图 6-16　经验分享型的笔记标题

图 6-17　问号型标题（1）

图 6-18 所示为问号型标题。一般来说，我们通常都会使用防晒霜来防晒，但是“为什么用防晒霜还是会晒黑？”“每天涂防晒是最大的谣言？”这些都与我们之前的认知不一样，那么防晒霜真的有用吗？是否真的要每天涂防晒呢？这些问题就会萦绕在用户的心中，于是便会产生想要了解的兴趣。

一般来说，常识性的东西，对于大家来说都很了解，没有新意，用户不会想去了解。但是，对于反常识性的东西，用户反而会产生浓厚的兴趣，进而去探究这到底是不是真的。

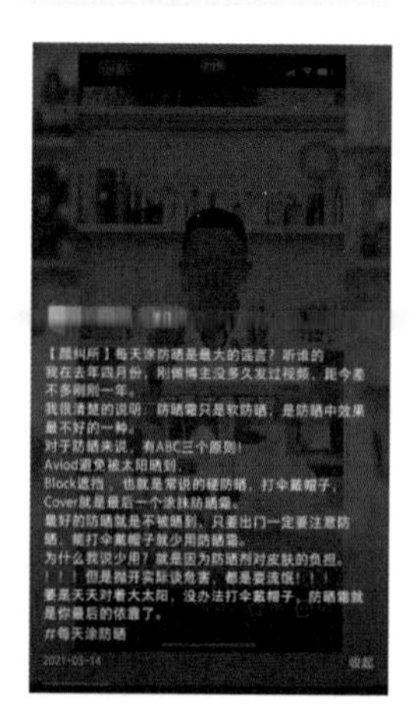

图 6-18　问号型标题 (2)

6.2.11　严肃权威型

除了以上几种标题以外，还有一种是严肃权威型标题，这种标题一般都是一本正经地向大家介绍产品的好坏，比较正规，就像新闻一样。这种标题能够给人一种值得信赖的感觉。

这类的标题在小红书中比较少见，毕竟标题是用来吸引更多的用户进行观看的，一本正经的标题没有太大的吸引力。

一般来说，严肃权威型的标题一般是品牌号或一些权威专家会使用的，有单行、双行等多种形式，只要清楚地描述时间、地点、人物、事件等几个基本的要素即可。

图 6-19 所示为 3LAB 与资生堂两个企业的官方账号在小红书社区发布的笔记，使用的标题就是严肃权威型标题。

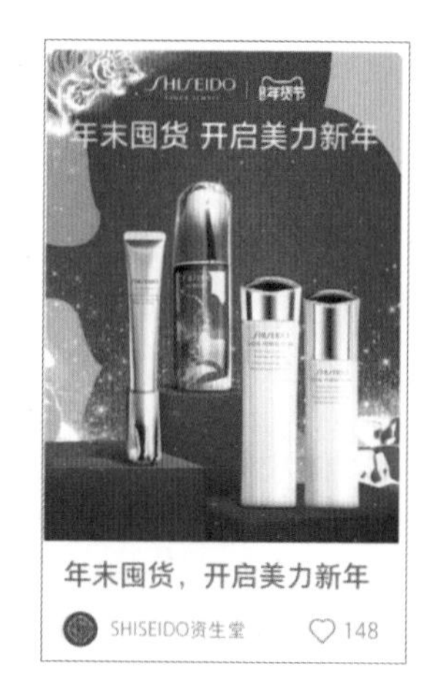

图 6-19　严肃权威型标题

第 7 章

经典文案：销量暴增的文案套路

学前提示

一个优质的电商文案，能够快速吸引用户的注意力，让发布它的小红书账号快速增加大量粉丝。那么，如何才能写好文案，打造用户感兴趣的内容，做到吸睛、增粉两不误呢？这一章笔者就来给大家支一些招。

7.1 小红书文案

在小红书中，如何写笔记文案才能吸引更多用户呢？一般来说，好的文案都是有迹可循的，下面就来看看好的文案的基本原则以及其特征是什么。

7.1.1 文案原则

要想写一篇好的笔记，必须遵守以下几个原则。

1．关键词

一个好的文案，关键词起着非常重要的作用。一些符合商家产品特点的关键词、行业关键词、品牌词等都是一个文案的必备内容。此外，小红书平台的热点词、流量词等也可作为关键词放在文案中，这些词能够给笔记带来很多流量，所以博主一定要有一个清晰的关键词定位。

2．展现方式

小红书中的笔记有两种呈现方式：一种是图文式笔记；另一种是视频类笔记。这两种方式有着不同的优缺点，视频类笔记使观众更加直观地了解到产品的情况，并且流量、曝光量相对要大。图 7-1 所示为口红产品推荐的视频笔记，通过视频对口红产品的情况真实地表现出来，还向观众呈现了使用的效果。

图 7-1　口红产品推荐的视频笔记

一般来说，技术类和需要输出大量经验的产品更适合选择图文类笔记，如图 7-2 所示。品牌主可以根据自己产品的特点和需求来选择不同的呈现方式。

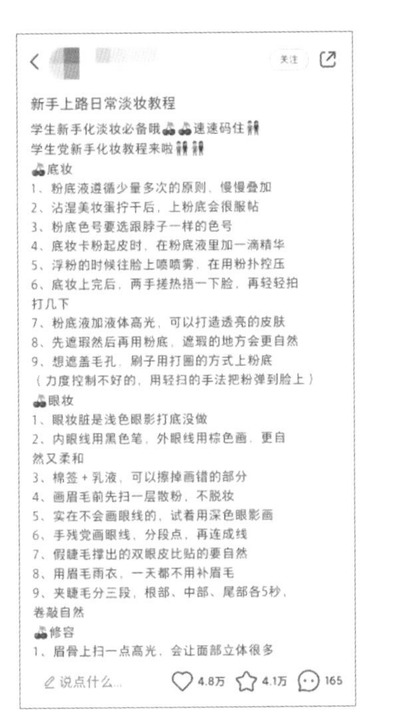

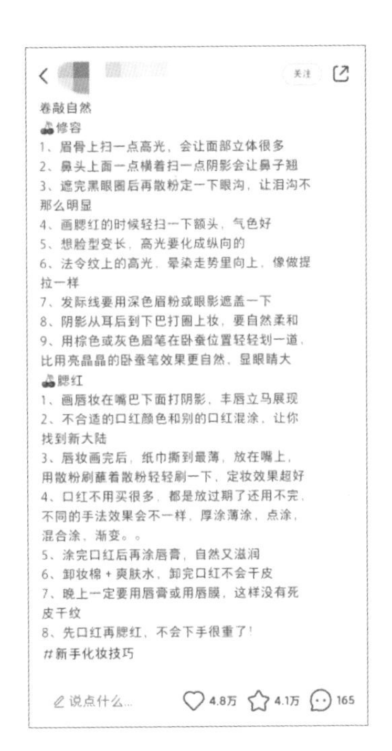

图 7-2　技术类笔记

3. 小红书平台属性

每个平台都有每个平台自己制定的规则，小红书中有一个收录机制。在小红书中，并不是所有的笔记都能被收录，一些质量较差的、充满负能量的内容，小红书是不会收录的，一旦笔记内容不被收录的话，那么你所写的笔记也就没什么意义了。

4. 用户体验

用户体验是博主在写笔记时需要考虑的一个重要问题，如果你写的文章过于专业，内容大多是专业用语且不加以解释的话，粉丝阅读起来便会很困难，从而影响用户体验。

而当你的笔记过于简单的话，粉丝会觉得笔记的价值不大，便不会被你的笔记所吸引。所以，你在写文章的时候，一定要把用户体验考虑进去。值得注意的是，用户体验包括阅读体验、视觉体验。

1）阅读体验

阅读体验指的是阅读时的感受，如果通篇都是错别字，那么粉丝的阅读体验肯定不好，而如果笔记有一个好的排版，那么粉丝在阅读的时候也能快速地了解到产品的重要信息。图 7-3 所示为排版好的笔记，这样的笔记通常能让用户一眼就知道你所表达的内容，能让用户有一个好的阅读体验。

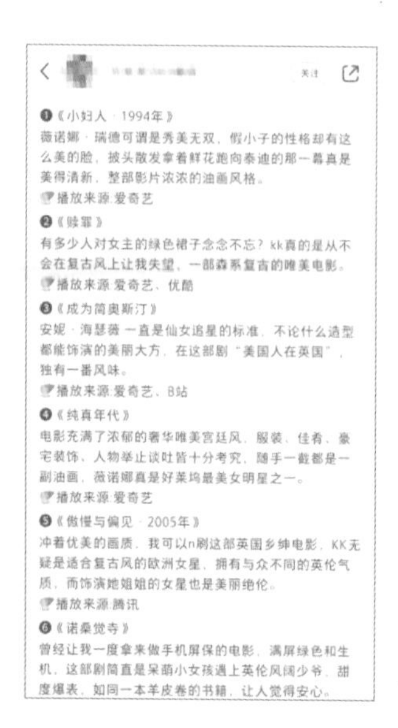

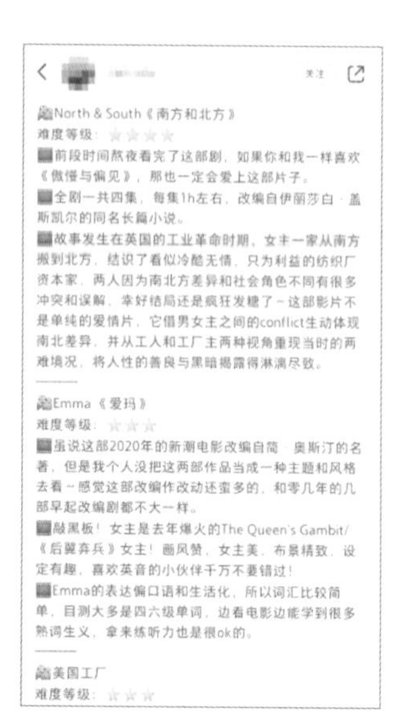

图 7-3　排版好的笔记

2) 视觉体验

在写图文推广笔记的时候，如果加上一个精美、可爱或生活化的图片，就能够很好地拉进与粉丝的距离，给粉丝一个好的体验，如图 7-4 所示。

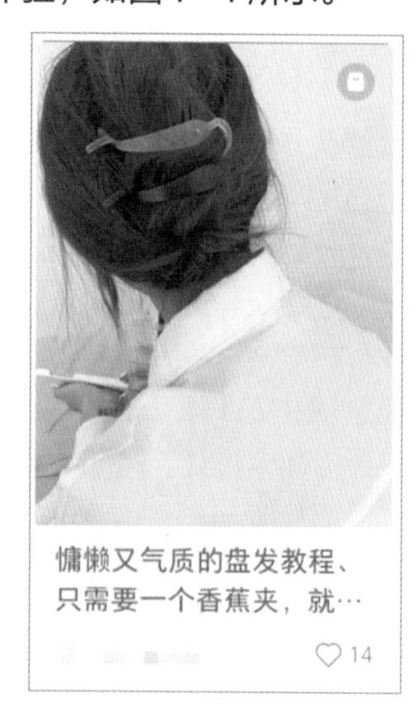

图 7-4　视觉体验好的笔记

7.1.2　爆文特征

了解了文案的基本创作原则之后，还需要知晓爆文有哪些特征，只有知道了爆文的特征，才能更好地写出吸引众多用户的爆文。

1. 真实、有趣的原创内容

在小红书平台中，如果不是原创内容是不会被系统收录的，并且如果发现存在搬运等行为，还会对部分违规博主进行公示。

小红书虽然在快速地发展，但是平台仍然把原创作为重中之重，严格把控各种笔记内容的筛选。

此外，在保障内容是原创的基础上，你的笔记的内容最好是真实、有趣且生动的，如果你的笔记内容很枯燥且直白的话，是没有办法吸引到粉丝的，而且也会影响你的笔记的阅读量。图 7-5 所示的手工视频笔记，其内容是手工作品，是由博主自己制作的。

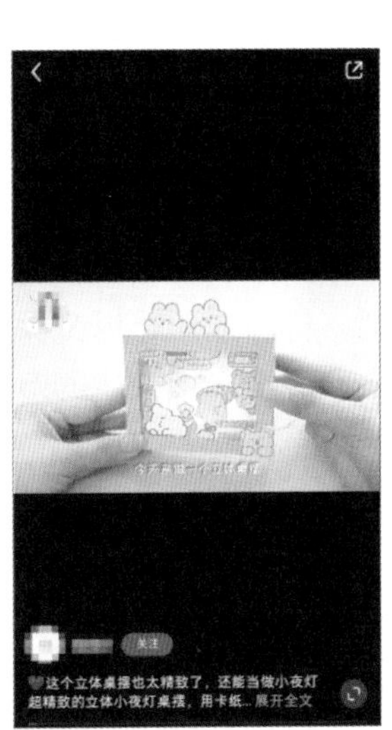

图 7-5　手工视频笔记

2. 笔记类型

一般来说，小红书中的笔记分为好几类，有分享型、技术型和攻略型等。在小红书中最常见的也是这三类。可以看出具体是什么类型的时候，也是容易被推荐的。

3. 精美的图片、有趣的短片

当你的图文笔记被推荐到首页的时候，你的第一张图往往会成为封面，所以第一张图最好是一张精美的图片，或者是能够激发粉丝好奇心的图片，这样粉丝才愿意点进去看。

对于视频类笔记来说，最好是有真人出镜，以确保真实性，同时有趣的内容往往能够吸引更多的用户，并让他们“驻足”。

4．关注热门话题、大 V 动态

大 V 往往能够快速捕捉到最新的热门话题，因此你可以提前关注一下大 V 的动态，及时与热门话题接轨，这样你输出的内容就不会落后。

5．贴近用户角度

你所产出的笔记内容的对象是用户，所以你要站在用户的角度，考虑用户的需求和爱好。当然不能一味地迎合用户的喜好，也得有自己的观点和立场。

7.1.3　爆文技巧

仔细观察可以看出，一篇爆文不仅有着新颖的题材，而且其内容必定也十分充足且具有实用性。除了题材和内容之外，爆文还需要注意以下几方面。

1．标题文案

在首页推荐中，除了封面图以外，便是你的标题了。因此，如果你的图片不能够吸引观众的话，你可以用标题文案进行弥补。如你可以通过设置悬念的方式来激发用户的好奇心，或者采用类比的方法，来激发用户的兴趣。

2．评论

在小红书中，评论的权重是高于点赞和收藏的，评论多的笔记往往比收藏、点赞多的笔记更容易被系统推荐。因此，在你的笔记中，你一定要与粉丝多互动，与评论区的粉丝做朋友，这样才能使你走得更远。那么，如何增加评论的互动性呢？可以通过如图 7–6 所示的两种方式增加评论的互动性。

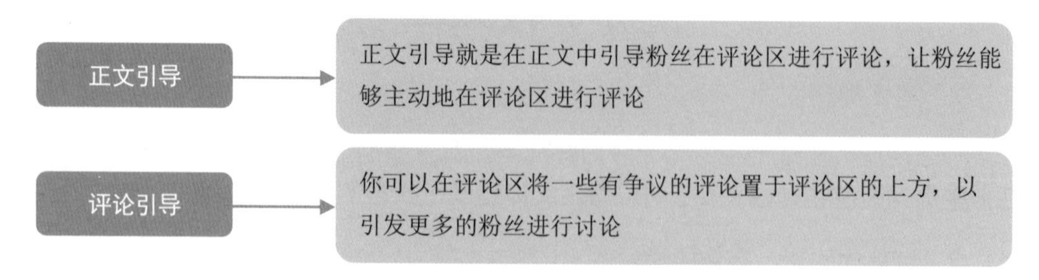

图 7–6　增加评论互动性的两种方式

3．自我介绍

在日常生活中，如何快速认识一个人呢？那便是自我介绍。例如，在招聘过程中，公司的人事主管往往会让求职者进行自我介绍，以便更好地了解对方是否适合招聘的岗位。同样，在小红书中，要想让粉丝快速地了解自己，就必须在自我介绍

中清晰、完整地介绍自己的专业身份，让粉丝知道他能在你这里获得什么价值。值得注意的是，这个自我介绍要有一定的专业性，不能过于营销化，但可以个性化。

4．做内容矩阵

什么是内容矩阵呢？内容矩阵就是，当你在做一个账号的时候，你没有把握一定能把该账号做成功，那么你就可以尝试多运营几个账号，做精细化运营。一般来说，一个账号就能够成为头部账号的概率是微乎其微的，所以你可以尝试去做内容矩阵。

不管你的粉丝数量多少，当你多个账号同步发布相关内容的时候，你笔记的曝光度和吸粉率都是叠加的。因此，与其花费大量的时间去做一个优质账号，不如尝试做内容矩阵。

那么，怎么才能做好内容矩阵呢？可以尝试一下3点，如图7-7所示。

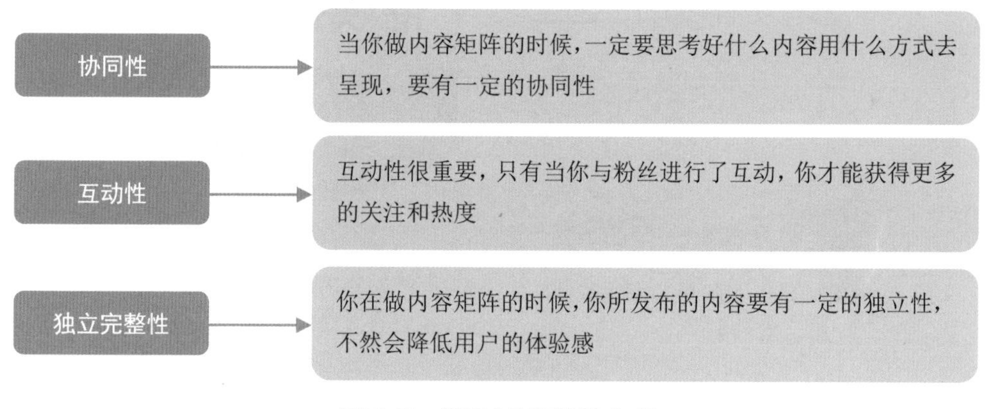

图7-7　做好内容矩阵的3点

5．发布时段

小红书具有一定的推送规律，了解了这些推送规律，就可以很好地帮助你的笔记提高热度。

小红书是一个内容型平台，且内容大多是休闲娱乐类，因此小红书会根据用户的阅读习惯来推送，且会避免上班时间。

一般来说，小红书的推送时间是9:30、12:00—13:30、18:30和21:30左右这4个时间段。

7.2　小红书爆款笔记文案

一个好的文案可以吸引用户点击你的笔记，从而增加阅读量，那么我们怎样才能写出一个爆款笔记文案呢？本节就来介绍一下怎么创作爆款笔记文案。

7.2.1　卖点明确

主题明晰，用户在看你这篇文章的时候才能更好地阅读。如果你仔细观察的话，你会发现每一篇爆文都有一个非常明晰的主题，在笔记中，他们会说明自己文章的主旨内容，或者是相关的链接等。

此外，还可以在图片中将自己的主题突出出来。因为在首页推荐中，出现在粉丝面前的先是图片，然后才是标题，而且与标题相比，图片的比重更大，所以你可以在图片中突出你的主题，如图 7-8 所示。

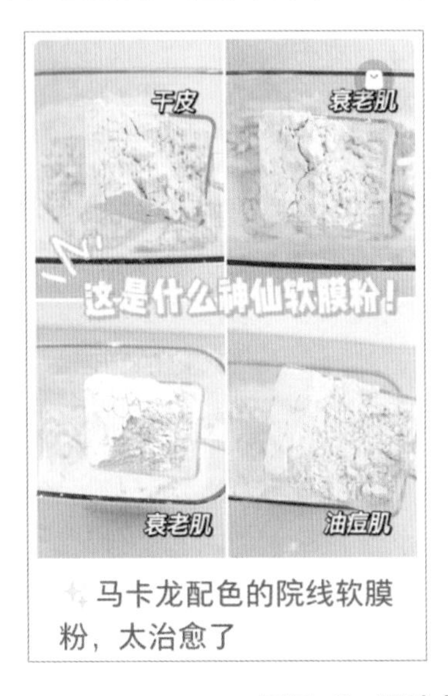

图 7-8　图片中突出主题的笔记

7.2.2　结构分明

一般来说，大部分人在面对一大堆文字的时候通常会有排斥的念头，所以你在写笔记的时候一定要将自己的笔记精简，做到结构分明，不要使用太多的形容词、修饰词，能将自己的意思表达清楚就行了。

例如：“哈喽，今天我又来跟大家分享好物啦！之前因为皮肤出现红血丝所以很惆怅，前后用了很多产品都没见好，别人介绍的牌子如雅漾、理肤泉等各种品牌都觉得不适合我，还好后来有个朋友给我介绍了这个——资生堂的抗血丝面霜！”

这个例子看起来好像没什么问题，但要知道现在的人都不喜欢看文字，能够精简地说出重点会让人更喜欢。

例如：“今天来分享好物了！我的皮肤一直有红血丝的情况，都说每个人肤质都不相同，所以那些口碑好的产品对我来说没用，而最近入手的资生堂却让我有点意外。”在写的时候如果留悬念，会更吸引人把文章看完。

其次，结构一般可以按照“引入＋问题＋经验方法（软植入）＋试用后的感受”来写，这样可以很好地增加文章的真实感，使人一目了然。

最后，建议大家在写的时候把字数控制在600～800字之间，太长的文案大家不太喜欢看，简单直接地将有吸引力的东西写下就可以了。

7.2.3 模板分析

无论是哪个平台，如果你仔细观察的话，你会发现爆文一般是有模板的。值得注意的是，平台中也存在着一些爆号，这些账号无论发布什么文章，都会有很大的阅读量，其流量与热度都很高。

在小红书，因为平台的大数据算法比较厉害，因此账号标签也很清晰。系统会根据这些标签推荐你感兴趣的话题。

因此，当你选择做一个账号、选择写文章的时候，你可以在平台中搜索相关的关键词，看看最新的笔记流量和热度有多大。

如果该关键词的流量较好的话，那么这个关键词便是官方目前比较关注的关键词，系统会给予一定的推送支持，你便可以对该关键词文章的相关模板进行分析，取其精华写就一篇具有自己个性的笔记。

7.2.4 写作结构

上面说到，在分析了相关文章的模板之后，要创作出一篇具有个性化的笔记，最好能够有自己独特的风格，并且在创作每篇笔记的时候都能够保持这种风格。除去内容的质量以外，写作方式和结构往往也能吸引到一定的粉丝。

如果说爆文和爆号还存在着一定运气的话，那固定的个性化内容输出的账号则会有着一批忠实的粉丝，且这些粉丝是比较固定的，所以在写作的时候，要有固定的个性化内容，但要记得推陈出新。

7.3 文案话术

在小红书文案中，运用一定的话术不仅可以达到卖货的目的，还能吸引用户注意，赢得众多粉丝，商家企业后续的产品宣传与种草会更顺利。

7.3.1 因果逻辑

一个良好的因果逻辑能让你的小红书种草文案更具有说服力，尤其对于想要达成流量转化的爆款文案而言，其逻辑性更是十分重要，可以说得上是必备利器。

那么，该如何使得自己的小红书种草文案更具逻辑性呢？笔者认为，需要事先厘清逻辑的3个要点，如图7-9所示。

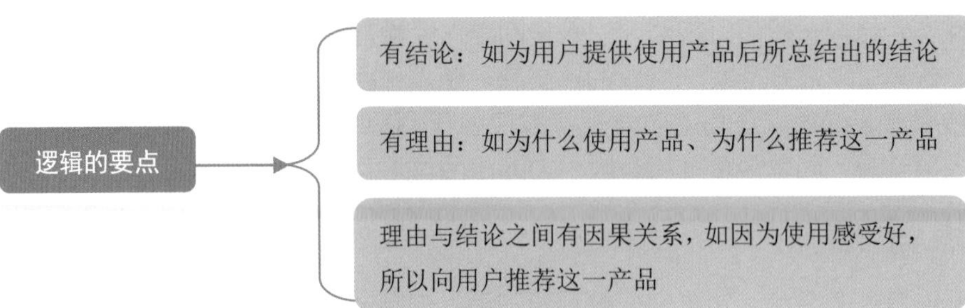

图 7-9　逻辑的 3 个要点

7.3.2　现身说法

现身说法实际上是让使用过产品的用户提供反馈，从而让其他用户对其有一个更全面的了解，而且其他用户也会对这种反馈类内容更信服，他们更愿意通过用户反馈来了解产品。图 7-10 所示为用户在小红书社区反馈产品。

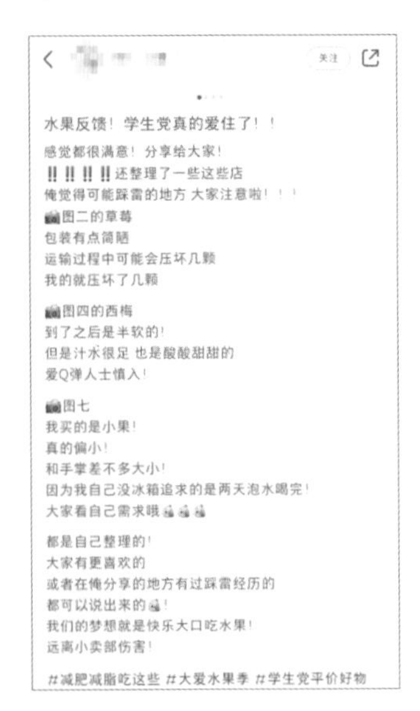

图 7-10　在小红书社区反馈产品

7.3.3　学会自黑

自黑，顾名思义，就是自我贬低，而且用的是一种不留余地的手段。商家企业通过自黑式的文案创作方法，把产品区别于其他同类产品的特征展现出来，在接地气的同时又能让用户对你的产品记忆深刻。

需要注意的是，在进行自黑时，商家企业暴露的是一些无关痛痒的小缺点，展示出来的却是至关重要的优点，通过欲扬先抑的手法向用户种草产品。图 7-11 所示为自黑式的标题文案。

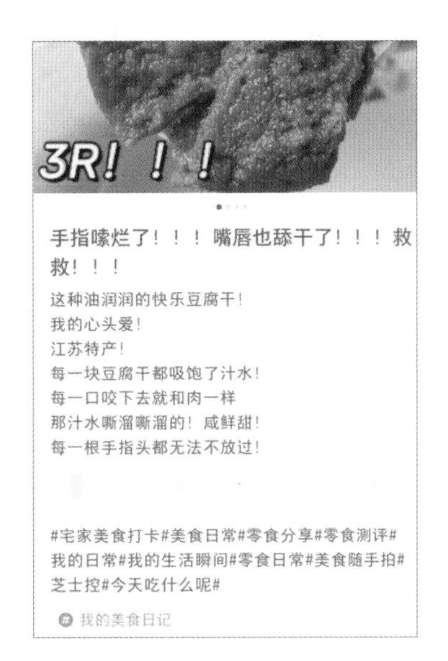

图 7-11　自黑式的标题文案

除此之外，自黑式文案重要的在一个“自”字，商家企业最好不要“黑”其他品牌，就算是一种开玩笑的方式，如果对方不回应，那么商家企业就会落入一个尴尬的境地；如果“黑”得过度，又会伤害两家企业品牌之间的和气，对产品及品牌的宣传也没什么益处。

7.3.4　做加减法

给你的小红书种草文案做加法就是在文案中加点憧憬、加点情节和加点情绪；做减法就是减掉文案中的形容词、负能量和专业化。做好加减法能让你的种草文案更加灵活，更具种草效力。下面笔者介绍如何做好加减法。

1. 做好加法

怎么做好加法呢？可以在文章中加点憧憬、加点情节、加点情绪等。

1）加点憧憬

就是在种草文案中添加一些关于产品的美好联想，例如使用产品时的场景、产品给用户带来的美好感受、使用产品后的情景等。

图 7-12 所示为两篇加了憧憬的文案。第一篇通过写自己的一些困境和观看了推荐的纪录片的感受，让处在同一状态的用户能够快速接受；第二篇通过描述使用后的情景向大家推荐这款产品。

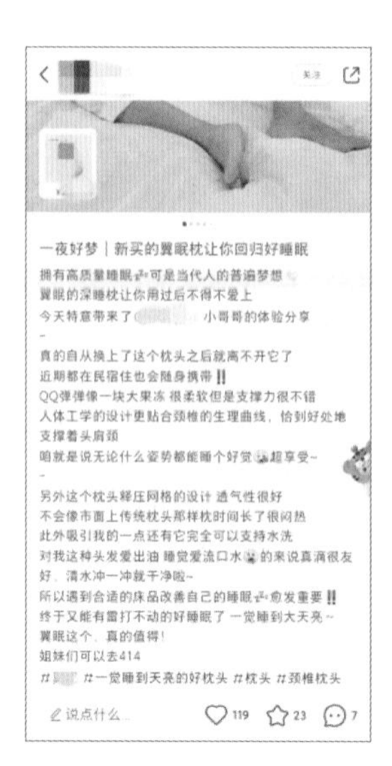

图 7-12　加了憧憬的文案

2) 加点情节

添加用户可能会用到产品的一些情节，打消用户对产品的疑虑，让他们下定决心购买产品，如图 7-13 所示。

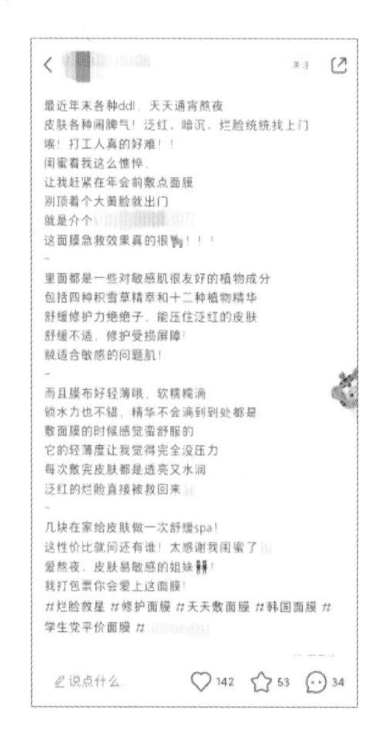

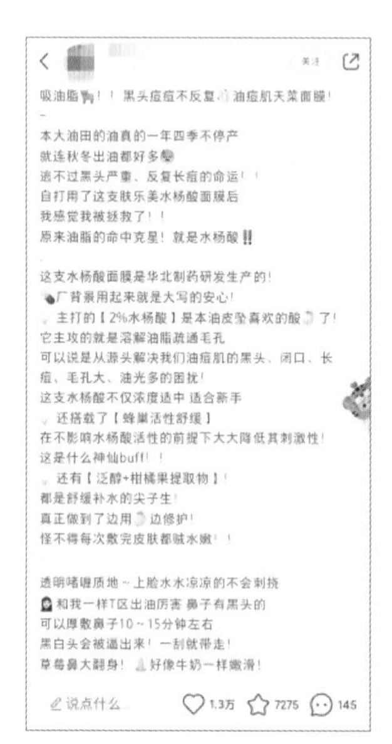

图 7-13　加了情节的文案

3) 加点情绪

在文案中添加用户的一些心理活动，如焦虑、激动等，使产品成为用户的“知己”，如图 7-14 所示。

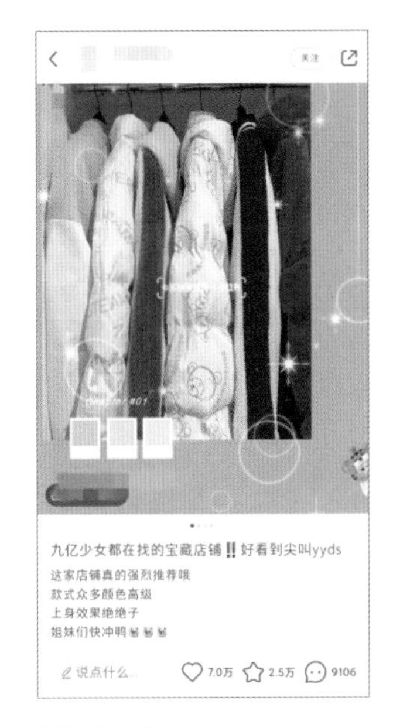

图 7-14　加了情绪的文案

2. 做好减法

除了加法之外，也要做好减法，至于要减哪些呢？将如图 7-15 所示的 3 点减少便可以了。

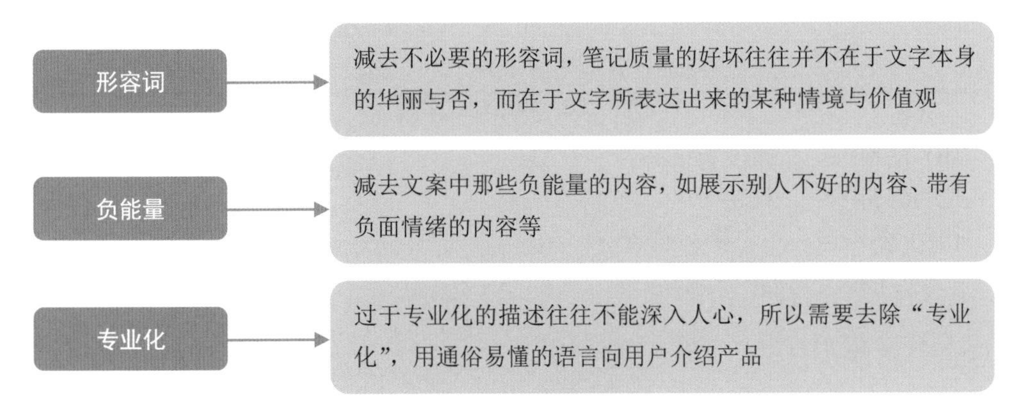

图 7-15　减法内容

7.3.5　种草句式

虽然在种草营销中有许多经典的文案，但总结起来不难发现，它们都有着相同的句式。因此，如果我们能好好利用这些种草句式，套用其模板，就能让自己的种草文案事半功倍。具体来说，常见的种草句式如下。

(1) 再……，也……

(2) 今天……，明天……

(3) 世界上只有两种人，一种……，一种……

(4) 三分……，七分……

(5) 要么……，要么……

(6) ……就是……

(7) ……有多……，……就有多……，例如“心有多大，舞台就有多大”，如图 7-16 所示。

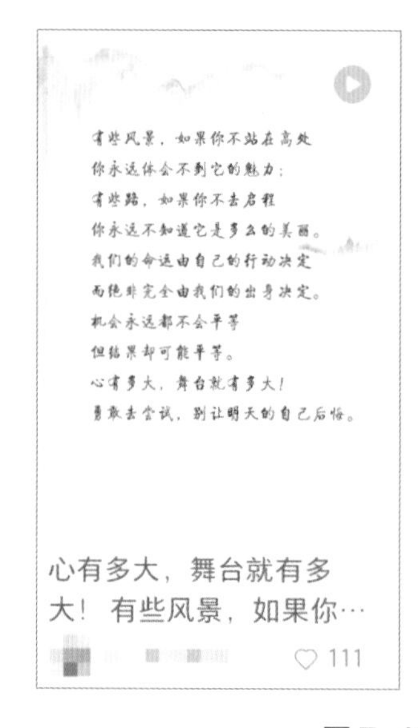

图 7-16　种草句式案例

(8) 没有……，就没有……

(9) 哪有……，只是……

(10) 多一点……，少一点……

(11) 不是所有的……都叫……

7.3.6　使用对比

用户在购买产品时通常喜欢“货比三家”，通过对比买到物美价廉的产品。因此，我们在撰写种草文案的时候，也可以使用对比的方法突出展示自己产品在某方面的优势。

进行产品对比，能够让用户“眼前一亮”，从而实现用户到消费者的转型。图 7-17 所示为小红书 KOL 通过对比展示产品的优势。

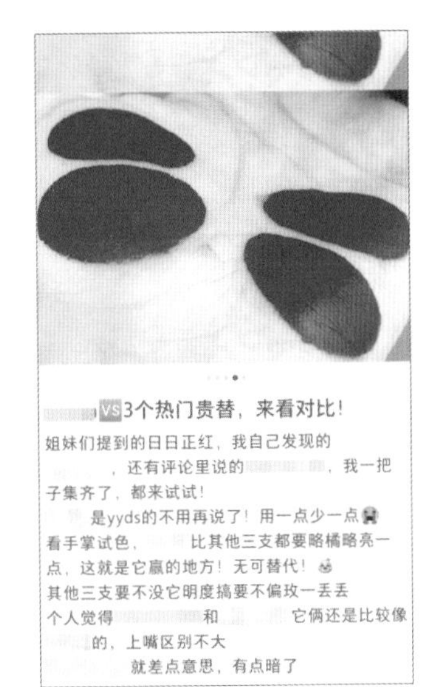

图 7-17　产品通过对比展现优势

第 8 章

吸睛图片：高颜值照片吸引用户

学前提示

在小红书平台，KOL 使用的主要内容输出形式就是图片、文字和视频，一个好的笔记图片能够极大地吸引用户眼球，从而让自己的小红书笔记获得更高的曝光度。本章向大家分享一些小红书笔记图片的实用拍摄和设计技巧。

8.1 打卡照的拍摄技巧

在小红书社区，图片和视频已经成为主要的内容输出手段，用户们乐此不疲地在平台分享自己的精致生活与购物心得，小到一支笔，大到一次人生抉择，KOC和KOL们都要与其他用户分享。

因此，如果想要运营好小红书账号，使其吸引更多粉丝，掌握一手好的打卡照拍摄技巧是十分有必要的。相比其他年龄段的人而言，年轻人总是更相信同龄人的分享，并且小红书上的“打卡”具有很强的可复制性，能让其他用户跟风。所以说，只要能拍出好的打卡照，那么博主就不愁不能吸引用户。

8.1.1 采光问题

不管是在室内还是室外，打卡照中最考验人的永远是光线问题。如果光线太暗，拍出来的照片黑成一团，不仅无法体现出打卡的美感，还会给后期修图增加难度；而光线太强，则又会让照片过于刺眼，难以表达出拍摄者的情绪。

因此，如果拍摄室内打卡照，可以让人物尽量在靠近窗户的地方，这里光线比较好，既不刺眼也不会太暗，可以很好地展示出人物主体，如图8-1所示。

图8-1 靠窗拍摄突出人物主体

此外，如果是在夜晚拍摄，而拍摄者没有很好的拍摄技巧或者后期技术的话，不建议人物主体站在很亮的顶灯下面，这样拍出来的图片会因为光线过于刺眼而失真。

8.1.2 画面构图

对于一张照片来说，一个好的构图能增加照片的美感，尤其是在小红书平台，照片作为用户对该笔记印象的首要影响因素，在笔记的引流方面起着十分重要的作用。因此，笔记的创作者要重视图片构图，并用良好的构图使照片更加吸睛。

通常来说，小红书的打卡照都是在室内拍摄的，而室内场景没有室外那么空旷，但却拥有众多小物件，如家具、盆栽等。拍摄者如果能利用好这些细节感“爆棚”的小物件，将其作为前景，就能轻松拍出层次感丰富的照片。

使用前景构图的打卡照片，过滤掉了场景中的多余元素，更加凸显人物主体。目前，我们可以学习两种前景构图的技巧，一种是利用场景自带的细节作为前景，如图 8-2 所示；另一种是自行布置符合场景氛围的前景，如图 8-3 所示。

图 8-2　利用场景自带的细节的前景构图打卡照片

图 8-3　自行布置的前景构图打卡照片

通过运用多种前景作为构图要素，能使画面更具层次感，也会让其他用户更能体会到照片带着的情绪，让照片更具故事感，增强图片感染力。

8.1.3 拍摄角度

拍摄角度对于打卡照片的呈现效果也有很大的影响，角度不同，拍摄出来的照片会有很大的不同。甚至可以说，同一个拍摄场景，变换一下角度就能直接影响画面结构、情绪表达等，不同角度拍摄的照片意境也不尽相同。

那么，不同的拍摄角度能带来怎样不同的拍摄效果呢？笔者认为，可以将其总结为如图 8-4 所示的 4 点。

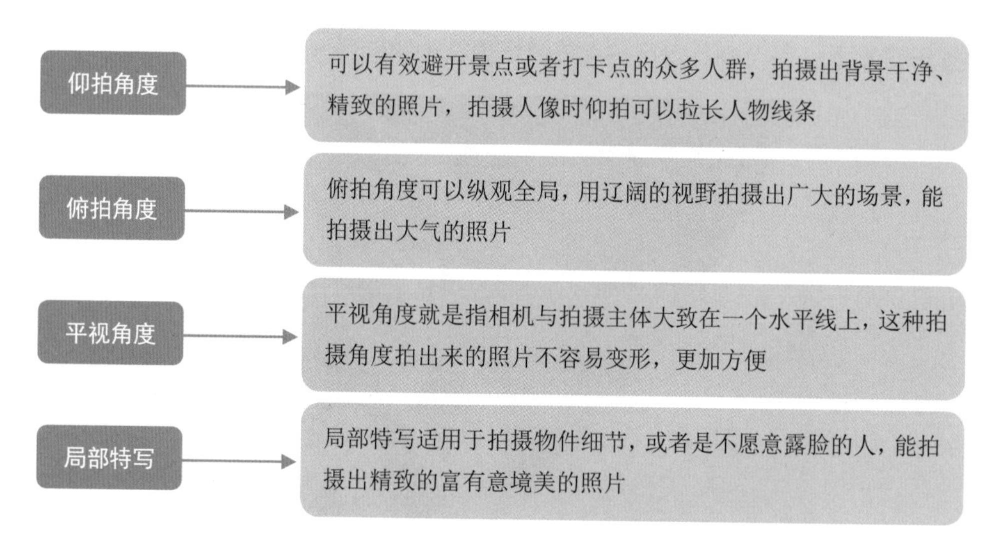

图 8-4　不同拍摄角度的区别

在小红书打卡照片中，应根据不同场景、不同出镜人物和物品，以及拍摄需求的不同，灵活选择拍摄角度，这样能够让自己的照片更具活力，吸引更多用户的眼球。图 8-5 所示为采用仰视（左图）和俯视（右图）拍摄出来的照片。

图 8-5　仰视（左）与俯视（右）

我们可以很清晰地看到，对于同一模特，不同角度拍出来的照片能给人带来完全不同的感受。

仰视角度拍摄的照片以高处的天空作为背景，更加简约干净，并且这个角度还能拉长模特的身体线条，使之更具时尚感。而俯视角度则以广阔的地面作为背景，给用户带来延伸的联想，并且拍摄出来的模特会更具动感。

相比较而言，平视角度拍摄的照片更加简单，对于设备、拍摄人员的技术水平等要求不那么高。而局部特写要求意境感，对于拍摄设备的要求高，要求能清晰地拍摄出拍摄主体的细节。图 8-6 所示为用平视角度（左图）和局部特写（右图）拍摄的照片。

图 8-6　平视（左）与局部特写（右）

在上面两张照片中，平视角度拍摄的照片画面不容易变形，清晰地将主体与背景纳入照片中，并且对于拍摄者而言，平视是最简单的拍摄角度。而局部特写模糊掉了背景，使得用户一眼就注意到画面中心的昆虫，主体更突出，将昆虫的细节全部展现出来。

8.1.4　模特动作

不少人在拍摄真人出镜的照片时，都遇到一个困扰，那就是不知道该如何摆姿势，也不知道怎么拍更好看。这时候出镜人物的动作就变得格外重要了，在拍照时摆出合适恰当的姿势，往往能使照片更加吸睛，让人物与背景更协调，给其他用户带来美的视觉享受。

小红书是一个社区分享类的购物平台，主打多元化与真实感，尤其是在打卡照中。因此，在拍摄照片时动作的“适合和真实感”最重要。而这里的“适合和真实感”其实指的是“在合适的地方做合适的事”。

比如，在图书馆看书、在饭店吃饭、在菜市场买菜、在沙发上看书，对着镜子化妆等，出镜人物在场景中作出相应的动作，能够极大地提高照片的真实感，从而增强用户的代入感。

图 8-7 所示为“适合和真实感”的照片。模特在居家环境中摆出休闲的动作，比如坐在沙发上看书、在家里逗猫，营造出一种“适合和真实感”的氛围。

图 8-7 “适合和真实感”的照片

专家提醒

此外，还有一点需要注意，那就是在拍摄这种“适合和真实感”的照片时，并不一定要强求模特看镜头，模特紧盯镜头固然可以拍出好的照片，但模特不看镜头可以使照片更加真实，营造出一种不经意间的故事感。

在照片中营造出一种“适合和真实感”，能够为其他用户带来沉浸式体验，从而让网红 KOL 的景点更能被大众接受。

8.1.5 穿着搭配

在小红书社区的打卡照中，出镜人物切忌穿着过于华丽、过于花里胡哨的服装。打卡照在某种程度上也是一种日常生活照片，因此出镜人物的服装最好秉承简约、日常的原则，并根据场景选择合适的服装。

那么，该如何根据场景选择合适的服装呢？一般来说，可以从色彩、风格、氛围这 3 个方面来讲，如图 8-8 所示。

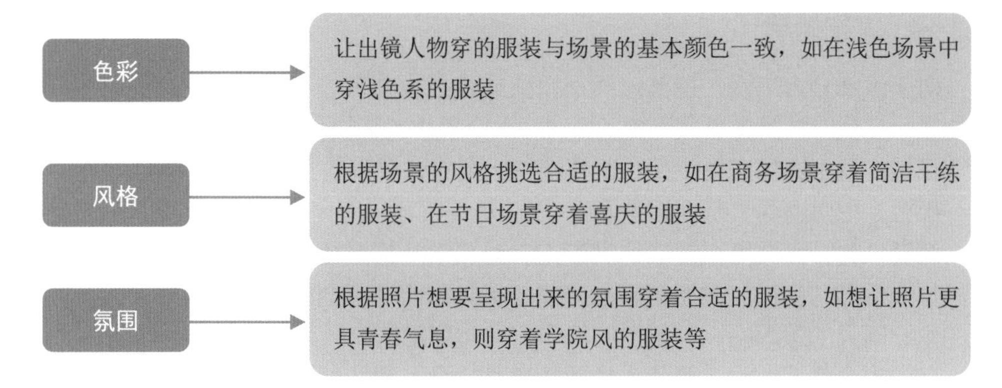

图 8-8　根据场景选择合适的服装

不过笔者需要重点强调一点，在有些情绪片中，出镜人物穿着的服装和场景不搭，但是这样却能传达出一种截然不同的情绪。比如在热闹的环境中穿着颜色寡淡的服装、模特做出落寞的动作，传达出一种彷徨伤感的情绪。

因此，在拍摄小红书打卡照片的时候，出镜人物的服装可以根据场景来选择，也可以根据要营造的某种氛围来搭配。总的来说，只要打卡照片中出镜人物的服装不要过于夸张华丽就好。图 8-9 所示为打卡照片中的服装选择，可以根据场景和氛围来选择服装。

图 8-9　打卡照片中的服装选择

上面这两张照片的氛围不同。左边的模特在工业氛围比较重的场景中选择格纹、深色系的服装；右边的模特在生活气息比较重的场景中，穿着居家类、简单、舒适的服装，更加凸显人物主体，传达出照片的故事感与氛围感。

8.1.6 人物道具

对于大部分人来说，拍照时面对镜头或多或少会有些不自在，不知道该怎样自然地展示自我，甚至会手足无措。此时，一个小小的道具就能很好地解决这个问题，根据场景、氛围选择道具类型，同样能拍出自然、吸睛的打卡照。

那么，拍照道具又从何而来呢?

笔者认为，道具可以是自己携带的，也可以从拍摄场地中就地取材。不过拍照道具也要遵循“合适”的原则，最好能与场景和照片氛围融洽地结合在一起，如雨天的伞、晴天的遮阳帽、野餐时的篮子、咖啡厅里的饮料等。

在拍摄中使用道具，可使人物更加自然、更有镜头感，能为观看用户带来沉浸式的观看体验，如图 8-10 所示。

图 8-10　使用道具拍摄照片

这两张照片很好地运用了道具。左图中的模特使用相机拍照，休闲的穿着打扮与周围环境十分和谐；而右图则始终贯穿居家休闲这一主题，从模特的穿着造型，到环境的搭建和道具的使用，无不向用户传达出休闲居家的氛围，模特运用水杯这一道具，自然而又有真实感。

8.2 颜值“爆表”的封面设计

封面图片相当于小红书笔记的门面，一个好的封面图片能够吸引更多用户点击查看你的笔记，因此学会设计好的封面是十分有必要的。

8.2.1 封面图的 5 种表现形式

我们在看小红书笔记的时候，发现小红书的封面图可谓是多姿多彩，各有千秋。

而如果想要让自己的笔记在众多笔记中脱颖而出，被更多人看到，就需要对封面图有一个全面的认识，如了解小红书社区封面图的 5 种表现形式。

1. 纯色 + 文字

纯色 + 文字的封面图片能够给用户带来舒适的阅读体验，并且纯色背景上的文字一般是对笔记内容的概括，这种简洁明了的排版模式更能吸引用户，也能让自己的小红书主页风格更统一。图 8–11 所示为使用纯色 + 文字的小红书笔记封面图。

图 8–11 纯色 + 文字的封面图

纯色 + 文字的封面图比较适合干货类的分享笔记，在纯色的封面背景中用放大的文字点明笔记主题内容，让用户一看就能知道笔记的主要内容。

这种形式的封面制作起来比较简单，而且小红书笔记的创作者还能根据笔记内容选择封面颜色。比如当笔记的内容比较活泼时，可以选择比较鲜亮的颜色，如红色、黄色、橙色等；而当笔记的内容比较严肃时，则可以选择颜色较深的冷色调，如灰色、深蓝色、褐色等。

2. 单图特写 + 文字

单图特写 + 文字与纯色 + 文字的形式差不多，都是用一张背景图打底，再用放大的文字展现笔记标题。这种单图特写 + 文字的封面图经常被用来作为干货分享类笔记的封面，如图 8–12 所示。

与纯色背景相比，单图特写的背景在小红书社区中被运用得更多一些。笔记的创作者们自由选择封面图片，图片有的是自己手绘的画，有的是自己拍摄的照片，还有的是自拍。

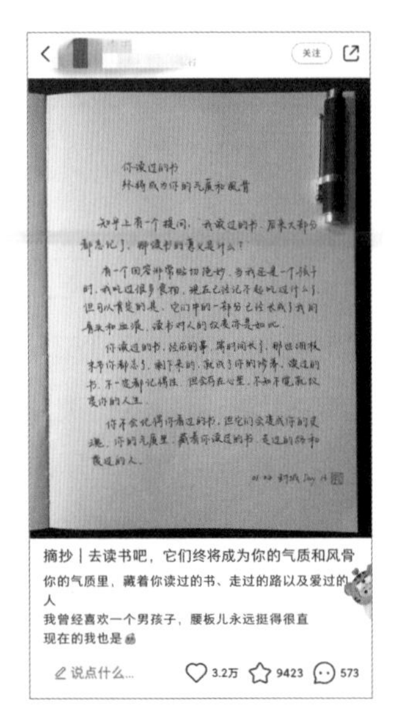

图 8–12　单图特写＋文字的封面图

创作者们在这些图片中添加标题文字，让笔记的封面既不会像纯色封面那样单调，也不会显得过于杂乱。

专家提醒

单图特写的封面图片需要创作者认真选择，让图片与笔记的内容、风格氛围等大致相符，从而使笔记整体更加和谐。

3. 双图对比＋文字

双图对比＋文字的封面图片一般适用于产品安利的笔记，通过展示产品使用前后的不同效果，表现出产品的良好性能。在小红书 App 中，双图对比的封面图片经常被 KOL 们用来向其他用户推荐护肤品、化妆品等。图 8–13 所示为使用双图对比＋文字的小红书笔记封面。

上面两张小红书笔记封面图就是十分典型的双图对比＋文字的形式，两篇笔记的内容都是向用户推荐美妆产品，只不过一个是展示不同口红带来的不同感觉；另一个则是展示不同手法涂口红带来的不同结果。

这种双图对比＋文字的封面图片能给其他用户带来强烈的视觉冲击，从而使其更加直观地了解到产品的性能与效用。双图对比＋文字的封面图在产品种草、展示学习成果等方面有不可忽视的重要作用。

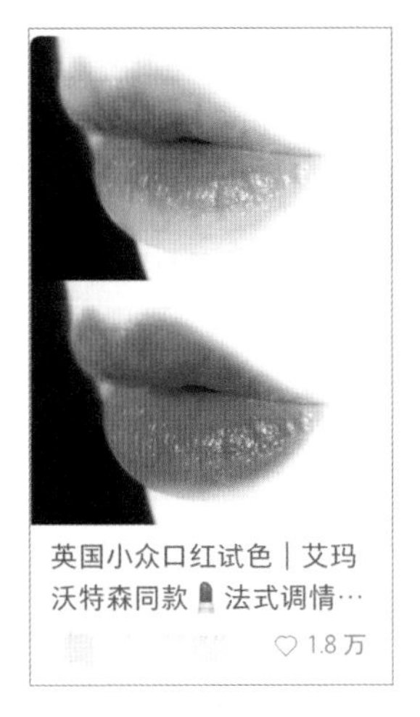

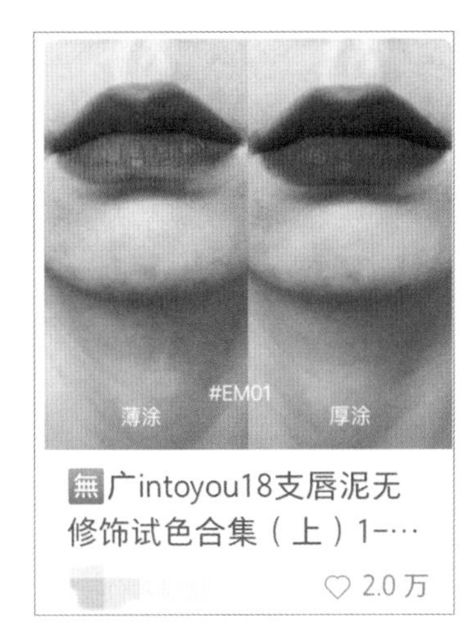

图 8-13 双图对比 + 文字的封面图

4. 4 图展示 + 文字

4 图展示 + 文字的封面图同样也是小红书中常用的一种封面形式，通常网红 KOL 博主们用来推荐化妆品、护肤品，如图 8-14 所示。

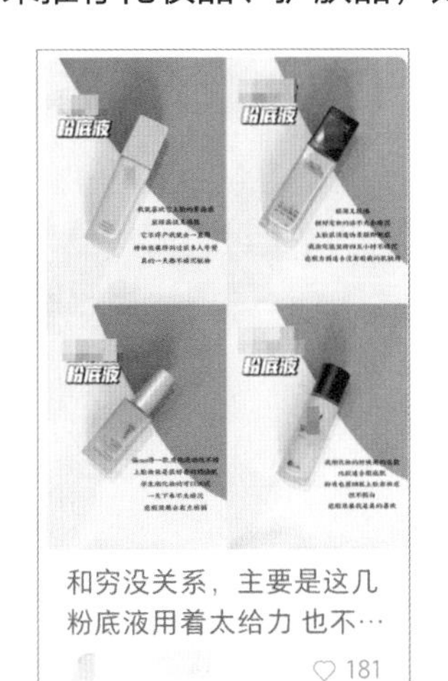

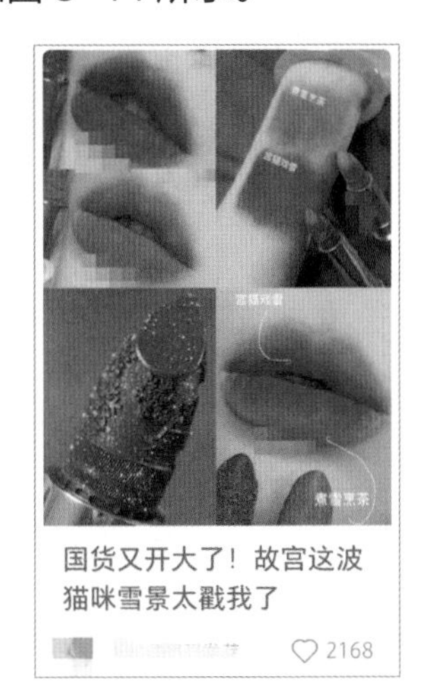

图 8-14 4 图展示 + 文字的封面图

值得注意的是，4 图展示 + 文字的封面图的功能与双图对比 + 文字的一致，都是通过展示产品的效用，让用户对产品有一个更加清晰的认识。

此外，这种类型的封面形式也可以多图展示自己的作品，让用户对笔记内容有一个大致的了解，从而帮助笔记的创作者更精准地吸引到对自己擅长领域感兴趣的粉丝，在某种程度上，这样做也能极大地提高粉丝黏性。

5. 多图合成＋文字

多图合成＋文字的封面形式在小红书中同样被广泛使用，通常用来展示某产品的同一系列、展示不同品牌的同类型产品，或者展示笔记创作者的多个作品，通过对比，让其他用户更直观地了解到自己感兴趣的内容。图 8-15 所示为使用多图合成＋文字形式的小红书封面。

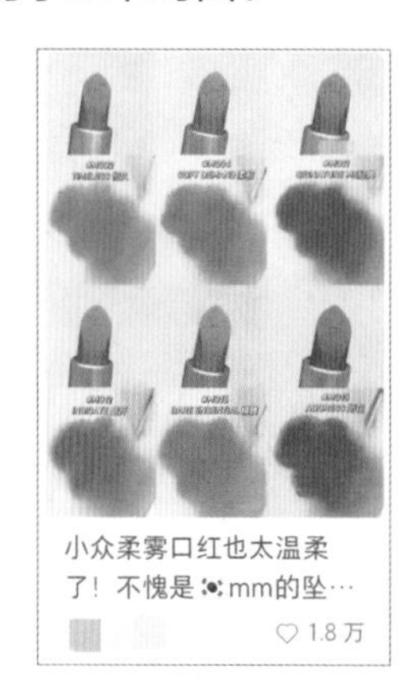

图 8-15　多图合成＋文字的封面图

在图 8-15 中，我们可以很清楚地看到，左图是对同品牌不同产品的展示，网红 KOL 向粉丝推荐该品牌中值得购买的口红色号；右图则是网红 KOL 展示不同品牌的同类产品，并向粉丝推荐那些品牌中值得购买的口红色号。

值得注意的是，多图合成＋文字的形式很容易让封面图片显得杂乱无章，此时就很考验创作者的图片配色能力和图片拍摄能力了，尽量让自己的封面在多图合成的同时又能井然有序地展现出笔记内容才是上上之策。

8.2.2　掌握黄油相机的 8 大功能

黄油相机是小红书 KOL 常用的作图软件之一，其操作方法简单，制作出来的图片具备文艺清新的效果，与小红书的基本调性相符，因此受到了许多用户的青睐。

在小红书账号的运营中，文艺清新的画面风格可以吸引许多用户的关注，所以掌握一些黄油相机的功能是十分有必要的。

1. 布局和模板

在黄油相机 App 中，其布局功能主要有两个：一个是画布比功能；另一个是背景功能。

在画布比功能中，创作者可以根据自己的需要调整画布比例。小红书社区常用的图片比例是 3 ：4，所以在编辑图片时，最好将图片裁剪成 3 ：4 的比例。而在背景中，黄油相机 App 为用户提供了许多背景图，同样可以根据需要自行选取，不过笔者建议选择简单的背景图。图 8-16 所示为黄油相机 App 的画布比和背景功能。

图 8-16　黄油相机 App 的画布比和背景功能

此外，黄油相机 App 中还提供了不少模板，创作者可以直接选用。通过套用模板可快速制作出好看的封面图，如图 8-17 所示。

图 8-17　黄油相机 App 的模板功能

2. 滤镜和参数功能

黄油相机 App 的滤镜功能同样强大，操作同样简单。小红书笔记的创作者在作图的时候可以选择自己喜欢的滤镜，调节相应参数使图片更加美观。图 8-18 所示为黄油相机 App 的滤镜和调节参数功能。此外，黄油相机的有些模板中也有滤镜，可以使作图更便捷。

图 8-18　黄油相机 App 的滤镜和调节参数功能

3．加字和贴纸

加字功能是黄油相机中被使用得最多的功能，尤其是在小红书笔记中，创作者们可以在图片中添加文字，使得效果更显著。黄油相机中少女风、文艺风、可爱风等不同风格的贴纸也有很多，能为照片添色。图 8-19 所示为黄油相机 App 的加字功能和贴纸功能。

图 8-19　黄油相机 App 的加字功能和贴纸功能

4. 画笔和遮罩

黄油相机 App 的画笔功能可以让创作者们自由选择笔刷，根据自己的需要对图片进行涂鸦；而遮罩功能可以让文字巧妙地隐藏在人物主体背后，这一功能需要开通会员才能使用。图 8-20 所示为黄油相机 App 的画笔和遮罩功能。

图 8-20 黄油相机 App 的画笔功能和遮罩功能

8.2.3 封面图制作

前面已经介绍过小红书社区中常见的 5 种封面图片表现形式，创作者可以根据自己的需要选择合适的封面类型。一般来说，封面图片只要做得美观，符合小红书 App 的调性，就能吸引用户的目光。下面笔者就为大家介绍使用黄油相机 App 来制作一个美观的封面图片。

1) 背景图片的选择

在大多数情况下，背景图片主要有 3 个来源：一是自己拍摄的照片；二是黄油相机中的背景图片；三是自己手绘或者后期制作的图片。

2) 加字、加贴纸

为封面加字和贴纸可以让图片显得更具有活力，更适合以年轻用户为主的小红书 App。不过需要注意的是，作为封面图片，添加的字最好不要使用过于细小的字体字号，这样容易让其他用户无法获知笔记中的内容，从而错失笔记。

8.2.4 如何打造笔记内容图片

其实不管是封面图片还是内容图片，创作者们在掌握黄油相机的基础功能与简单操作后都能快速上手，制作出美观的图片。

有一点需要注意，小红书笔记的内容图片最好与笔记的文字内容相互呼应，并且添加的字和贴纸不要过大，使用正常大小的字体就好，不喧宾夺主还会更加美观，从而带来更好的视觉效果。

8.3 涨粉引流的图片设计

小红书社区的笔记内容以图片输出为主，可以说，小红书社区的笔记文字都是对图片内容的阐述和扩写。因此，了解好用的图片设计软件，掌握必备的图片设计技能是很有必要的。

8.3.1 3 个软件轻松做出漂亮图片

“工欲善其事，必先利其器”，掌握一些好用的做图软件可以让你轻松做出漂亮的小红书图片。

一般来说，操作简单又符合小红书文艺清新风格的做图软件有 3 种：PicsArt 美易、青柠手账、黄油相机。

1. Picsart 美易

Picsart 美易 App 是一款手机照片编辑美化软件，操作简单，滤镜效果很好，双重曝光是其独特之处。如果创作者想与其他用户分享穿搭类笔记，Picsart 美易就是一个不错的选择。图 8-21 所示为 PicsArt 美易的界面。

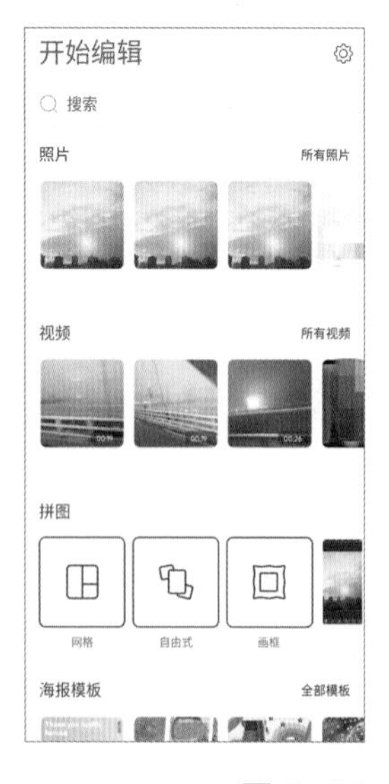

图 8-21 Picsart 美易的界面

此外，Picsart 美易 App 有很多编辑图片的功能，如涂鸦笔、遮罩、镜头光晕等，如图 8-22 所示。

图 8-22　Picsart 美易 App 图片编辑功能

2. 青柠手账

青柠手账，顾名思义，就是一个专门做手账的图片编辑 App，其中漂亮的贴图十分具有特色，如图 8-23 所示。

图 8-23　青柠手账的界面及其主要功能

可以看到，青柠手账的主页专题与主要功能都是围绕着手账这一主题，如果创作者想与其他用户分享学习计划、一周计划等内容，不妨试试青柠手账，简单快捷。此外，青柠手账还有日记本的功能，如图 8-24 所示。

图 8-24　日记本功能

3. 黄油相机

前面笔者已经为大家详细介绍了黄油相机的功能与使用方法，这里不再赘述。相比其他作图软件，黄油相机最显著的优势就是其贴纸和加字的功能，黄油相机加字功能的字体与贴纸的图片都十分可爱，如果要做护肤品的推荐与分享，不妨试试黄油相机 App。

8.3.2　多图背景下首图是最重要的

图片是小红书笔记中最重要的输出方式之一，如果想在小红书平台成为一名 KOL，那么掌握一定的图片处理能力是十分必要的。

在小红书社区，一篇笔记最多只能添加 9 张图片，而为了让笔记内容更加丰富，网红 KOL 一般会在笔记中添加 6 ~ 9 张图片，在这种情况下，首图的重要性不言而喻。此外，小红书发布的图片尺寸只能是正方形或 1 ： 1 或 3 ： 4，需要创作者格外注意。

那么，如此重要的首图中可以有哪些内容？笔者将其概括为如图 8-25 所示的 4 点，供大家参考。

不过笔记的首图内容并不是固定的，也不是一定要用图 8-25 中的 4 点，创作者可以根据自己的需要和笔记风格选择首图内容。但是首图的美观十分重要，需要创作者重点把握。

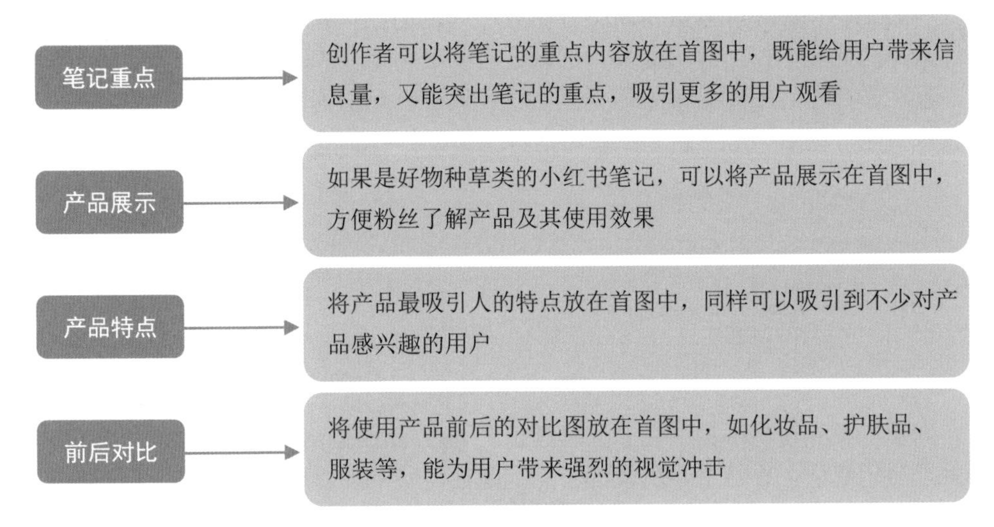

图 8-25　首图中的内容

8.3.3　注意小红书用图的一些雷区

在小红书社区，官方账号多次发布“不推荐笔记防雷指南”这种规则，“踩雷”的小红书笔记会被官方限流、删除，甚至导致账号被封。

那么，怎样的小红书笔记内容用图容易“踩雷”？笔者将官方提示进行了总结，概括为如图 8-26 所示的 3 点。

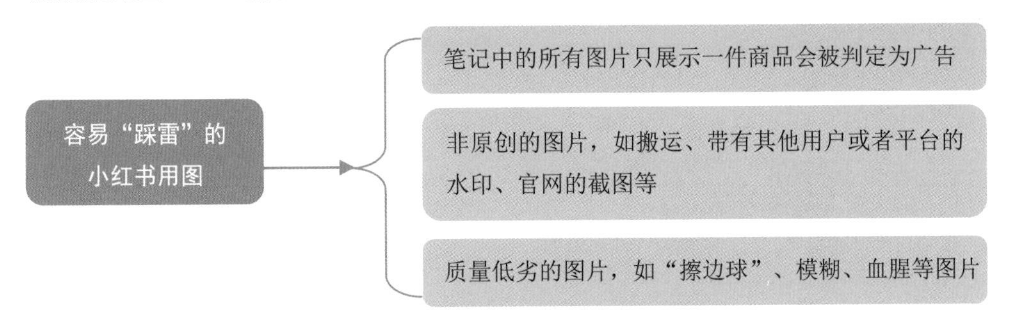

图 8-26　容易“踩雷”的小红书用图

需要注意的是，即使是创作者经过认证成为了品牌合作人，也不能使用品牌方提供的广告图片直接发布笔记，而是要用自己的原创图片，小红书平台格外重视原创。

8.3.4　融入小红书内图片流行元素

这种图片设计方式说得直白一点就是“蹭热度”，在自己的图片中融入当前小

红书平台热门的元素，如某个滤镜、某个字体、某张贴图等。

一般来说，热门元素自带流量，小红书笔记的创作者积极地在自己的笔记图片中加入热门元素、打上热门标签，可以更容易吸引用户的眼球。

那么，在小红书中，该如何找到热门元素呢？可以通过首页推荐内容中的相关标签来找到。图 8–27 所示为从首页推荐的笔记中找到的近期热门标签。

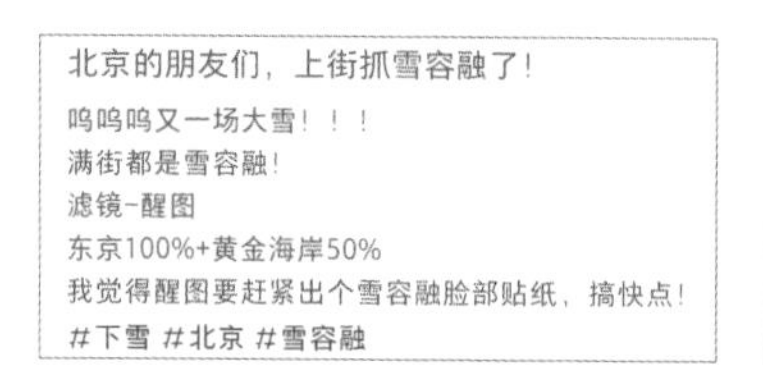

图 8–27　小红书的热门标签

需要注意的是，根据小红书的推荐机制，在笔记发布的半小时内，点赞超过几十就是热门笔记，小红书平台会给予热门笔记一定的流量倾斜。此外，小红书一篇笔记中最多只能有 10 个标签，因此找到合适自己笔记的、热门的标签十分重要。

8.3.5　制作个人介绍图片吸引粉丝

个人介绍的图片适合放在笔记最后一页，用来吸引粉丝关注你的小红书账号，达到引流的目的。个人介绍图最好与账号风格相符，并详细地介绍自己和账号。图 8–28 所示为一位 KOL 的个人介绍图片。

在个人介绍页中，创作者甚至可以运用上文中提过的图片编辑美化 App 来让个人介绍图更美观，还可以在图中加入自己的照片，更好地向用户介绍自己与自己运营的小红书账号。

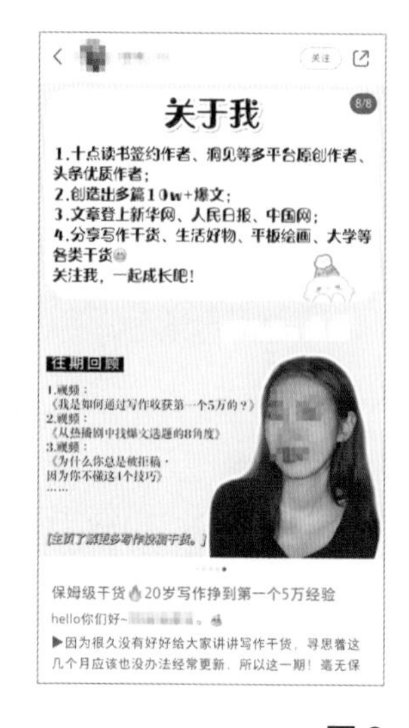

图 8–28　个人介绍页

8.3.6 个性化的内容更容易被记住

对于小红书的 KOL 来说，个性化的内容往往是最吸引人的内容之一，因此在笔记图片中输出个性化的内容，更容易吸引用户的关注。此外，个性化的内容能为 KOL 塑造一个鲜明的人设，区别于其他同质化的“网红打卡”，从而让你的笔记独树一帜。

那么，该如何让自己的笔记更具有个性呢？笔者认为，可以从内容风格、图片设计和产品呈现这 3 个层面来体现。在长期的小红书账号运营中塑造鲜明的个人风格，让自己的小红书笔记很难被人大批量复制，从而保证个人账号的独特性。

第 9 章

视频笔记：快速提升视频推荐率

学前提示

在小红书中，除了图文笔记之外，视频笔记在用户账号升级中占据较大权重，并越来越被小红书平台所重视。因此，如果想要运营好小红书账号，那么掌握短视频拍摄技巧是十分有必要的。

9.1 视频拍摄

作为一个社区型线上电商平台，不管用户在小红书社区发布什么样的内容，其最终目的都会变为“种草”。因此，如何拍出好的视频笔记，让自己的视频在吸引用户的同时兼具卖货职能，可以说是小红书账号运营者的必修课之一。

9.1.1 拍摄工具

小红书视频的主要拍摄设备包括智能手机、单反相机、运动相机等，用户可以根据自己的资金状况进行选择。

1. 智能手机

对于那些对视频品质要求不高的用户来说，普通的智能手机即可满足拍摄需求，这也是目前大多数用户最常用的拍摄设备。在选择拍视频的手机时，主要关注手机的视频分辨率规格、视频拍摄帧速率、防抖性能、对焦能力以及存储空间等因素，尽量选择一款拍摄画质稳定、流畅，并且可以方便地进行后期制作的智能手机。

2. 单反相机

对于单反相机来说，价格跨度比较大，从几千元到几万元都有，通常价格越高整体性能就越好，但具体选择哪一款还需要用户根据自己的预算来决定。笔者建议，如果你的预算充足，那么全画幅单反相机是拍短视频的最佳选择。在同样的焦距下拍摄短视频时，全画幅要比残幅更能充分发挥出镜头的优势。图 9-1 所示为单反相机。

图 9-1　单反相机

同时，对于单反相机来说，镜头是一个相当重要的设备，它可以说是单反相机的“眼睛”。单反相机相比手机拍摄视频的最大优势在于，它能够更换各种镜头，从而更好地控制画面的景别和虚实等。

此外，在选择单反相机时还要综合考虑视频格式、视频码流、感光元件、镜头光学素质、存储和续航等因素，找到一款适合自己的高性价比相机。

3．运动相机

对于短视频爱好者来说，运动相机如今已经是拍短视频的“标配”设备了，非常适合拍摄户外旅行和娱乐生活等类型的短视频。在选择运动相机时，可以参考它的配置、功能和价格等来选购。

在配置方面，首先看视频分辨率及帧数，如 720P、1080P、4K 等，需要能够提供多种视频拍摄组合。然后是电池续航和充电，如大容量电池和快充功能是必备的，这样能够帮助用户实现长时间拍摄。最后是运动相机是否拥有丰富的额外配件，如手持稳定器、三脚架和移动电源等，能够起到防抖作用和提升续航能力。

在功能方面，运动相机通常需要具备多视频拍摄模式、防抖（电子防抖或光学防抖）、防水、防尘、防撞和降噪等功能。

专家提醒

如果拍摄者需要将运动相机挂在衣服、头盔或者摩托车的车把上，则还需要注意机身的重量，尽量选择一款较轻便的运动相机。尤其是在拍摄滑雪、跳伞、滑板、登山、冲浪以及骑行等极限运动时，用户还需要考虑运动相机是否支持多样化的安装方式，从而获得更大的取景视角。

9.1.2 视频画面

拍摄器材是否稳定，在很大程度上决定视频画面的清晰度，如果手机或相机在拍摄时不够稳定，就会导致拍摄出来的视频画面十分模糊。如果手机或相机被固定好，那么拍摄出来的视频画面就会非常清晰。

大部分情况下，在拍摄短视频时，我们都是用手持的方式来保持拍摄器材的稳定。另外，用户可以将手肘放在一个稳定的平台上，以减轻手部的压力，或者使用三脚架、八爪鱼以及手持稳定器等设备来固定手机，并配合无线快门来拍摄视频。

三脚架主要用来在拍摄短视频时更好地稳固手机或相机，为创作清晰的短视频作品提供一个稳定的平台，如图 9-2 所示。购买三脚架时要注意，三脚架一定要结实。另外，由于其需要经常被携带，所以又需要具有轻便快捷和随身携带的特点。

图 9-2 三脚架

三脚架的优点：一是稳定；二是能够伸缩。但三脚架也有缺点，就是摆放时需要相对比较平整的地面，而八爪鱼刚好能弥补三脚架的这一缺点，因为它有“妖性”，不仅能“爬杆”“上树”，还能“倒挂金钩”，可以获得更多更灵活的取景角度，如图 9-3 所示。

图 9-3 八爪鱼支架

手持稳定器的主要功能是稳定拍摄设备，防止画面抖动造成的模糊，适合拍摄户外风景或者人物动作类短视频。图 9-4 所示为手持稳定器及其部件。

图 9-4 手持稳定器及其部件

9.1.3 构图选择

画幅是影响短视频构图取景的关键因素，用户在构图前要先决定好短视频的画幅。画幅是指短视频的取景画框样式，通常包括横构图、竖构图和正方形构图 3 种。除此之外，画幅还有其他 7 种样式，下面我们便来看一下。

1. 横构图

横构图就是将手机或相机水平持握拍摄，然后通过取景器横向取景。因为人眼的水平视角比垂直视角更大一些，因此横画幅在大多数情况下会给观众一种自然舒适的视觉感受，同时可以让视频画面的还原度更高。图 9-5 所示为小红书中采用横构图的视频笔记。

图 9-5 横构图的视频笔记

2. 竖构图

竖构图就是将手机或相机垂直持握拍摄，拍出来的视频画面拥有更强的立体感，比较适合拍摄具有高大、线条以及前后对比等特点的短视频题材。图 9-6 所示为小红书中采用竖构图的视频笔记。

需要注意的是，在小红书社区 KOL 们通常采用竖构图的方式来拍摄视频笔记，以便视频能够更好地与小红书纵向浏览的模式相符。

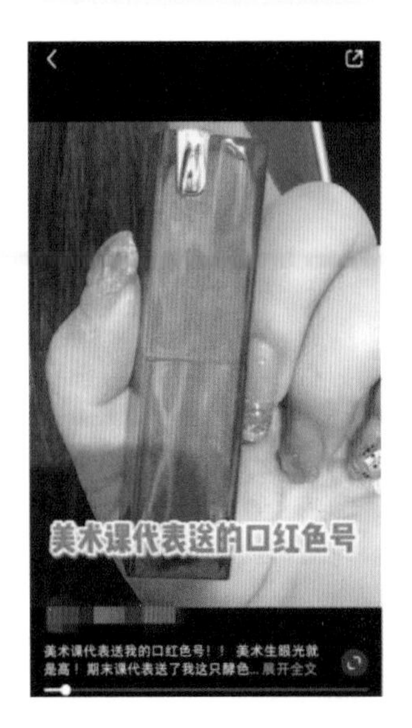

图 9-6　竖构图的视频笔记

3. 前景构图

前景，最简单的解释就是位于视频拍摄主体与镜头之间的事物。前景构图是指利用恰当的前景元素来构图取景。采用前景构图可以使视频画面具有更强烈的纵深感和层次感，同时也能极大地丰富视频画面的内容，使视频更加鲜活饱满。因此，我们在进行视频拍摄时，可以将身边能够充当前景的事物拍摄到视频画面中来。

前景构图有两种操作思路：一种是将前景作为陪体，将主体放在中景或背景位置上，用前景来引导视线，使观众的视线聚焦到主体上；另一种则是直接将前景作为主体，通过背景环境来烘托主体。

在构图时，给视频画面增加前景元素，主要是为了让画面更具有美感。那么，哪些前景值得我们选择呢？在拍摄短视频时，可以作为前景的元素有很多，如花草、树木、水中的倒影、道路、栏杆以及各种装饰道具等，不同的前景有不同的作用。

4. 正方形构图

正方形构图的画幅长宽比例为 1 ： 1。要拍出正方形构图的短视频画面，通常要借助一些专业的短视频拍摄软件，如美颜相机、小影、VUE Vlog、轻颜相机以及无他相机等 App。

正方形构图能够缩小视频画面的观看空间，这样观众无需移动视线去观看全部画面，从而更容易抓住视频中的主体对象。

与横构图一样，正方形构图在小红书中使用得同样比较少，但一旦使用得当，往往能获得意想不到的效果。图 9-7 所示为小红书中采用正方形构图的视频笔记。

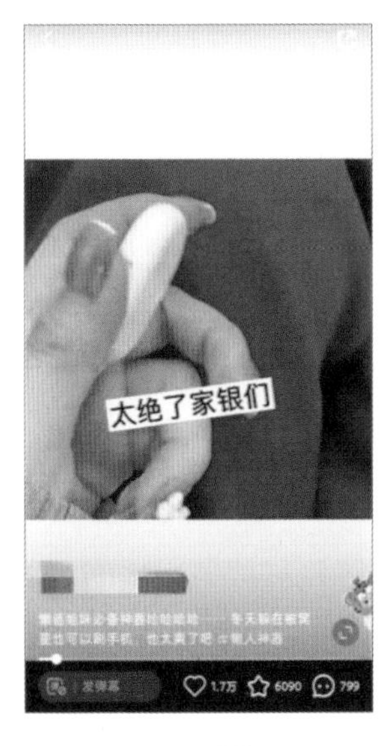

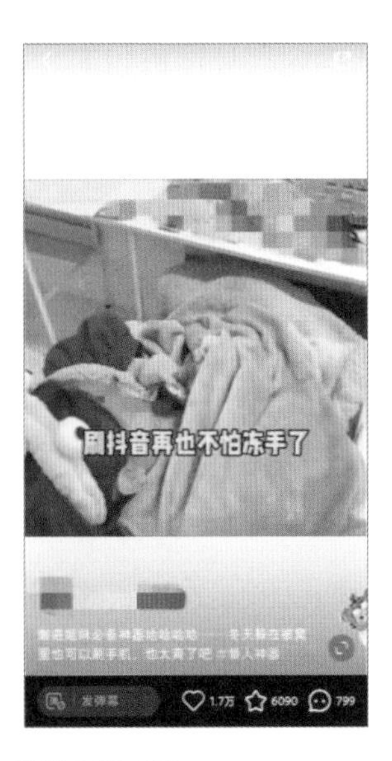

图 9-7　正方形构图的视频笔记

5．中心构图

中心构图又称为中央构图，简而言之，即将视频主体置于画面正中间进行取景。中心构图最大的优点在于主体突出、明确，而且画面可以达到上下左右平衡的效果，更容易抓人眼球。

拍摄中心构图的视频非常简单，只需将主体放置在视频画面的中心位置即可，而且不受横构图与竖构图的限制，如图 9-8 所示。

图 9-8　中心构图的视频笔记

拍摄中心构图的相关技巧如下。

1）选择简洁的背景

拍摄中心构图的视频时，尽量选择背景简洁的场景，或者主体与背景的反差比较大的场景，这样能够更好地突出主体。

2）制造趣味中心点

中心构图的主要缺点在于效果比较呆板，因此拍摄时可以运用光影角度、虚实对比、肢体动作、线条韵律以及黑白处理等方法，来制造一个趣味中心点，让视频画面更加吸引眼球。

6. 框式构图

框式构图也叫框架式构图，也有人称为窗式构图或隧道构图。框式构图的特征是借助某个框式图形来取景，而这个框式图形，可以是规则的，也可以是不规则的，可以是方形的，也可以是圆的，甚至是多边形的。

框式构图的重点是利用主体周边的物体构成一个边框，可以起到突出主体的作用。框式构图主要是通过门窗等作为前景构成框架，透过门窗框架的范围将观众的视线引导至被摄对象上，使得视频画面的层次感得到增强，同时具有更多的趣味性，形成不一样的画面效果。

在小红书社区，框式构图被更多地用于探店、旅行等室外拍摄的视频笔记中。

7. 三分线构图和九宫格构图

三分线构图是指将画面从横向或纵向分为三部分，在拍摄视频时，将对象或焦点放在三分线的某一位置上进行构图取景，让对象更加突出、画面更加美观。

九宫格构图又叫井字形构图，是三分线构图的综合运用形式，是指用横竖各两条直线将画面等分为 9 个空间，九宫格构图不仅可以让画面更加符合人眼的视觉习惯，而且还能突出主体、均衡画面。

采用三分线构图拍摄短视频最大的优点就是，将主体放在偏离画面中心的三分之一位置处，使画面不至于太枯燥或呆板，还能突出视频的拍摄主题，使画面更加紧凑有力。

要学好构图，需要注意两点：一要观察拍摄对象的数量，挖掘他们的特色和亮点；二要多留心构图技法，然后拍摄时找到最匹配对象的构图来拍。

三分线构图的拍摄方法十分简单，只需将视频拍摄主体放置在拍摄画面的横向或者竖向三分之一处即可，如图 9-9 所示。

使用九宫格构图，不仅可以将主体放在 4 个交叉点上，还可以将其放在 9 个空间格内，使主体非常自然地成为画面的视觉中心，如图 9-10 所示。

左三分线构图
右三分线构图
竖向双三分线构图
上三分线构图
下三分线构图
横向双三分线构图

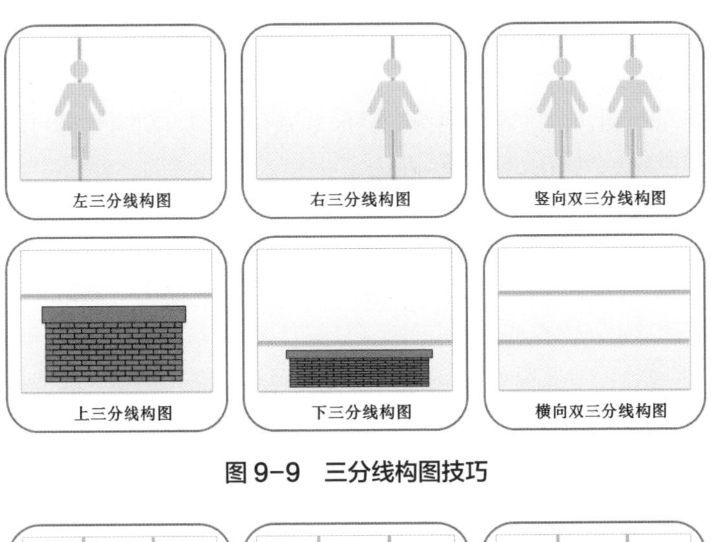

图 9-9　三分线构图技巧

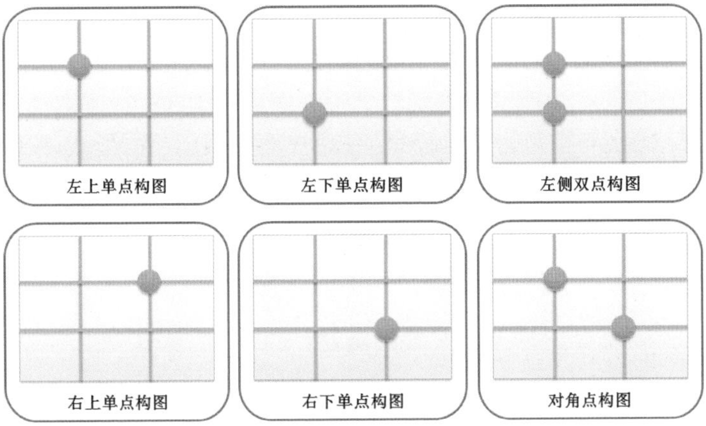

左上单点构图
左下单点构图
左侧双点构图
右上单点构图
右下单点构图
对角点构图

图 9-10　九宫格构图技巧

8. 利用引导线构图

引导线可以是直线，也可以是斜线、对角线或者曲线，通过这些线条来“引导”观众的目光，吸引他们的兴趣。

引导线构图能够引导视线至画面主体；丰富画面的结构层次；具有极强的纵深效果；展现出景深和立体感；创造出深度的透视感；还能帮助观众探索整个场景。

那么，引导线构图又分为哪几种类型？笔者认为，引导线构图可以分为以下5类。

1）水平线构图

以一条水平的直线进行构图取景，给人带来辽阔和平静的视觉感受。

2）对角线构图

对角线构图是比斜线更规范的一种构图形式，强调的是对角成一条直线，它可以使画面更具有方向感，赋予画面动感、活泼的视觉效果。

3) 曲线构图

线条弯曲而圆润，适合表现自身富有曲线美的景物，曲线构图可以很好地表达被摄对象的韵律以及具有魅力的形态。

4) 透视线构图

透视线构图指视频画面中的某一条线或某几条线，有“近大远小”的透视规律，使视线沿着视频画面中的线条汇聚成一点，汇聚观众的视线，使画面更具有动感和深远意味。

5) 斜线构图

斜线构图主要利用画面中的斜线来引导观众的目光，同时能够展现物体的运动、变化以及透视规律，可以让视频画面更有活力和节奏感。

9. 对称构图

对称构图是指画面中心有一条线把画面分为对称的两份，可以是画面上下对称，也可以是画面左右对称，或者是围绕一个中心点实现画面的径向对称。对称画面会给人一种平衡、稳定与和谐的视觉感受。生活中有很多以不同形式存在的对称画面，笔者总结了一些在短视频中常用的对称构图类型，如图 9-11 所示。

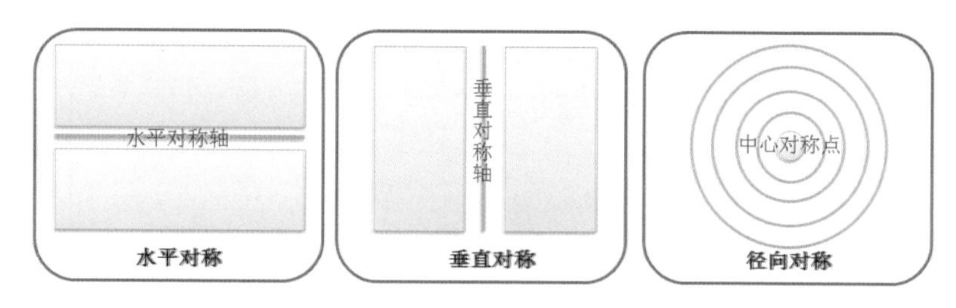

图 9-11　对称构图的 3 种常见类型

10. 对比构图

对比构图的含义很简单，就是通过不同形式的对比，来强化画面的构图，产生不一样的视觉效果。对比构图的意义有两点：一是通过对比产生区别，来强化主体；二是通过对比来衬托主体，起辅助作用。

专家提醒

值得注意的是，小红书社区的视频笔记除了在室外拍摄的视频外，其他视频，如开箱、测评、美妆教程等视频笔记的构图类型大多使用中心构图，将 KOL 及其产品置于视频正中，并让用户的目光聚焦在拍摄主体身上。

9.1.4 镜头选择

短视频的拍摄镜头有两种常用类型，分别为固定镜头和运动镜头。固定镜头就是指在拍摄短视频时，镜头的机位、光轴和焦距等都保持固定不变，适合拍摄画面中有运动变化的对象，如车水马龙和日出日落等场景。运动镜头是指在拍摄的同时会不断地调整镜头的位置和角度，也可以称之为移动镜头。

使用固定镜头拍摄短视频时，只要用三脚架或者双手持机，保持镜头固定不动即可，如图 9-12 所示。

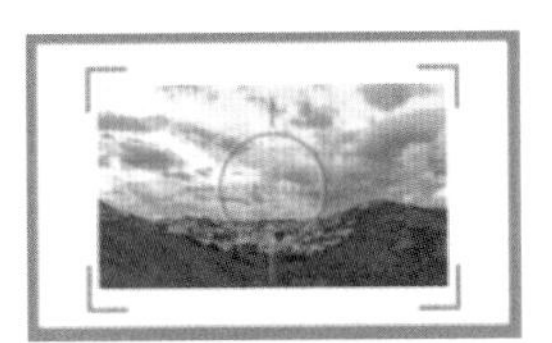
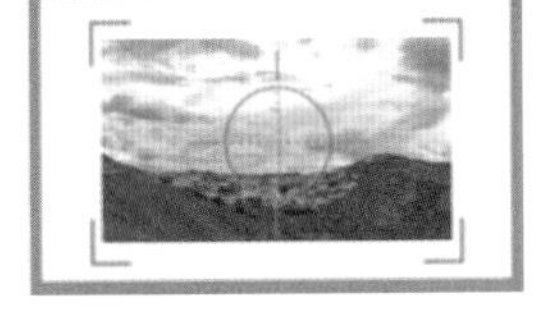

固定镜头

取景位置：固定不变。
画面元素：在固定的取景画面中运动变化，
如图中流动的云朵。

图 9-12　固定镜头的操作技巧

运动镜头则通常需要使用手持稳定器辅助拍摄，拍出画面的移动效果，如图 9-13 所示。

运动镜头

取景位置：向前、后、上、下、左、右等方向移动变化，
如图中的取景位置不断向前推移。
画面元素：在移动的取景画面中运动变化，
如图中的马路和两侧的树木，景别由大变小。

图 9-13　运动镜头的操作技巧

当然，在拍摄形式上，运动镜头要比固定镜头更加多样化，常见的运动镜头包括推拉运镜、横移运镜、摇移运镜、甩动运镜、跟随运镜、升降运镜和环绕运镜等。用户在拍摄短视频时可以熟练使用这些运镜方式，更好地突出画面细节和表达主题内容，从而吸引更多用户关注你的作品。

9.1.5 镜头角度

在使用运镜手法拍摄短视频之前，用户首先要掌握各种镜头角度，如平角、斜角、俯角和仰角等，熟悉角度后再拍摄能够让你在运镜时更加得心应手。

平角即镜头与拍摄主体保持水平方向的一致，镜头光轴与对象（中心点）齐高，能够更客观地展现主体的原貌。斜角即在拍摄时将镜头倾斜一定的角度，从而产生透视变形的画面失调感，能够让画面显得更加立体。图 9-14 所示分别为平角和斜角的操作技巧。

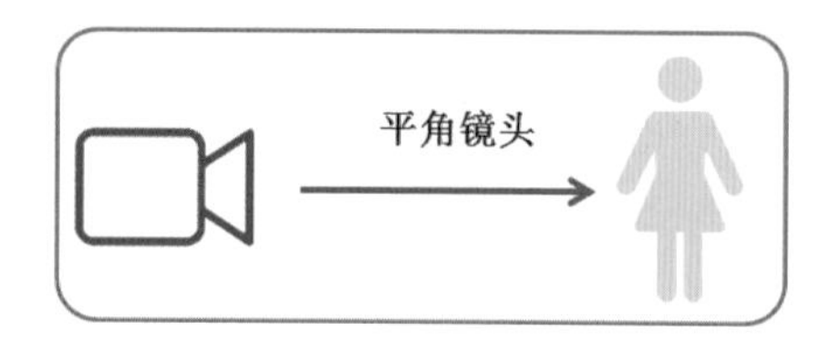

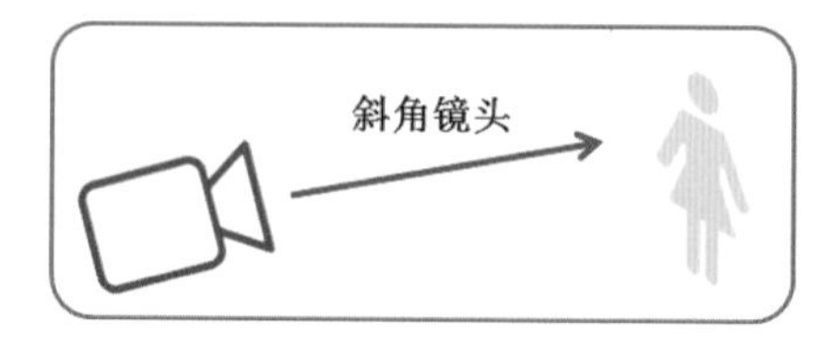

图 9-14　平角和斜角的操作技巧

俯角即采用高机位俯视的拍摄角度，可以让拍摄对象看上去更加弱小，适合拍摄建筑、街景、人物、风光、美食或花卉等短视频题材，能够充分展示主体的全貌。仰角即采用低机位仰视的拍摄角度，能够让拍摄对象显得更加高大，同时可以让视频画面更有代入感。图 9-15 所示分别为俯角和仰角的操作技巧。

图 9-15　俯角和仰角的操作技巧

9.1.6　运镜技巧

运镜是视频拍摄中需要掌握的一项十分重要的技巧，学会运镜，能使你拍出来的视频更多变、更吸睛，让你的小红书账号轻松实现涨粉。

1. 推拉运镜

推拉运镜是短视频中最常见的运镜方式，通俗来说就是一种“放大画面”或“缩小画面”的表现形式，可以用来强调拍摄场景的整体或局部以及彼此之间的关系。

推镜头是指从较大的景别将镜头推向较小的景别，如从远景推至近景，从而突出用户要表达的细节，让观众注意到。

拉镜头的运镜方向与推镜头正好相反，先采用特写或近景等景别，将镜头靠近主体拍摄，然后再向远处逐渐拉出，拍摄远景画面。一般来说，拉镜头的运镜方式经常被用于剧情类视频的结尾，以及强调主体所在的环境，可以更好地渲染视频中的画面气氛。

2. 横移运镜

横移运镜是指拍摄时镜头按照一定的水平方向移动。与推拉运镜向前后方向运动不同，横移运镜是将镜头向左右方向运动。横移运镜通常用于剧中的情节，如人物在沿直线方向走动时，镜头也跟着横向移动，不仅可以更好地展现出空间关系，而且能够扩大画面的空间感。

横移运镜的操作技巧如图 9-16 所示。

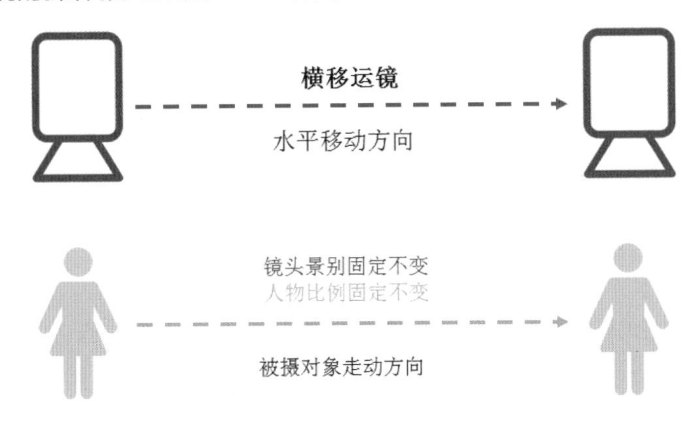

图 9-16　横移运镜的操作技巧

专家提醒

在使用横移运镜拍摄短视频时，用户可以借助滑轨摄影设备，来保持手机或相机的镜头在移动拍摄过程中的稳定性。

3. 摇移运镜

摇移运镜是指保持机位不变，然后朝着不同的方向转动镜头，镜头运动方向可分为左右摇动、上下摇动、斜方向摇动和旋转摇动。摇移运镜主要是通过灵活变动拍摄角度，来充分展示主体所处的环境特征，可以让观众在观看视频笔记时能够产生身临其境的视觉体验感。

摇移运镜就像是一个人脚站着不动，然后身体和头部转动，观看四周的环境。用户在使用摇移运镜手法拍摄视频时，可以借助手持稳定器来方便、稳定地调整镜头方向。

4. 甩动运镜

甩动运镜也称极速切换运镜，是在第一个镜头即将结束时，通过向另一个方向甩动镜头，让镜头切换时的过渡画面产生强烈的模糊感，然后马上换到另一个场景继续拍摄。甩动运镜，通常用于两个镜头切换时的画面。

甩动运镜和摇移运镜的操作技巧类似，只是速度比较快，是用的“甩”这个动作，而不是慢慢地摇镜头。甩动运镜的操作技巧如图 9-17 所示。

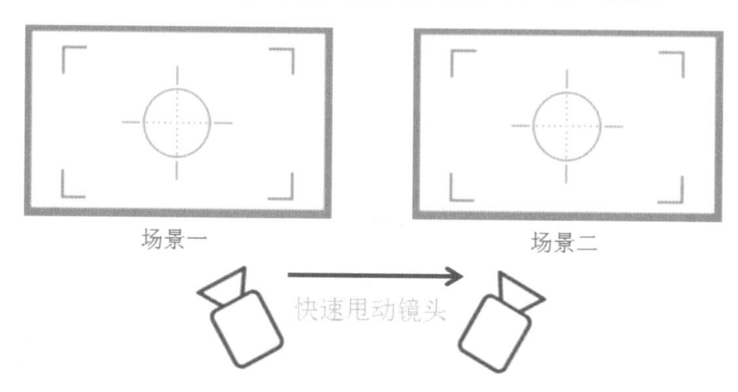

图 9-17　甩动运镜的操作技巧

甩动运镜可以营造出镜头跟随人物眼球快速移动的画面场景，能够表现出一种急速的爆发力和冲击力，从而展现出事物、时间和空间变化的突然性，让观众产生心理上的紧迫感。

5. 跟随运镜

跟随运镜与前面介绍的横移运镜类似，只是在方向上更加灵活多变，拍摄时可以始终跟随人物前进，让主角一直处于镜头中，从而产生强烈的空间穿越感。跟随运镜适用于拍摄人像类、旅行类、纪录片以及宠物类等短视频题材，能够很好地强调内容主题。

在小红书社区，跟随运镜通常被用来拍摄室外视频，让用户跟随 KOL 的视角来观看视频，并产生身临其境之感。

6. 环绕运镜

环绕运镜即镜头绕着对象 360° 环拍，操作难度比较大，在拍摄时旋转的半径和速度要基本保持一致。环绕运镜的操作技巧如图 9-18 所示。

环绕运镜可以拍摄出对象周围 360° 的环境和空间特点，同时还可以配合其他运镜方式，来增强画面的视觉冲击力。如果人物在拍摄时处于移动状态，则环绕运镜的操作难度会更大，用户可以借助一些手持稳定器设备来稳定镜头，让旋转时拍摄更加稳定。

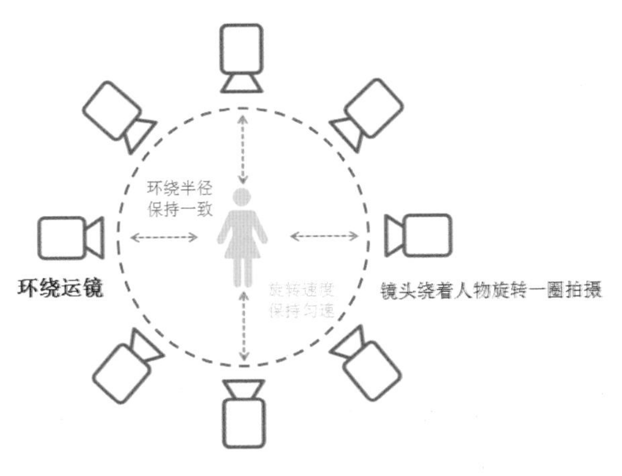

图 9-18　环绕运镜的操作技巧

7. 升降运镜

升降运镜是指镜头的机位朝上下方向运动，从不同方向的视点来拍摄要表达的场景。升降运镜适合拍摄气势宏伟的建筑物、高大的树木、雄伟壮观的高山以及展示人物的局部细节。升降运镜的操作技巧如图 9-19 所示。

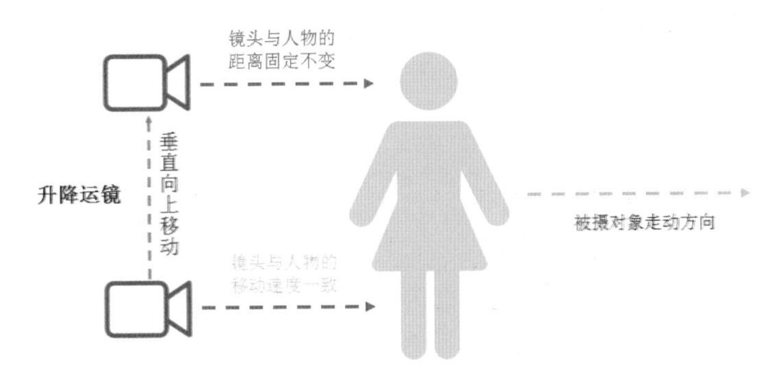

图 9-19　升降运镜（垂直升降）的操作技巧

使用升降运镜拍摄短视频时，需要注意以下事项。

- 拍摄时可以切换不同的角度和方位来移动镜头，如垂直上下移动、上下弧线移动、上下斜向移动以及不规则的升降方向。
- 在画面中可以纳入一些前景元素，从而体现出空间的纵深感，让观众感觉主体对象更加高大。

9.2 视频处理

在小红书社区，内容的输出主要靠视频这种形式，因此应学会处理视频，让视频变得更精美，从而吸引更多用户的关注。我们可以利用剪映专业版，方便快捷地处理视频。

9.2.1 视频剪辑

在剪映软件中剪辑视频第一步便是将素材导入到软件中，然后对其进行分割处理，并删除多余的视频片段，这也是十分简单的视频剪辑方式。下面来具体介绍一下该方式的操作方法。

步骤 01 打开剪映软件，在主界面上单击“开始创作”按钮，如图 9-20 所示。

图 9-20 单击“开始创作”按钮

步骤 02 进入视频剪辑界面，单击“导入素材”按钮，如图 9-21 所示。

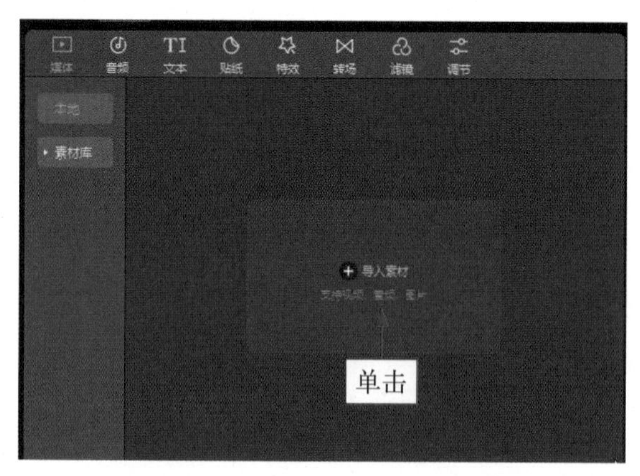

图 9-21 单击“导入素材”按钮

步骤 03 打开素材所在文件夹，选择相应的视频文件，如图 9-22 所示。

步骤 04 单击“打开”按钮，将视频导入到“本地”选项卡中，如图 9-23 所示。

图 9-22 选择相应的视频文件

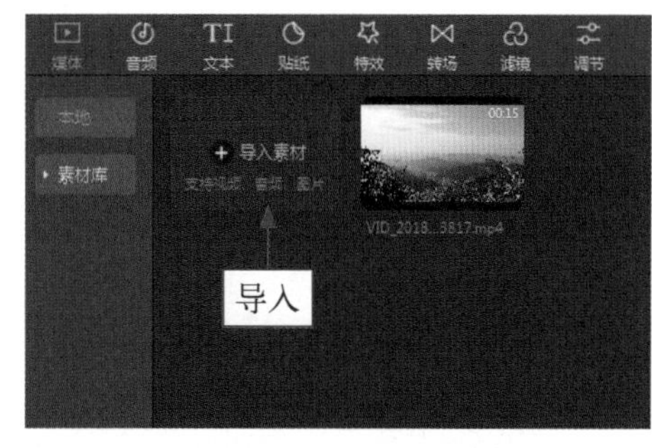

图 9-23 导入到“本地”选项卡中

步骤 05 选择导入的视频文件，在右侧的预览窗口中可以播放预览视频效果，如图 9-24 所示。

图 9-24 预览视频播放效果

步骤 06 单击视频素材缩略图右下角的“添加”按钮，即可将其添加到时间线面板的视频轨道中，如图 9-25 所示。

步骤 07 拖曳时间指示器到相应位置，单击“分割”按钮，如图 9-26 所示。

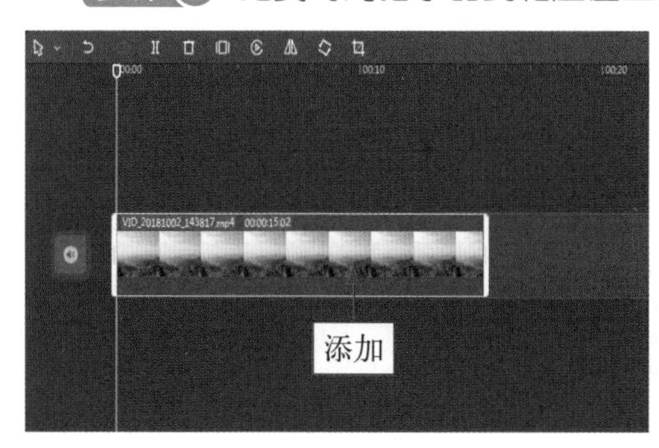

图 9-25 添加到视频轨道中

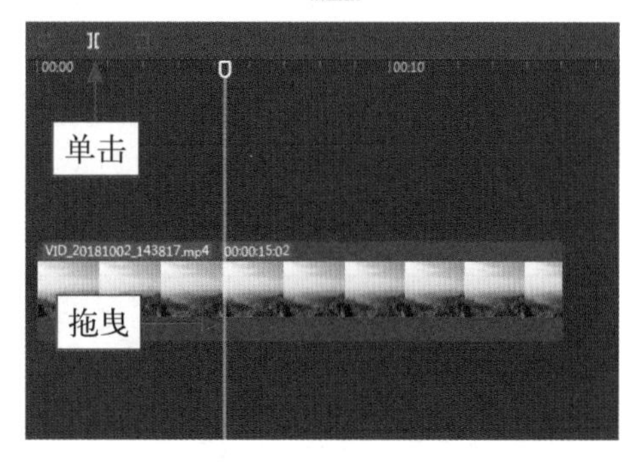

图 9-26 单击“分割”按钮

步骤 08 选择分割出来的后半段视频，如图 9-27 所示。

步骤 09 单击“删除”按钮，即可删除多余的视频片段，如图 9-28 所示。

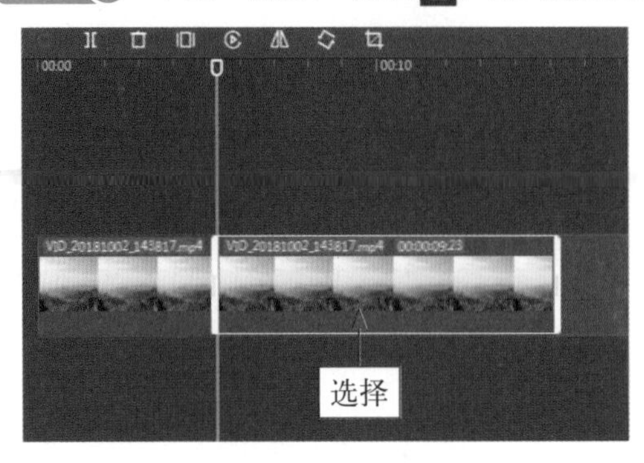

图 9-27 选择分割出来的后半段视频

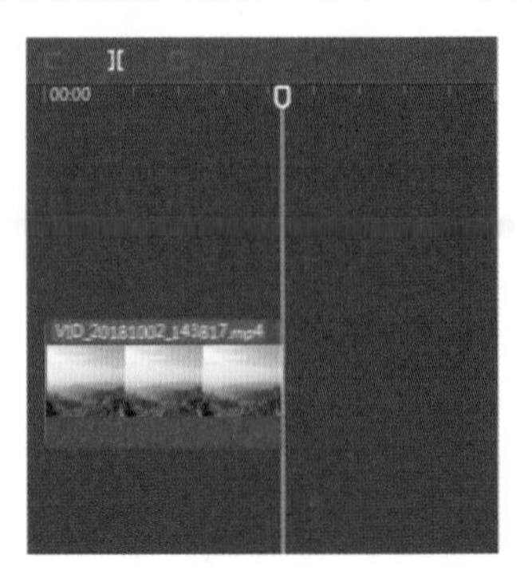

图 9-28 删除多余的视频片段

这是剪映中比较简单的剪辑操作，通过视频剪辑，小红书视频笔记的创作者或账号运营者可以让自己的视频笔记更加简练，让用户更轻易地抓住你视频笔记的重心，不被冗杂且不必要的视频内容所干扰。

9.2.2 转场效果

转场效果指的是两段素材视频之间的切换特效。转场效果能够让你的小红书视频笔记更加顺滑，“技术”满满，从而吸引更多用户的关注。

下面笔者为大家介绍一种短视频无缝转场的制作方法，主要使用剪映的自定义曲线变速功能，在各个视频的连接处进行同样的加速处理，使视频片段间的过渡更加平滑。

步骤 01 在剪映中导入 3 个视频素材，将其添加到视频轨道中，如图 9-29 所示。

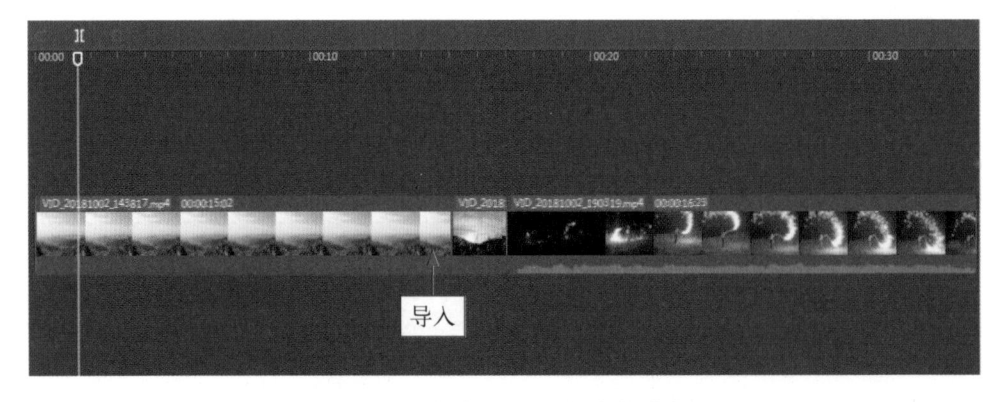

图 9-29 将素材添加到视频轨道中

步骤 02 在时间线面板中，选择第 1 个视频片段，如图 9-30 所示。

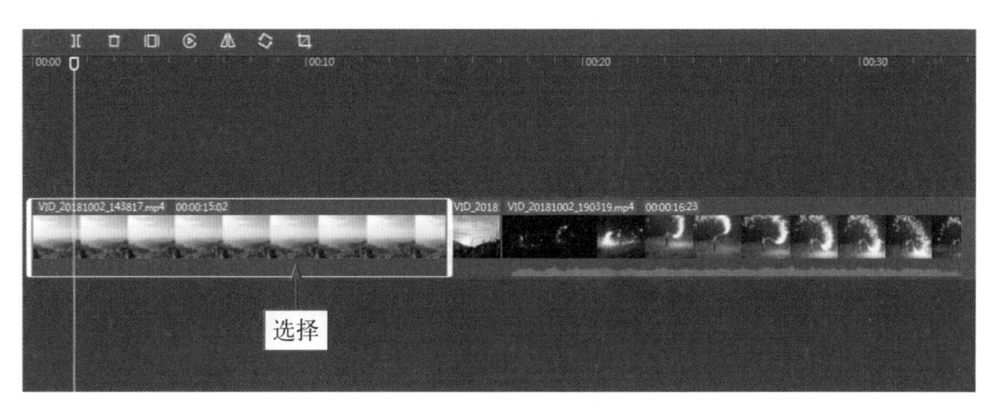

图 9-30 选择第 1 个视频片段

步骤 03 切换至“变速”操作区，再切换至“曲线变速”功能区，选择“自定义”选项，如图 9-31 所示。

图 9-31 选择“自定义”选项

步骤 04 执行操作后，即可显示自定义变速控制条，将前面两个控制点的变速倍速调整为 6.0x，如图 9-32 所示。

图 9-32 调整前面两个控制点的变速倍速

步骤 05 采用同样的操作方法，将最后两个控制点的变速倍速调整为 6.0x，如图 9-33 所示。

图 9-33　调整最后两个控制点的变速倍速

步骤 06 执行操作后，即可完成第 1 个视频片段的速度调整，如图 9-34 所示。

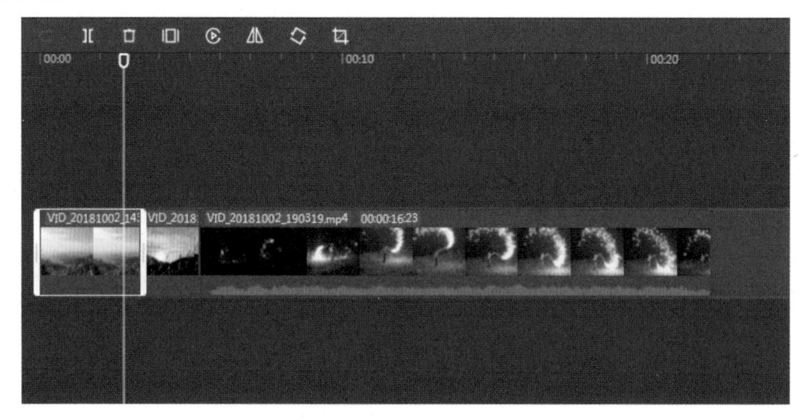

图 9-34　调整第 1 个视频片段的速度

步骤 07 选择第 2 个视频片段，选择“自定义”曲线变速选项；将前面两个控制点的变速倍速调整为 6.0x，如图 9-35 所示。

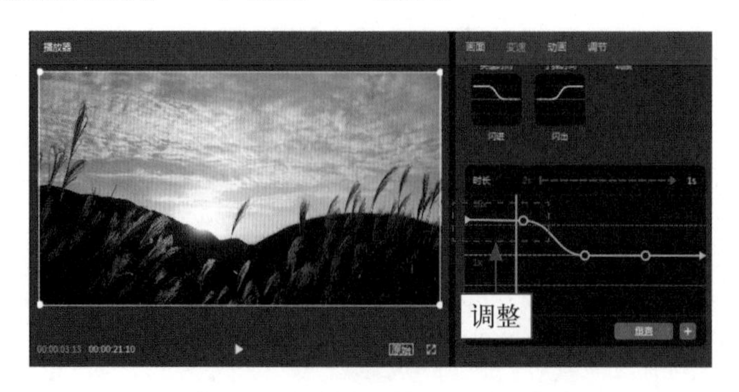

图 9-35　调整前面两个控制点的变速倍速

步骤 08 采用同样的操作方法，将第 2 个视频片段的最后两个控制点的变速倍速调整为 6.0x，如图 9-36 所示。

图 9-36　调整最后两个控制点的变速倍速

步骤 09 执行操作后，即可完成第 2 个视频片段的速度调整，如图 9-37 所示。

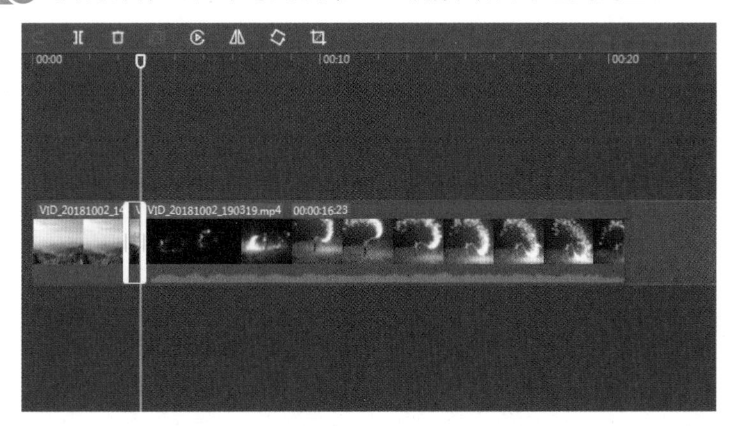

图 9-37　调整第 2 个视频片段的速度

步骤 10 选择第 3 个视频片段，然后选择“自定义”曲线变速选项；将前面两个控制点的变速倍速调整为 6.0x，如图 9-38 所示。

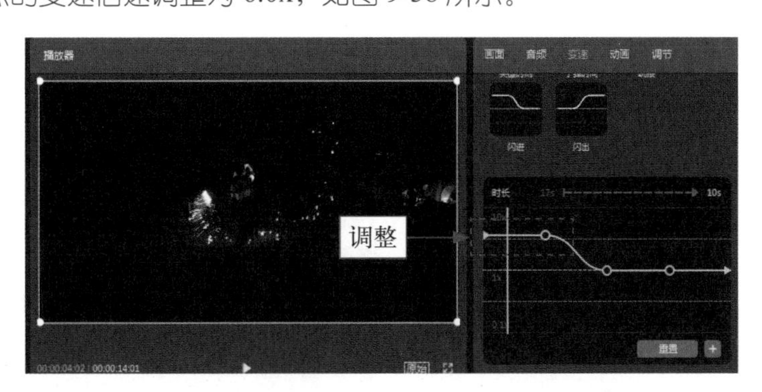

图 9-38　调整前面两个控制点的变速倍速

步骤 11 采用同样的操作方法，将最后两个控制点的变速倍速调整为 6.0x，如图 9-39 所示。

图 9-39　调整最后两个控制点的变速倍速

步骤 12 执行操作后，即可完成第 3 个视频片段的速度调整，如图 9-40 所示。

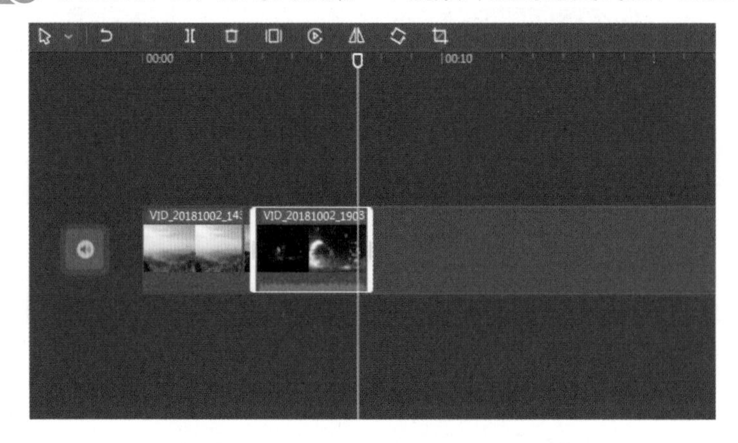

图 9-40　调整第 3 个视频片段的速度

步骤 13 在剪映“播放器”面板中播放预览视频，查看制作的无缝转场效果，画面极具运动感，如图 9-41 所示。

图 9-41　预览视频效果

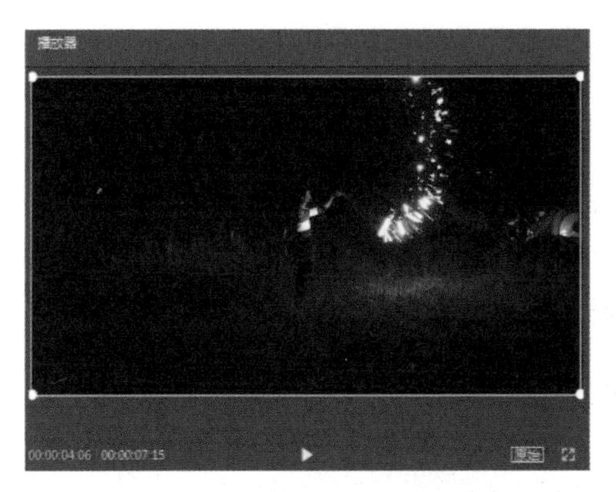

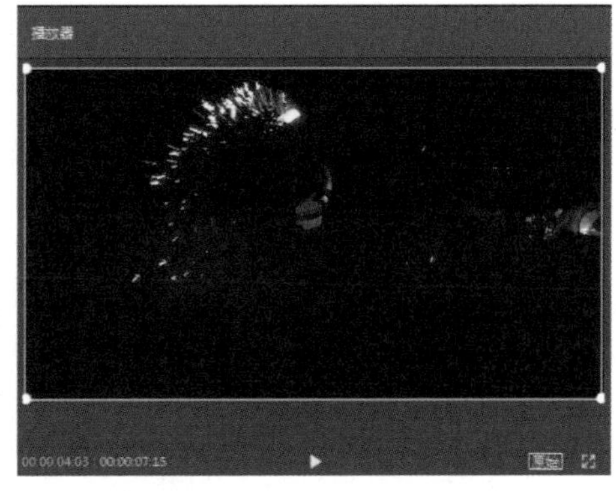

图 9-41　预览视频效果（续）

当然，在剪映中还有一种更简单的转场方式，即直接利用剪映的转场工具，利用其中多个模板，轻松实现视频的特效转场，使自己的小红书视频笔记更加酷炫吸睛。图 9-42 所示为剪映的“转场”功能区。

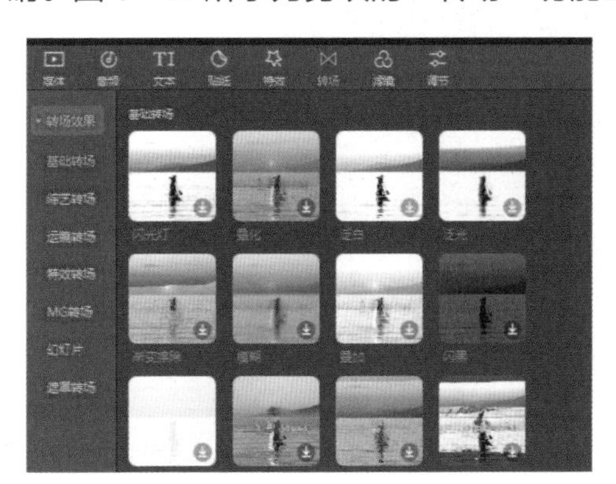

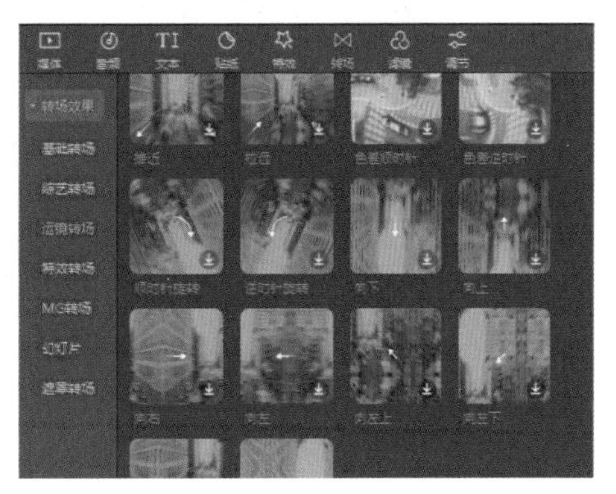

图 9-42　剪映的“转场”功能区

9.2.3　视频调色

通常来说，在小红书社区，除非创作者有特殊需求，其中的内容输出方式，不管是视频还是图片，都力求给用户一种清新可人的视觉感受，从而使其与小红书社区的基本调性更加相符。下面笔者为大家介绍剪映中的“即刻春光”滤镜，通过青橙色的色调风格，营造出一种小清新的视频效果。

青橙色调是网络上非常流行的一种色彩搭配方式，适合风光、建筑和街景等类型的视频题材。青橙色调以青蓝色和红橙色为主，能够让画面产生鲜明的色彩对比，同时还能获得和谐统一的视觉效果。

步骤 01 在剪映中导入视频素材并将其添加到视频轨道中，拖曳时间轴至 5s 的位置处，单击“分割”按钮 分割视频，如图 9-43 所示。

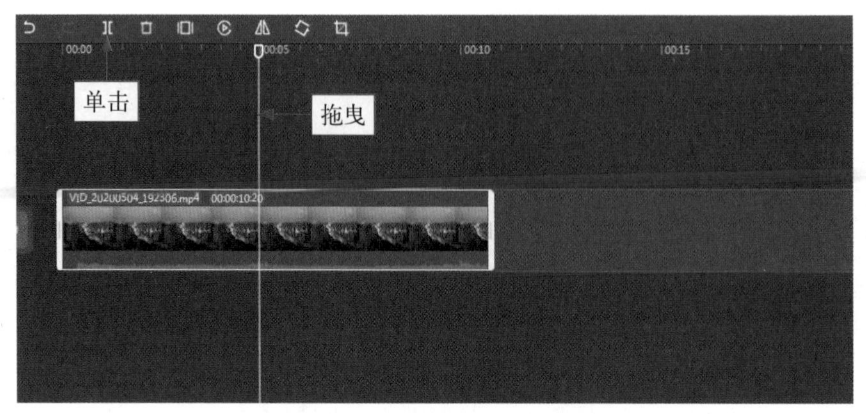

图 9-43 单击“分割”按钮

步骤 02 选择分割后的前半段视频，单击“删除”按钮，如图 9-44 所示。

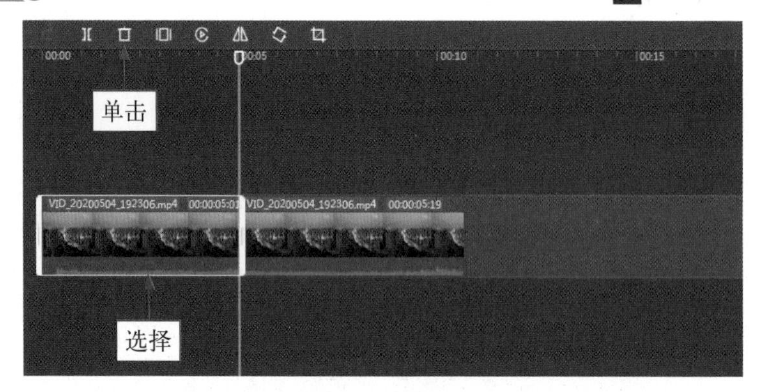

图 9-44 单击“删除”按钮

步骤 03 执行操作后，即可删除前半段视频，如图 9-45 所示。

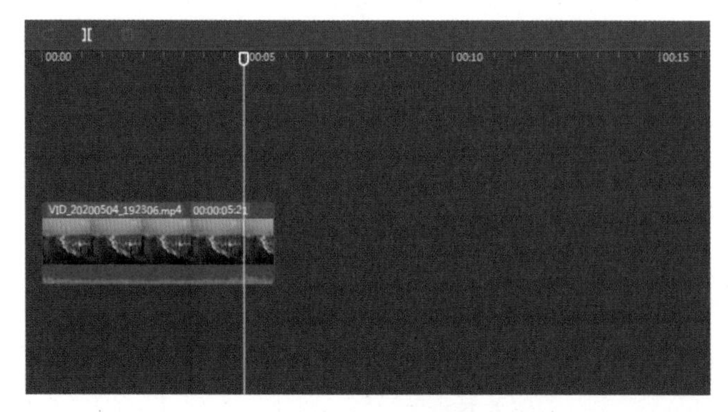

图 9-45 删除前半段视频

步骤 04 单击“滤镜”按钮切换至滤镜功能区，在“影视级”选项卡中选择

"即刻春光"滤镜，如图 9-46 所示。

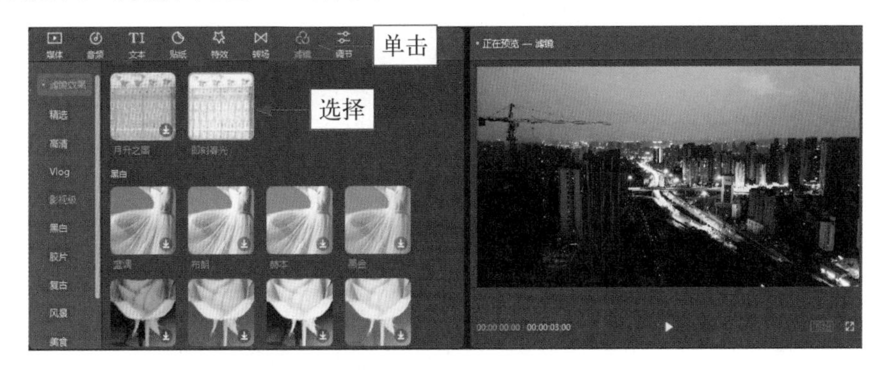

图 9-46　选择"即刻春光"滤镜

步骤 05 单击"添加"按钮添加滤镜轨道，将滤镜的时长调整为与视频一致，如图 9-47 所示。

图 9-47　设置"滤镜强度"参数

步骤 06 选择视频轨道，切换至"调节"操作区，设置"亮度"为 -6，降低画面的亮度，如图 9-48 所示。

图 9-48　设置"亮度"参数

步骤 07 设置“对比度”为 5，增强画面的明暗反差，如图 9-49 所示。

图 9-49　设置“对比度”参数

步骤 08 设置“饱和度”为 9，稍微增强画面的色彩浓度，如图 9-50 所示。

图 9-50　设置“饱和度”参数

步骤 09 设置“锐化”为 10，增强画面的清晰度，如图 9-51 所示。

图 9-51　设置“锐化”参数

步骤⑩ 设置“高光”为 80，增强高光部分的明度，如图 9-52 所示。

图 9-52　设置“高光”参数

步骤⑪ 设置“色温”为 8，增强画面的暖色调效果，如图 9-53 所示。

图 9-53　设置“色温”参数

步骤⑫ 设置“色调”为 -5，使画面色调偏绿，如图 9-54 所示。

图 9-54　设置“色调”参数

步骤 13 调整完毕后导出并保存效果视频，重新创建一个剪辑草稿，导入原视频和调整好的效果视频文件，如图 9-55 所示。

图 9-55　导入原视频和调整好的效果视频文件

步骤 14 将原视频拖曳至视频轨道中，在 5s 的位置处将其分割，然后选择后半段视频，单击“删除”按钮，如图 9-56 所示。

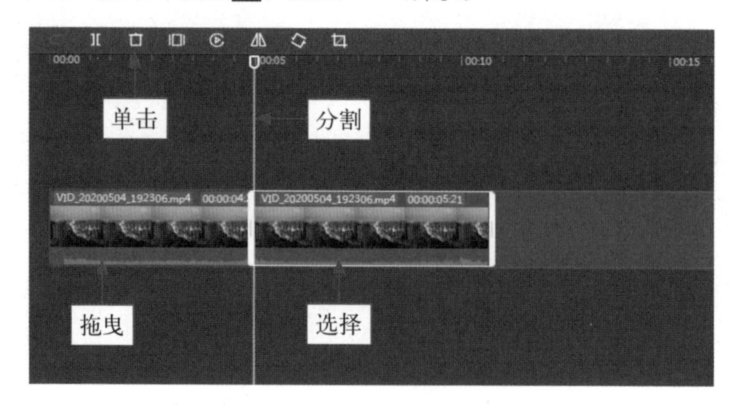

图 9-56　单击“删除”按钮

步骤 15 在“本地”选项卡中选择效果视频文件，将其拖曳至视频轨道中，放置在原视频的后半段，如图 9-57 所示。

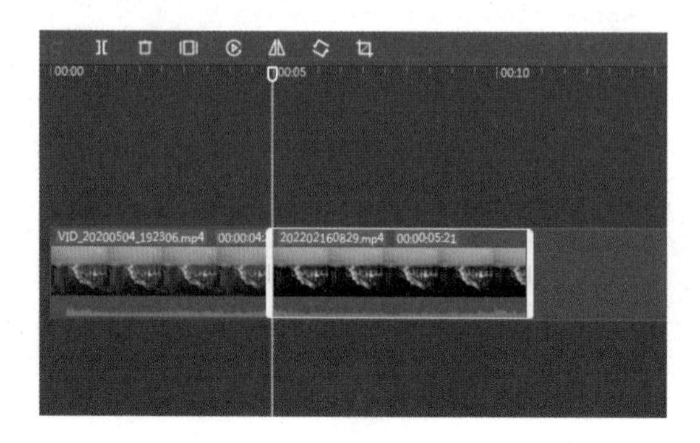

图 9-57　拖曳效果视频文件

步骤 16 单击“转场”按钮切换至该功能区；在“基础转场”选项卡中选择“向右擦除”选项，如图 9-58 所示。

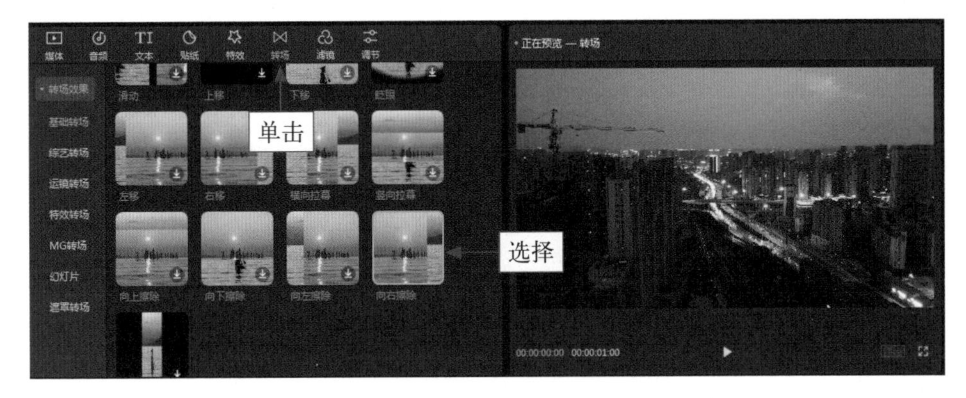

图 9-58 选择“向右擦除”选项

步骤 17 单击“添加”按钮⊕，添加“向右擦除”转场效果；在“转场”操作区中将“转场时长”设置为最长，如图 9-59 所示。

图 9-59 将“转场时长”设置为最长

专家提醒

在两个视频片段的连接处，添加“向右擦除”转场效果后，呈现出一种“扫屏”切换场景的画面效果。

同样，在剪映中，小红书视频笔记的创作者还可以根据自己的实际需要选择合适的转场特效，如“向左擦除”“向上擦除”“向下擦除”等，还可以选择其他更酷炫的转场特效为自己的视频添色。

步骤 18 播放预览视频，原视频经过“扫屏”切换后，转换为调色后的画面效果，对比非常明显，如图 9-60 所示。

图 9-60　预览视频效果

9.2.4　添加字幕

我们还可以利用剪映专业版为视频添加字幕，解说视频中的内容。在小红书视频笔记中，添加字幕可以更好地介绍产品，从而使用户更全面地了解产品，将他们的目光吸引到产品上来。下面介绍在视频中添加文字内容的具体操作方法。

步骤 01 在剪映中导入视频素材并将其添加到视频轨道中，然后单击“文本”按钮，如图 9-61 所示。

步骤 02 在“新建文本”选项卡中单击“默认文本”中的添加按钮，添加一个文本轨道，如图 9-62 所示。

步骤 03 选择文本轨道，在“编辑”操作区的文本框中输入相应的文字，然后选择合适的预设样式，如图 9-63 所示。

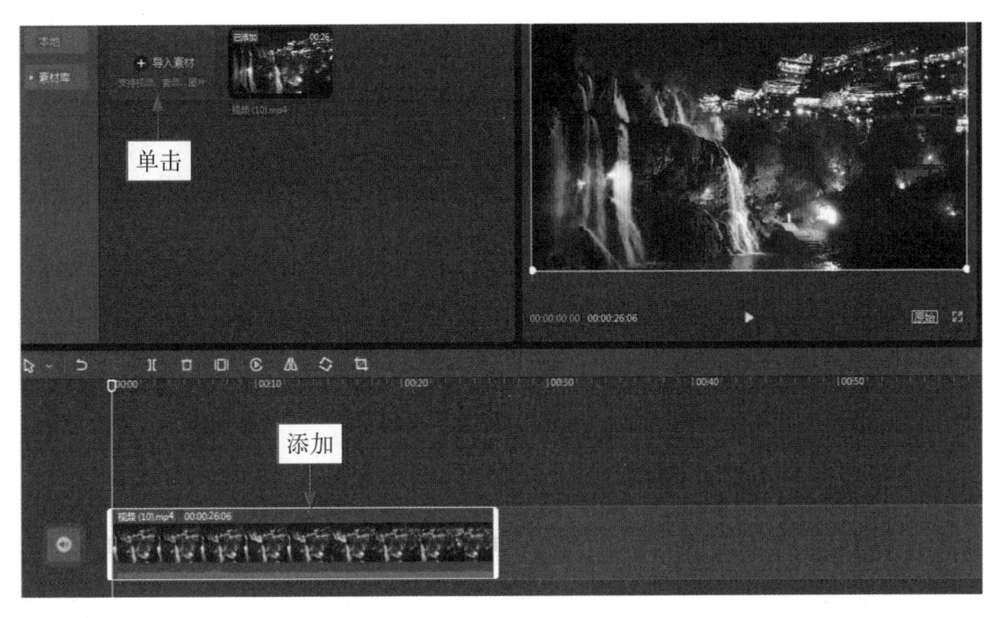

图 9-61 单击“文本”按钮

图 9-62 添加文本轨道

图 9-63　选择合适的预设样式

步骤 04 在“文本”选项卡中选中“描边”复选框；设置“颜色”和“粗细”选项，调整文字的描边效果，如图 9-64 所示。

图 9-64　调整文字的描边效果

步骤 05 在“文本”选项卡中选中“边框”复选框，适当调整“边框”的“颜色”和“不透明度”参数，如图 9-65 所示。

图 9-65 调整“边框”的“颜色”和“不透明度”参数

步骤 06 在“文本”选项卡中选中“阴影”复选框，保持默认设置即可，如图 9-66 所示。

图 9-66 选中“阴影”复选框

专家提醒

对于字幕的边框与阴影，创作者可以根据需要进行设置，只要字幕美观，并且能让观众看清即可。

步骤 07 切换至“排列”选项卡，设置“字间距”为 2，如图 9-67 所示。

图 9-67　设置“字间距”参数

步骤 08 播放预览视频，查看设置的主题文字效果，如图 9-68 所示。

图 9-68　预览视频效果

9.2.5　添加音乐

剪映专业版同样具有非常丰富的背景音乐曲库，而且进行了十分细致的分类，用户可以根据自己的视频内容或主题来快速选择合适的背景音乐。下面介绍给视频添加背景音乐的具体操作方法。

步骤 01 在剪映中导入视频素材并将其添加到视频轨道中，然后单击“关闭原声”按钮将原声关闭，如图 9-69 所示。

图 9-69 关闭原声

步骤 02 单击“音频”按钮，切换至“音频”功能区，如图 9-70 所示。

图 9-70 切换至“音频”功能区

步骤 03 选择相应的音乐类型，如“纯音乐”；在音乐列表中选择合适的背景音乐，即可进行试听，如图 9-71 所示。

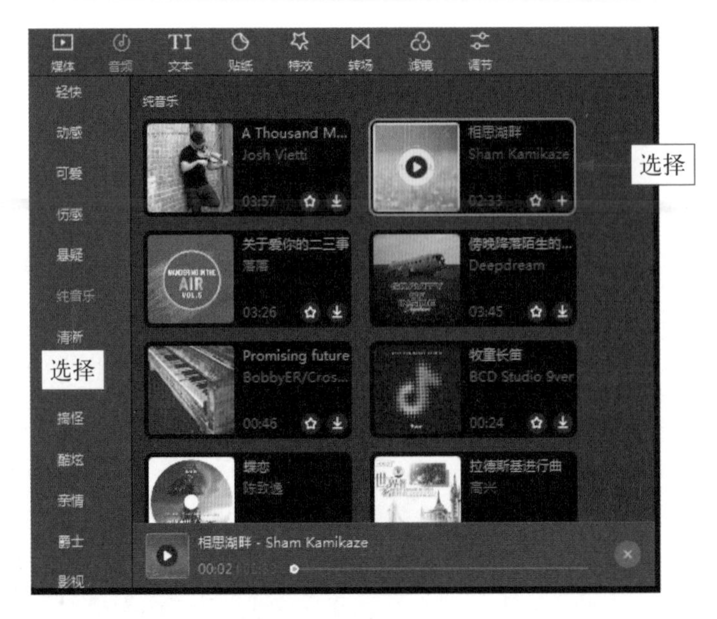

图 9-71　进行试听

步骤 04 单击所选音乐右下方的“添加”按钮，即可将其添加到时间线面板的音频轨道中，如图 9-72 所示。

图 9-72　添加背景音乐

专家提醒

用户如果看到喜欢的音乐，也可以单击☆按钮将其收藏起来，待下次剪辑视频时可以在“收藏”列表中快速选择该背景音乐。

步骤05 将时间轴拖曳到视频的结尾处，单击“分割”按钮对音频进行分割，如图9-73所示。

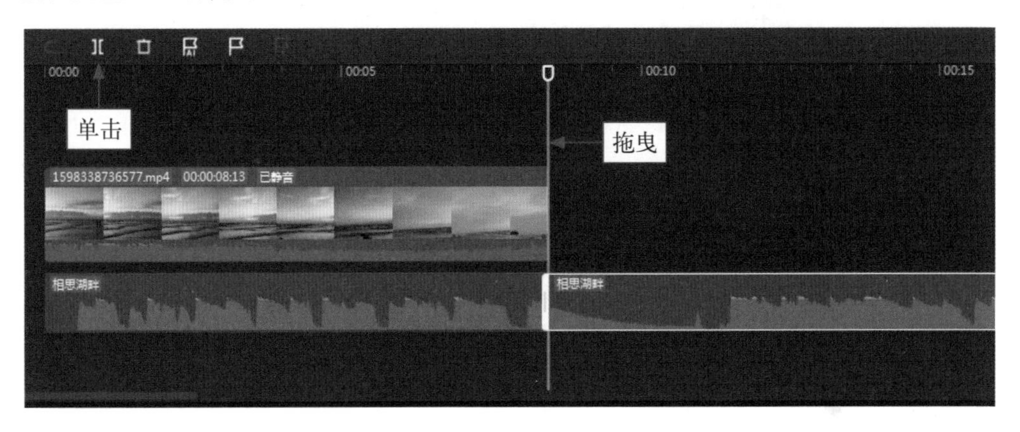

图9-73 单击“分割”按钮

步骤06 选择分割后的多余音频片段，单击“删除”按钮即可删除多余的音乐片段，如图9-74所示。

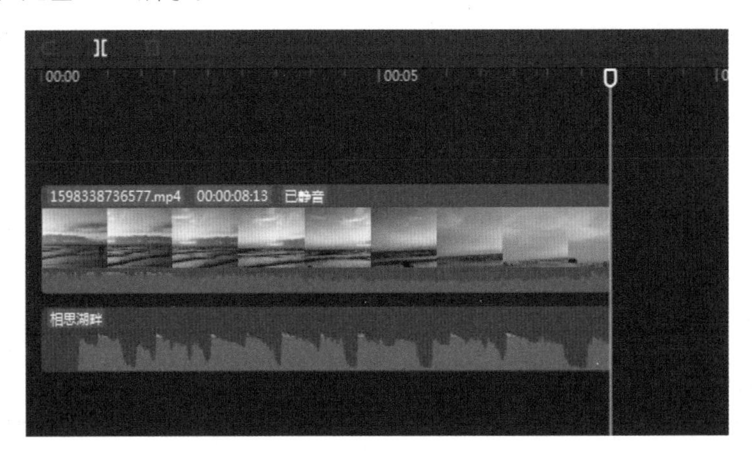

图9-74 删除多余音乐片段

步骤07 执行操作后，在“播放器”面板中预览视频效果，如图9-75所示，创作者还可以根据需要更换背景音乐。

图 9–75 预览视频效果

9.3 视频种草

通过视频这种种草形式，能够让用户更加直观清楚地看到商品的方方面面，从而对其有一个直观的判断。只要商品在视频中能呈现出一个好的效果，那么就一定有用户对其种草，从而下单购买。

9.3.1 选品秘诀

选品，顾名思义，就是选产品，选你要在视频中和其他用户分享的产品。在小红书的账号运营中，选品是十分重要的一环，一个好的选品，能够有效地提高你的口碑，让用户们对你更加信服。

那么，该如何进行选品，打造出爆款种草视频呢？下面笔者针对选品进行详细阐述。

1) 根据品牌热度选品

小红书账号的运营者可以登录相关数据统计平台，如千瓜数据、飞瓜数据等，这些数据统计平台会显示电商产品的销量榜与人气榜，运营者通过数据统计平台，可以快速且精准地找到合适的商品。图 9–76 所示为千瓜数据统计的品牌种草榜。

2) 同行业账号借鉴选品

同行业账号借鉴选品指的是小红书账号的运营者通过查找与自己处于同一行业的相关账号，查看他们选的是什么产品，从而找到适合自己账号的产品。

3) 根据产品价格、佣金选品

当小红书账号拥有 5 000 ＋粉丝之后，运营者即可申请成为品牌合作人，此时就可以根据商家给予的酬金和佣金进行选品了，从而实现流量的快速变现。

4) 选择“畅销”与“长销”商品

“畅销”与“长销”商品都是受到用户喜爱、反馈很好的商品，这样的商品能在一定程度上提高你的可信度，从而提高人气。

千瓜数据 qian-gua.com　首页　功能　搜索　小红书榜单　千瓜研究　行业资讯　更多产品

排行	基本信息	相关笔记数	互动量总量	点赞总量	收藏总量	评论总量	操作
1	香	1082	5.11万	3.5万	1.04万	5721	详情
2	兰	366	3.69万	2.59万	6663	4298	详情
3	迪	590	3.31万	2.36万	6485	2992	详情
4	爱	765	3.04万	2.15万	5319	3578	详情
5	巴	232	2.98万	1.99万	5976	3910	详情
6	雅	287	2.89万	1.77万	6277	5004	详情
7	圣	312	2.46万	1.84万	4436	1738	详情
8	魅	161	2.39万	1.53万	6542	2075	详情
9	路	580	2.37万	1.8万	3177	2462	详情
10	真	200	2.27万	1.45万	6445	1785	详情
11	娇	197	2.12万	1.38万	5400	1911	详情
12	雪	105	1.98万	1.36万	5494	753	详情

图 9-76　千瓜数据统计的品牌种草榜

5) 根据时间、地点、季节选品

这种选品方式针对的是时间限制与地点限制强的商品，如在夏天选择驱蚊水、防晒霜；在冬天选择保暖商品，如图 9-77 所示。

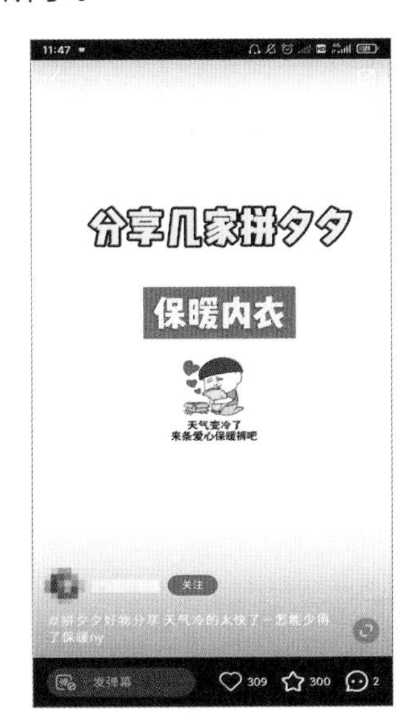

图 9-77　冬季保暖推荐笔记

9.3.2　产品视频

在小红书带货视频中有几点值得关注，一是产品，二是模特，三是视频结构，

这 3 个要素对带货视频有很大影响。

1. 产品

在视频中突出产品的特色与卖点，运营者可以在视频笔记中展示产品的外观、使用场景、使用方法、功效、成分等内容，重点讲述不同于其他产品的特色。

图 9-78 所示为小红书 KOL 在视频笔记中突出展示服装产品的温柔、亲肤和面料舒适的特点。

图 9-78　展示产品特点

2. 模特

模特对于产品营销来说十分重要，一个有表现力、面对镜头能够自然地展现产品的模特可以大大增强带货视频的成功概率。

图 9-79 所示为小红书的 KOL 在视频笔记中极具表现力地向用户介绍“种草”好看的服装产品。

3. 视频结构

带货视频一定要遵循“黄金 6 秒”的原则。“黄金 6 秒”，指的就是在一个带货视频中，能够决定用户点赞、收藏、评论、转发和下单购买产品的内容集中在前 6 秒。因此，小红书账号的运营者一定要利用好这 6 秒，牢牢地抓住用户的心。如图 7-80 所示，在视频前 6 秒抛出一个问题，吸引用户继续浏览。

图 9-79 KOL“种草”服装产品

图 9-80 “黄金 6 秒”原则视频

第 10 章

直播预告：让直播间的人气大涨

学前提示

直播预告是为了提前告诉粉丝自己的开播时间、直播内容等，而做好直播预告能够帮助你吸引更多的观众，为你的直播带来更多的热度。那么，怎样才能做好直播预告呢？本章就为你详细介绍直播预告的具体做法。

10.1　小红书直播

与其他平台相比，小红书直播起步比较晚，但是相对较谨慎。小红书平台针对特定的 KOL 进行内测后才全线开放直播。

本节重点介绍小红书直播的具体情况，如小红书与其他直播平台的区别以及直播间的注意事项等，帮助你增加直播间的观看人数。

10.1.1　小红书直播基本概况

目前，小红书已经全员开通了直播权限，小红书用户只要进行实名认证便可以进行直播。

用户进入小红书首页，点击下方的⊞按钮，如图 10-1 所示；执行操作后，进入创作界面，❶点击下方的“直播”按钮进入直播界面，❷点击“开始直播”按钮便可以进行直播了，如图 10-2 所示。

图 10-1　点击相应按钮

图 10-2　点击“开始直播”按钮

1．直播功能

小红书平台虽然开通直播比较晚，但是直播的相关功能却比较齐全。直播开始前，主播可以提前设置心愿礼物，设置当场直播想要收到的直播礼物及其数量，如图 10-3 所示。

此外，主播也还可以提前设置好直播公告和屏蔽词，这样观众便可以提前了解直播的主题和内容，如图 10-4 所示。

图 10-3　设置心愿礼物

图 10-4　设置直播公告与屏蔽词

进入直播间后，直播间内还有粉丝团功能、商品列表、PK、发红包、抽奖、直播连线功能、小纸条功能等。

图 10-5 所示为 PK 功能，PK 功能分为礼物 PK 和人气 PK 两种方式，主播可以进行随机匹配或邀请其他主播进行 PK。图 10-6 所示为抽奖功能，主播可以在直播时设置参与条件、奖品和开奖时间来活跃直播间的气氛。

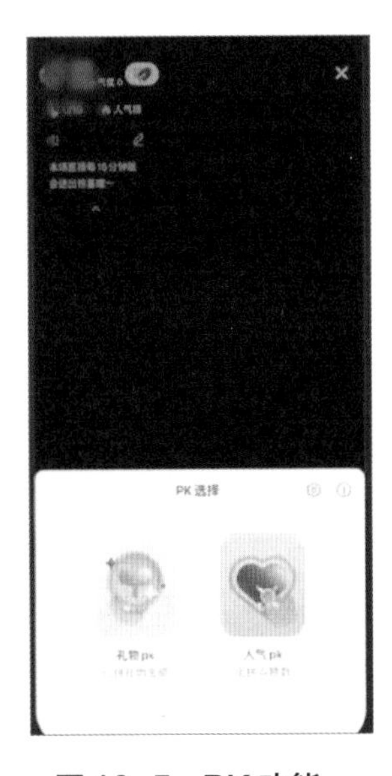

图 10-5　PK 功能

图 10-6　抽奖功能

此外，小红书还有一个特殊功能，那便是小纸条的功能。开启小纸条功能后，观众便可以对主播进行提问，主播可以选择其中的问题进行回答。如图 10-7 所示，用户点击下方的按钮，便可以在小纸条中写下自己的问题。

图 10-7　小纸条功能

2. 优势

相较于其他直播平台，小红书有哪些优势呢？下面我们来看一下小红书的具体优势，如图 10-8 所示。

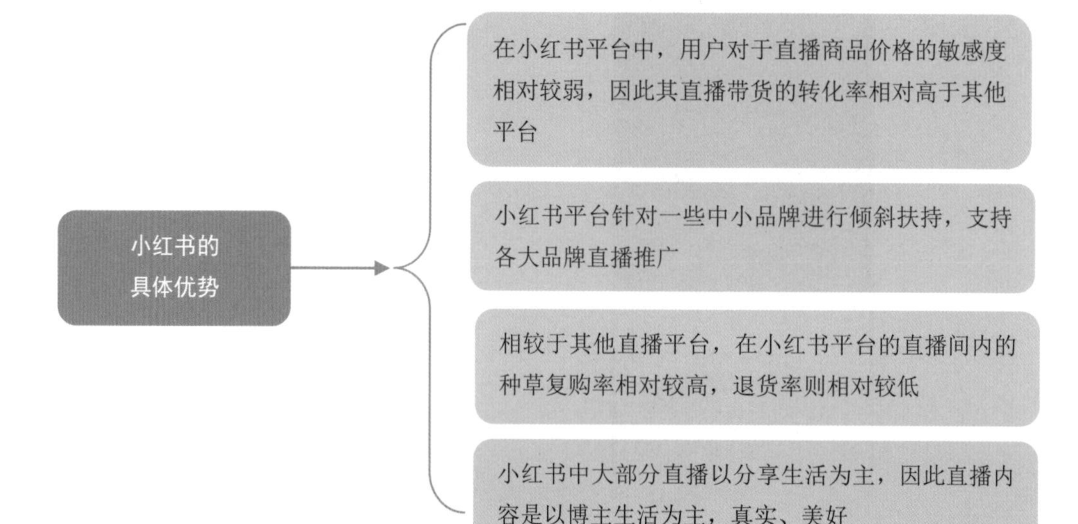

图 10-8　小红书的具体优势

3. 特点

目前来说，小红书直播具有以下两个特点，如图 10-9 所示。

图 10-9　小红书直播的特点

10.1.2　和其他直播平台的区别

小红书主要分为两种直播形式：一种是互动直播；另一种是电商直播。目前，小红书中的直播形式都是以互动直播为主。也就是说，小红书直播的互动性更强。

从这两种直播形式可以看出，小红书直播将分享与带货相结合，其内容包括知识分享、直播带货、聊天学习、日常生活方式分享等。图 10-10 所示为学习类小红书直播。

图 10-10　学习类小红书直播

目前，直播平台众多，有相对专业的直播平台，例如斗鱼直播、虎牙直播；也有将直播作为辅助功能的平台，如淘宝、微博、拼多多等。与其他直播平台相比，小红书直播的不同之处在于以下 3 点。

1. 侧重分享

小红书的宣传标语是“标记我的生活”，这也就注定了小红书是一个以分享、记录为主的平台，因此小红书平台的直播没有充斥着产品的推广、营销等信息，它更像是创作者与粉丝之间的视频聊天分享笔记。

当然，小红书也有着电商的功能，因此其中也会夹杂着带货直播。不过，即便是直播带货，直播内容也有所侧重于产品的试用、测评等方面。

大多数用户喜欢小红书的原因，是该平台记录生活的特点，因此博主在进行直播的时候会注重用户的感受，将分享日常生活等作为直播的主要内容。

图 10-11 所示为小红书的直播间，左图主要是直播孩子练琴的日常，而右图则是直播绘画，同时还会与直播间内的粉丝聊天。

图 10-11　小红书直播间

2. 消费氛围较淡

小红书毕竟不是电商平台，也不是专业的直播平台，因此在小红书直播间内消费的氛围比较淡，内容并不局限于产品的推广和带货。

图 10-12 所示为小红书直播界面，图 10-13 所示为淘宝直播界面。两个直播间都属于带货直播间，但是可以看出这两者之间存在着不同的直播氛围，前者直播间并没有过多的优惠等词语，连下方的招呼语也是“我来了”“哈喽”等句子；而淘宝直播间内则不是，“限时 9 折”“直播下单，优先发货”等词语都是为了鼓励用户快速下单。两者相较而言，淘宝的直播间重点在于介绍产品以及相关的优惠，

目的性很强。

图 10-12　小红书直播界面

图 10-13　淘宝直播界面

3．未进行分类

此外，小红书还有一点与其他直播平台不一样，那就是小红书并没有对直播间进行分类，如图 10-14 所示。而像淘宝等其他平台，都对直播间进行了分类。图 10-15 所示为淘宝直播间的全部分类。

图 10-14　小红书直播界面

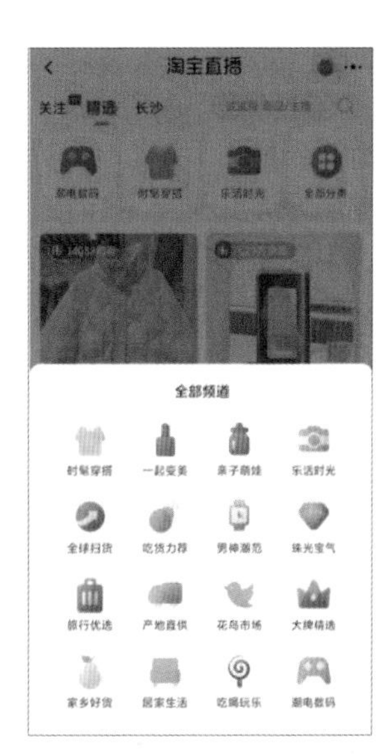

图 10-15　淘宝直播间的全部分类

但是，小红书会在直播封面给用户一个提示，例如带货中、抽奖中、直播中等，如图 10-16 所示。

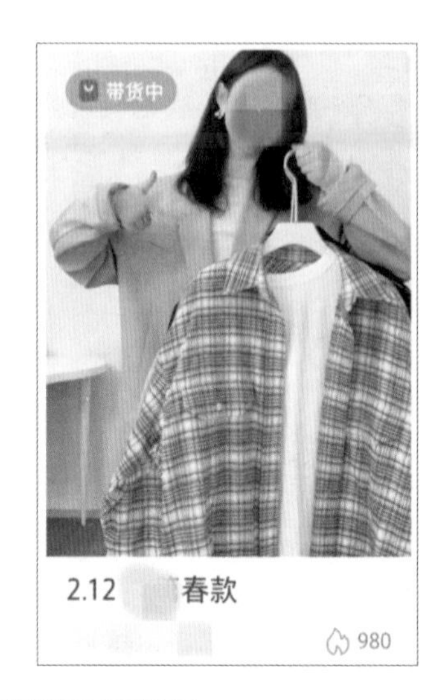

图 10-16　小红书直播封面提示

值得注意的是，小红书直播平台的直播间有两种推送方式：一种是定向推送；另一种是随机推送。

定向推送指的是对该账号感兴趣的人进行推送。当用户关注了某个自己喜欢的账号后，该博主进行直播时会提醒用户直播即将开始。当博主已经开始直播，用户只需要点击博主的头像即可进入直播间，如图 10-17 所示。

图 10-17　头像直播入口

随机推送指的是系统随机将直播间推送到直播区内。前面提到过，小红书平台并未对直播进行分类，也就是说，在直播区，你可以看到不同类型的直播间，如图10-18所示。

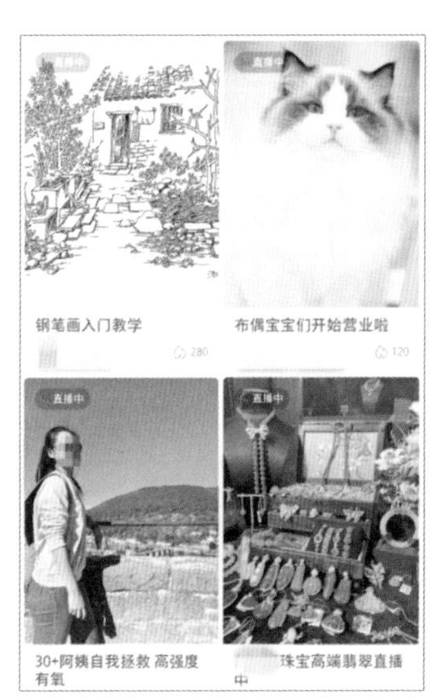

图10-18 不同类型的直播间

10.1.3 直播间的注意事项

不管是什么平台，在直播的时候都应该注意一些事项。在小红书平台中，主播应该注意以下事项。

1. 消极直播

消极直播是指在直播过程中消极对待，或者主播在直播的时候长时间消失或不与直播间内的粉丝互动，这样会使直播间内的粉丝产生不好的体验。

2. 不良直播内容或语句

除了在直播间内消极对待以外，也不可以在直播间内传递不好的直播内容或语句。例如在直播间内直播一些与黄赌毒擦边的内容，或是违反交通规则等内容，这些都会被视为违规内容。

3. 带货限制

虽然说小红书是以分享为主，但是也有一些带货的直播。目前，在小红书直播间内，主播在直播间可以上架第三方平台的商品，也可以上架平台内部店铺的商品，但是对于品牌博主而言，则只能上架平台内部店铺的商品。

此外，在直播间内带货，需要提前将商品加入到带货列表才能被主播带货。值得注意的是，开通直播选品需要粉丝数量不少于 1 000，如图 10-19 所示。

图 10-19　选品申请条件

4. 常见的违规

在小红书平台中，会签订直播协议，因此主播在直播的时候，一定要仔细阅读平台的《直播规范》（见图 10-20），以防出现相关的违规内容，进而影响直播。

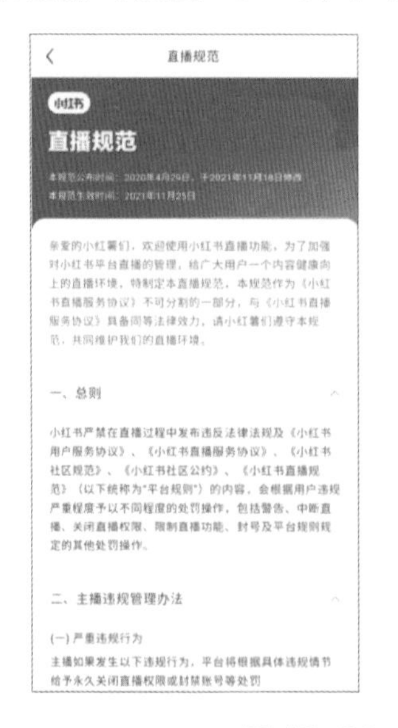

直播规范

小红书

直播规范

本规范公布时间：2020年4月29日，于2021年11月18日修改

本规范生效时间：2021年11月25日

亲爱的小红薯们，欢迎使用小红书直播功能，为了加强对小红书平台直播的管理，给广大用户一个内容健康向上的直播环境，特制定本直播规范，本规范作为《小红书直播服务协议》不可分割的一部分，与《小红书直播服务协议》具备同等法律效力，请小红薯们遵守本规范，共同维护我们的直播环境。

一、总则

小红书严禁在直播过程中发布违反法律法规及《小红书用户服务协议》、《小红书直播服务协议》、《小红书社区规范》、《小红书社区公约》、《小红书直播规范》（以下统称为"平台规则"）的内容，会根据用户违规严重程度予以不同程度的处罚操作，包括警告、中断直播、关闭直播权限、限制直播功能、封号及平台规则规定的其他处罚操作。

二、主播违规管理办法

(一) 严重违规行为

主播如果发生以下违规行为，平台将根据具体违规情节给予永久关闭直播权限或封禁账号等处罚

直播规范

3. 严禁以任何形式表演或传播色情、低俗内容，包括但不限于：

- 直接暴露或描写人体性部位，将镜头刻意聚焦于有衣物掩盖的性敏感部位
- 展示性行为、模拟性爱动作，或进行带有性暗示的抚摸、拉扯等动作
- 男性赤裸上身，女性穿着暴露，仅遮挡关键部位，或有其他低俗挑逗行为
- 穿着情趣制服、情趣内衣、透视装等具有色情意图的服装等
- 使用性用品（或容易联想到性用品的其他物品）作为表演道具
- 对着镜头撅屁股、展示裆部，揉胸、揉臀、性感舔嘴唇，撩衣服、裙子等具有色情意图的行为
- 卖淫、招嫖、传播一夜情、换妻、性虐待等有害信息
- 推荐、分享、售卖淫秽色情网站、色情影视、色情小说等色情内容
- 以庸俗挑逗性标题或封面吸引点击，进入容易产生低俗氛围的场所直播：如洗浴中心、夜店等
- 直播包含色情内容的游戏
- 其他低俗擦边的内容

4. 严禁传播自残自杀、暴力血腥等危险内容，包括但不限于：

- 危害自身安全的内容，如自残自杀等
- 表演危害他人人身安全的内容，如：殴打他人、威胁他人等

图 10-20　《直播规范》

10.2　直播预告怎么做

想要提高直播间的热度，吸引更多的人关注直播间，直播预告是必不可少的。那么，在小红书平台中，怎么做直播预告呢？本节就带你了解一下小红书直播预告的具体步骤。

10.2.1 笔记直播预告

首先，进入小红书首页，单击按钮，如图 10-21 所示；执行操作后，进入“相册”页面，选择封面图片，如图 10-22 所示。

图 10-21 单击按钮

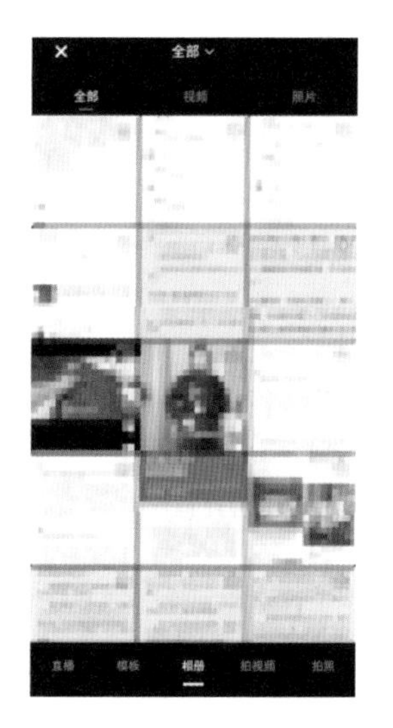

图 10-22 进入“相册”页面

选择好封面图片之后，你可以利用平台提供的功能对图片进行装饰和修改，如图 10-23 所示；修改好图片后单击“下一步”按钮，如图 10-24 所示。

图 10-23 装饰和修改图片

图 10-24 单击“下一步”按钮

进入笔记编辑界面，然后单击“高级选项”按钮，如图 10-25 所示。进入“高级选项”界面后，单击“直播预告”按钮，如图 10-26 所示。

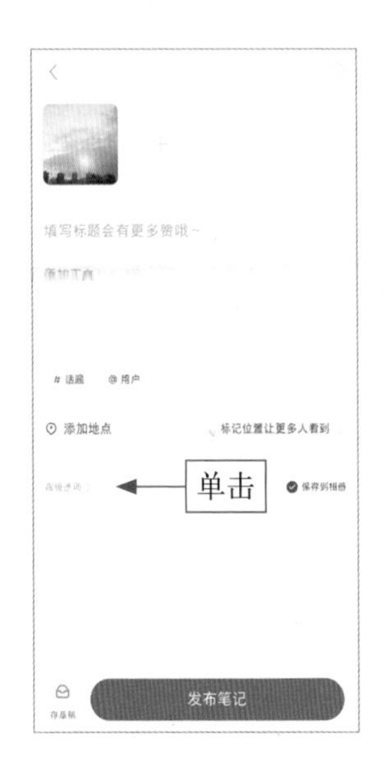

图 10-25　点击“高级选项”按钮

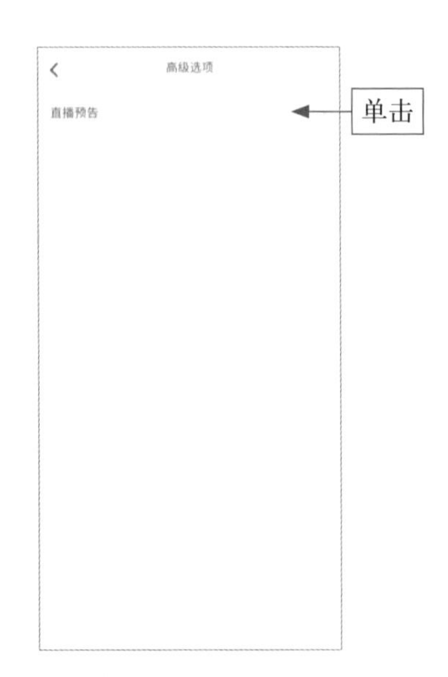

图 10-26　点击“直播预告”按钮

执行操作后，进入“直播预告”界面，点击“新增预告”按钮，如图 10-27 所示。然后在“发布预告”界面中填写直播标题和开播时间，如图 10-28 所示。值得注意的是，直播标题最多只能写 20 个字。

图 10-27　点击“新增预告”按钮　　图 10-28　填写直播标题和开播时间

10.2.2　瞬间直播预告

除了可以利用笔记发布直播预告以外，还可以利用“瞬间”来发布直播预告。

进入小红书平台首页后，点击左上角的按钮，如图 10-29 所示。进入瞬间界面，然后点击界面中的“拍摄”按钮，如图 10-30 所示。

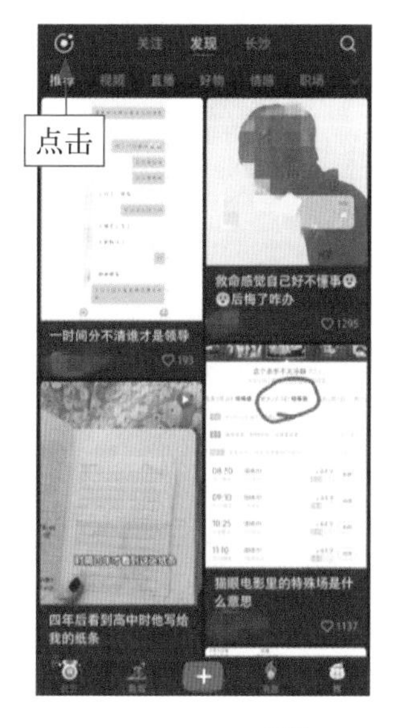

图 10-29　点击按钮

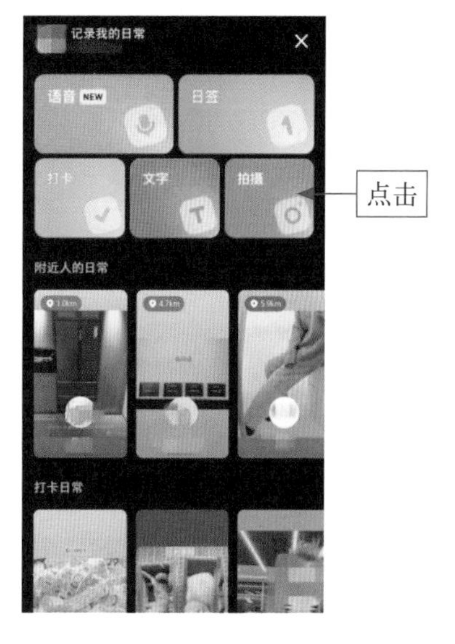

图 10-30　点击“拍摄”按钮

执行操作后，进入“拍摄”界面，点击按钮，如图 10-31 所示；选择好你要发布的图片或视频后，点击下面的“贴纸”按钮，如图 10-32 所示。

图 10-31　点击相应按钮

图 10-32　点击“贴纸”按钮

选择贴纸中的“直播预告”贴纸，如图 10-33 所示。选择好后设置好开播的时间，点击“完成”按钮，如图 10-34 所示。

图 10-33 选择“直播预告”贴纸

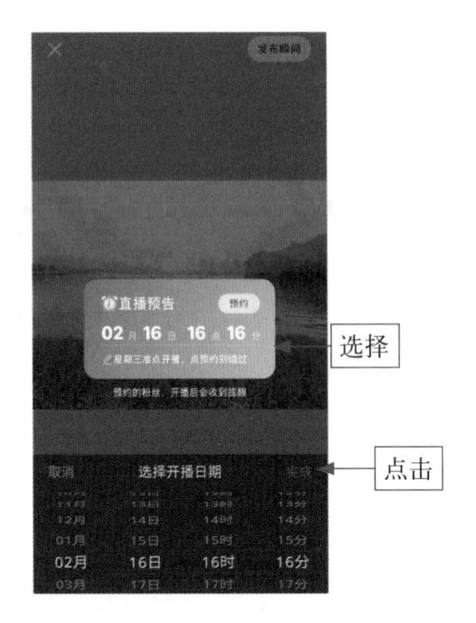

图 10-34 点击“完成”按钮

执行操作后，点击“直播预告”贴纸，将直播预告贴纸移动到适当的位置，如图 10-35 所示。移动好后，点击“发布瞬间”按钮，如图 10-36 所示。

图 10-35 移动“直播预告”贴纸

图 10-36 点击“发布瞬间”按钮

10.3 用预告助直播间人气翻一番

直播预告一方面是告知粉丝直播的基本情况，另一方面也是为了吸引更多的陌生用户观看，提升直播间的热度。因此做好直播预告，能够帮助直播间的人气大涨。

10.3.1 预告福利

在直播预告中加入福利预告能够吸引更多的用户前来观看，增加直播间的人气。图 10-37 所示为加入福利的直播预告。

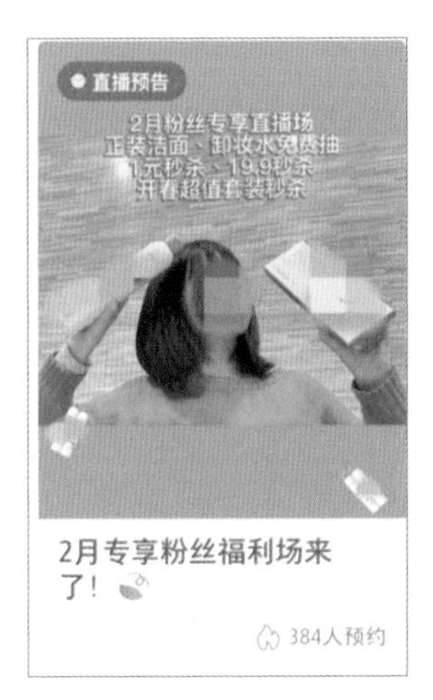

图 10-37 加入福利的直播预告

10.3.2 预告时间

时间是直播预告中最重要的信息。做好直播预告便是告知粉丝直播的时间，让粉丝及时安排好时间，以防错过直播，因此这也是最基本的信息。此外，直播预告还可以告知直播的时长，如图 10-38 所示。

图 10-38 告知直播时长的直播预告

10.3.3　产品预告

产品预告是为了提前告知直播间内产品的种类，这样粉丝在看到这些种类时，感兴趣的观众便会守好直播的时间，及时观看直播。当然，如果主播与一些大品牌合作的话，提前将这些产品公布出来，能够达到预热的效果。图 10-39 所示为公布产品的直播预告。

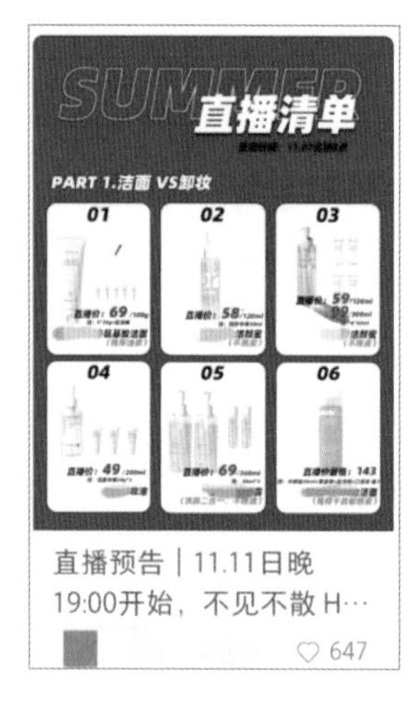

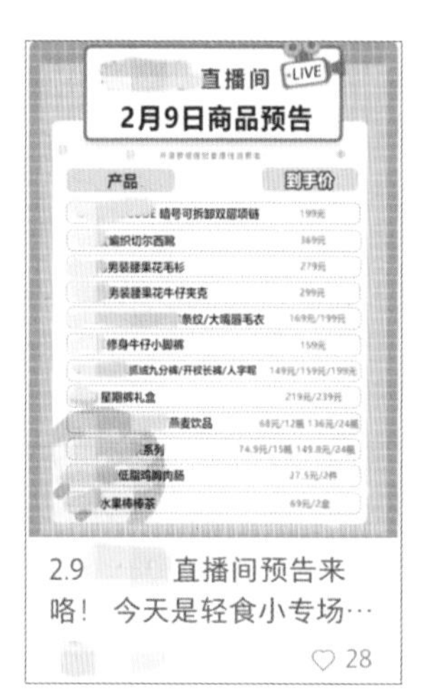

图 10-39　公布产品的直播预告

10.3.4　直播内容

提前告知粉丝们直播内容，能够让粉丝们按照自己的喜好去选择直播间，这样能更加精准地吸引直播间粉丝。图 10-40 所示为告知直播内容的直播预告。

图 10-40　告知直播内容的直播预告

第 11 章

直播带货：带你玩转带货新模式

学前提示

相比于其他电商平台，小红书社区直播板块的开设在时间上会更晚一点，但依托其充足的流量和以消费欲望强烈的年轻女性为主的用户群体，商家企业在小红书社区进行直播，对商品的销售、口碑的营销等会有长期的作用。

11.1 开播技巧

要想在小红书开直播，商家企业首先要做一些必要的准备工作，包括直播场地、背景装饰、网络设备、灯光设备、摄像工具、耳麦设备、声卡设备、商品摆放和隔音装置等，这些都是搭建专业带货直播间的基础元素。

此外，商家企业还需要学会一些开播技巧，使自己的直播间吸引更多的粉丝用户，打造火爆直播间。

11.1.1 直播准备

优秀的直播间能够增强商品氛围，促进用户下单。下面主要介绍布置小红书直播间的一些基本要素，帮助商家企业做好直播的准备工作，为之后的直播打好基础。

1. 直播空间

直播空间主要包括房间面积和直播角度两个部分。

1) 房间面积

直播间的房间面积不宜过小或过大，通常在 20 ～ 50 m^2 之间，这样不仅能够容纳直播设备和主播，而且还可以摆放足够多的商品。

2) 直播角度

主播在直播时，有坐姿和站姿两种姿势，不同姿势的直播角度设置方法如图 11-1 所示。

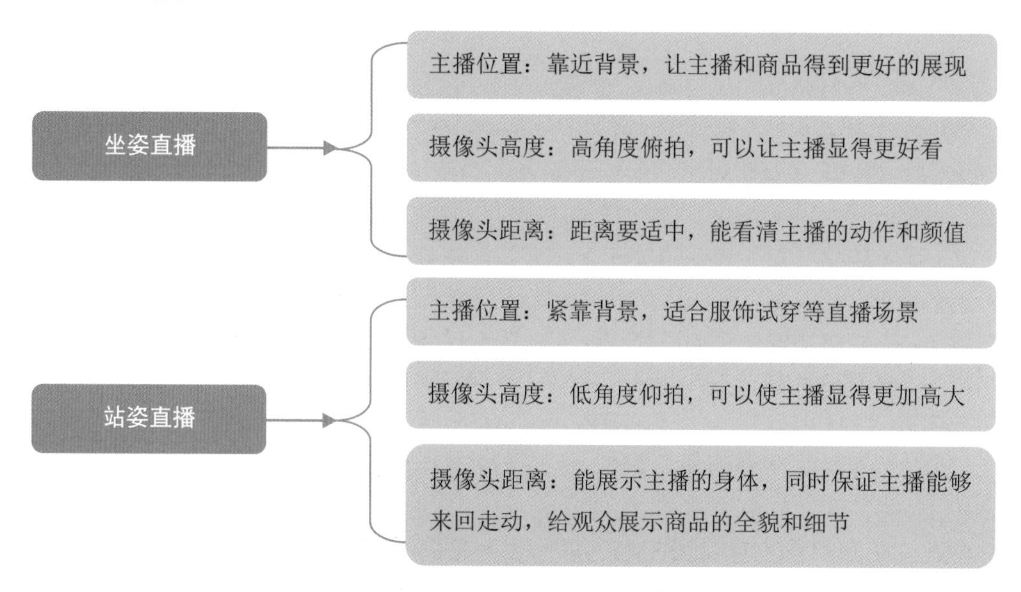

图 11-1　坐姿和站姿的直播角度设置方法

2. 背景装饰

商家企业在选择直播间的墙纸或墙漆等背景装饰物时，需要注意如图 11-2 所示的事项。

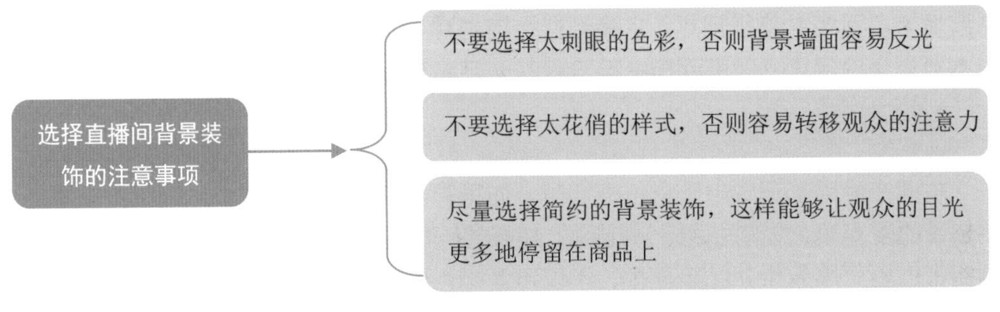

图 11-2　选择直播间背景装饰的注意事项

另外，直播间的背景墙如果是白色的墙壁，商家则要尽量用墙漆、墙纸或背景布重新装饰一下，以提升直播间的视觉效果。

3. 网络设备

直播离不开网络，室内直播主要使用宽带或 WiFi 等联网方式，户外直播则需要使用无线网卡设备，手机直播还可以使用手机卡自带的流量。

不管是哪种联网方式，商家企业都需要确保直播时的网络畅通，建议上传速度保持在 20MB/ 秒左右，这样直播时才不会出现卡顿的情况。

4. 灯光设置

直播间的布光要求相较于拍摄短视频来说要稍低一些，通常只需要一盏顶灯和两盏补光灯即可，当然这也是最基本的搭配方案。

1) 顶灯

顶灯通常安装在直播间的房顶上，位置最好处于主播头顶上方 2 米左右，作为整个直播间的主光源，起到照亮主播、商品和环境的作用。商家在选择顶灯设备时，可以挑选一些有主灯和多个小灯的套装，这样能够从不同角度照射到主播，让其脸部清晰明亮，同时消除身后的背影，以及确保商品不会产生色差。

2) 补光灯

直播间通常会用到两盏补光灯，即 LED 环形灯和柔光灯箱，两者搭配使用可以增强主播和商品的直播效果。

LED 环形灯通常放置在主播的前方，将色温调节为冷色调，能够消除顶灯产生的阴影，从而更好地展现主播的妆容造型，以及提升产品的轮廓质感。柔光灯箱通常是成对购买的，可以放在主播或商品的两侧，其光线均匀柔和，色彩饱和度更好，层次感更丰富。

5. 摄像工具

摄像工具主要用于采集直播画面，是决定直播效果的关键设备。小红书直播对于摄像工具要求不是特别高，不像游戏直播那样，需要购买高配置的手机或电脑，基本要求为确保直播时画面清晰且流程不卡顿即可。

6. 耳麦设备

主播在使用笔记本电脑进行直播时，如果是品牌较好的笔记本，则可以直接使用自带的麦克风（也称为话筒）来直播。如果是一般的台式电脑，或其他杂牌笔记本，则自带的麦克风效果就比较差了，不仅声音小，而且还可能有杂音，不推荐使用，建议买一个独立麦克风，能够让直播中的声音效果更加甜美动人。

独立麦克风一般包括动圈麦克风和电容麦克风两种类型，两者的主要优缺点如图 11-3 所示。

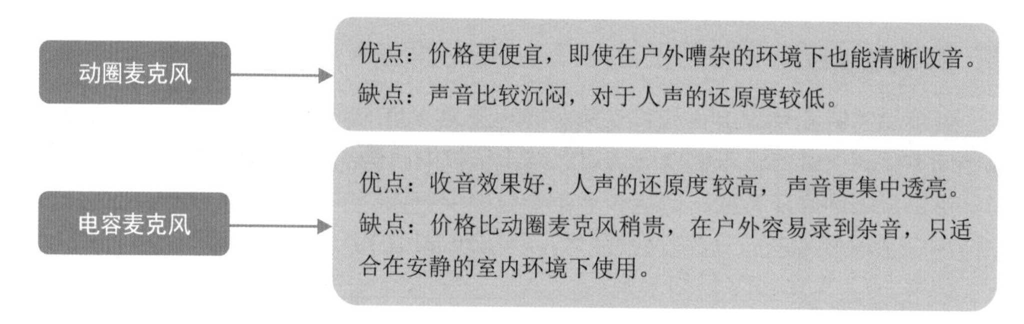

图 11-3　动圈麦克风和电容麦克风的优缺点

7. 声卡设备

麦克风主要用来采集声音，而声卡主要用来处理声音，可以把麦克风收录的声音传输到电脑或手机上，同时能够让主播的声音更好听。

1) 手机声卡

市场上比较好的声卡品牌非常多，如雅马哈、森然、富克斯特、艾肯、莱维特以及得胜等，其中 RME、得胜、莱维特和森然这几个品牌比较适合手机直播。手机声卡的主要优势在于性价比较高，内置大容量电池，能够实现长期续航，而且可以兼容各种 App 和直播平台。

2) 电脑声卡

电脑声卡主要包括内置声卡和外置声卡两种类型。

内置声卡通常是电脑主板自带的，或者另外安装的 PCI-E 接口声卡，通常价格非常便宜，音质比较纯净。

外置声卡拥有更加丰富的接口和强大的扩展功能，但价格通常比较昂贵，具有更好的声音品质，以及多样化的变音效果和场景音效。图 11-4 所示为艾肯(iCON)4nano 外置声卡。

图 11-4　艾肯 (iCON)4nano 外置声卡

8．商品摆放

电商直播离不开商品，通常主播会同时介绍多个商品，而且同一个商品也有很多不同的款式，因此在直播间摆放商品非常有讲究，商家需要根据直播的产品和类目来选择合适的摆放方式。

货架摆放是指将商品置于货架上，放在主播身后。这种摆放形式比较适合鞋子、化妆品、零食、包包和书籍等小商品。使用货架摆放商品时，需要注意如图 11-5 所示的事项。

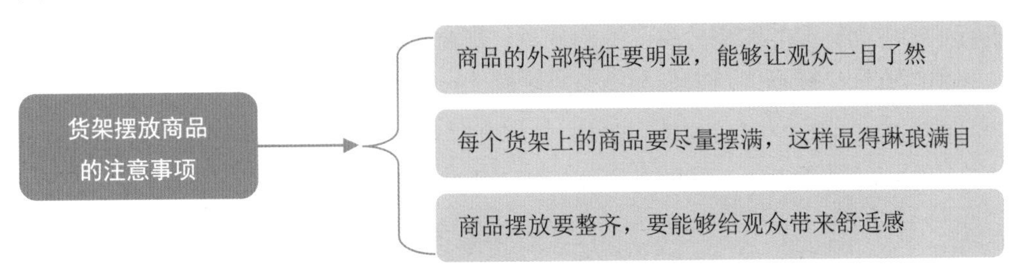

图 11-5　货架摆放商品的注意事项

悬挂摆放是指用架子将商品悬挂起来。这种摆放方式比较适合易于悬挂的商品，如衣服、裤子、雨伞和毛巾等，能够让观众对商品的整体效果有一个比较直观的了解。

桌面摆放是指将商品直接摆在桌子上，放在主播的前面。这种摆放方式比较适合美食生鲜、美妆护肤和珠宝饰品等类目的商品。

9. 隔音装置

小红书直播主要是通过画面和声音来打动观众，促使他们下单购买商品。因此，商家企业需要选择一个比较安静的直播场所，以及做好直播间的隔音处理。如果直播间本身的隔音效果不好，商家可以购买一些隔音海绵（图 11-6），将其贴到门窗的缝隙上，也可以直接贴在墙上，来避免附近的杂音干扰。

图 11-6　隔音海绵

11.1.2　开通直播

目前小红书仅支持手机直播，手机直播的主要优势是可以随时随地开播，而且操作步骤非常简便。但手机直播的可拓展性较差，清晰度较低，同时不能实现特效贴片装潢效果，比较适合新开播商家或不熟悉电脑操作的商家。

小红书直播是小红书社区面向 KOL 推出的实时互动工具，KOL 可以在直播间进行更加生动有趣的购物分享、生活分享、好物带货，以及与粉丝进行亲密互动。

创作者在小红书中开通直播需要满足图 11-7 所示的 3 个条件。

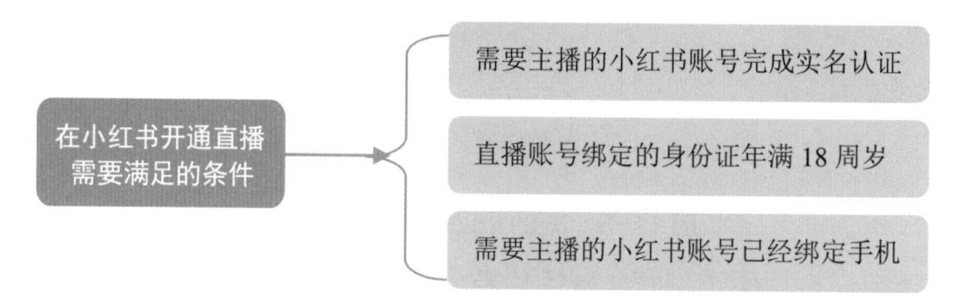

图 11-7　在小红书开通直播需要满足的条件

需要注意的是，如果商家企业想在小红书社区申请开通带货直播权限，则首先需要开通企业号，开通企业号的条件前文已有阐述，这里不再赘述。当企业号满足相应条件后，方可申请开通直播。

企业号申请开通直播的条件如下。

(1) 粉丝数量达到 500。

(2) 有一定的活跃度，如在过去的 28 天中，有 15 天登录小红书 App。

(3) 现阶段小红书直播只限定于部分行业，如 3C 及电器、餐饮、生活服务、出行旅游、文化传媒、家居建材、教育培训、交通工具、工农业和通信。

专家提醒

值得注意的是，现阶段小红书社区的直播暂不支持回放功能，因此商家企业或者个人主播在直播时一定要清楚直观地将商品优缺点展示给其他用户，在直播过程中促使他们下单购买。

11.1.3 直播运营

商家只有做好直播运营的相关工作，如遵守小红书平台的直播规则、做好封面和标题的优化，以及把握好直播各阶段的细节事项等，才能让自己的直播间获得更多的曝光和流量，为店铺带来更多消费人群。

1. 直播规则

商家企业要想在小红书平台进行直播，就需要遵守小红书平台的《小红书直播带货管理规则》，这项规则于 2021 年 5 月 24 日正式生效。如果商家企业没有遵守相应的直播规则，很可能面临封号的危险。

如图 11-8 所示，为小红书社区的《小红书直播带货管理规则》的部分条例，需要广大商家企业注意。

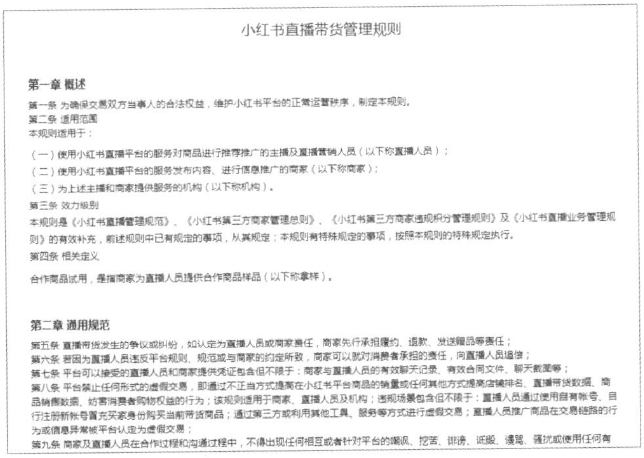

小红书直播带货管理规则

第一章 概述

第一条 为确保交易双方当事人的合法权益，维护小红书平台的正常运营秩序，制定本规则。
第二条 适用范围
本规则适用于：
（一）使用小红书直播平台的服务对商品进行推荐推广的主播及直播营销人员（以下称直播人员）；
（二）使用小红书直播平台的服务发布内容、进行信息推广的商家（以下称商家）；
（三）为上述主播和商家提供服务的机构（以下称机构）。
第三条 效力级别
本规则是《小红书直播管理规范》、《小红书第三方商家管理总则》、《小红书第三方商家违规积分管理规则》及《小红书直播业务管理规则》的有效补充，前述规则中已有规定的事项，从其规定；本规则有特殊规定的事项，按照本规则的特殊规定执行。
第四条 相关定义
合作商品试用，是指商家为直播人员提供合作商品样品（以下称拿样）。

第二章 通用规范

第五条 直播带货发生的争议或纠纷，如认定为直播人员或商家责任，商家先行承担履约、退款、发送赠品等责任；
第六条 若因为直播人员违反平台规则、规范或与商家的约定所致，商家可以就对消费者承担的责任，向直播人员追偿；
第七条 平台可以接受的直播人员和商家提供凭证包含但不限于：商家与直播人员的有效聊天记录、有效合同文件、聊天截图等；
第八条 平台禁止任何形式的虚假交易，即通过不正当方式提高在小红书平台商品的销量或任何其他方式提高店铺排名、直播带货数据、商品销售数据、妨害消费者购物权益的行为；该规则适用于商家、直播人员及机构；违规场景包含但不限于：直播人员通过使用自有帐号、自行注册新帐号冒充买家身份购买当前带货商品；通过第三方或利用其他工具、服务等方式进行虚假交易；直播人员推广商品在交易链路的行为或信息异常被平台认定为虚假交易；
第九条 商家及直播人员在合作过程和沟通过程中，不得出现任何相互或者针对平台的嘲讽、挖苦、诽谤、诋毁、谩骂、骚扰或使用任何有

图 11-8 《小红书直播带货管理规则》的部分条例

2. 视觉优化

商家企业在小红书平台上直播时，还需要对直播间进行一定的视觉优化处理，包括直播封面、直播标题、直播公告和主播妆容等细节，从而让直播间获得平台的推荐，赢得更多的流量。

1）直播封面

小红书直播的封面图通常包括主播人像图和带货商品图两种类型，不同的类型有不同的封面质量标准，下面进行具体介绍。

对于歌舞娱乐类或者专业技能类的主播来说，可以使用自己的人像图作为直播封面，具有打造个人 IP(intellectual property，知识产权) 的作用。优质人像封面图的相关标准如图 11-9 所示。

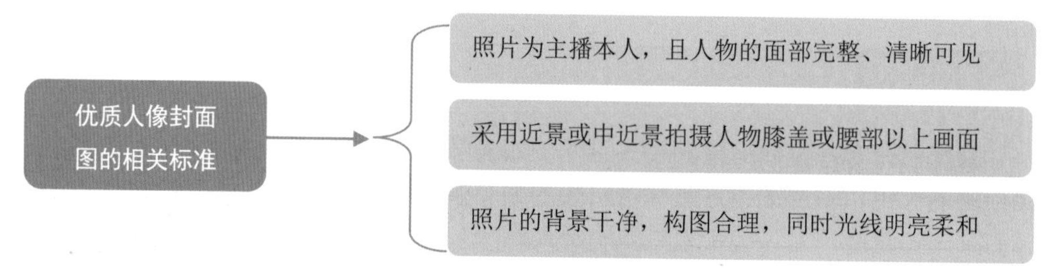

图 11-9　优质人像封面图的相关标准

如果商家的目的不是打造个人 IP，而是想通过直播来卖货，提升商品的销量，那么就可以选择商品图作为直播封面。优质商品封面图的相关标准如图 11-10 所示。

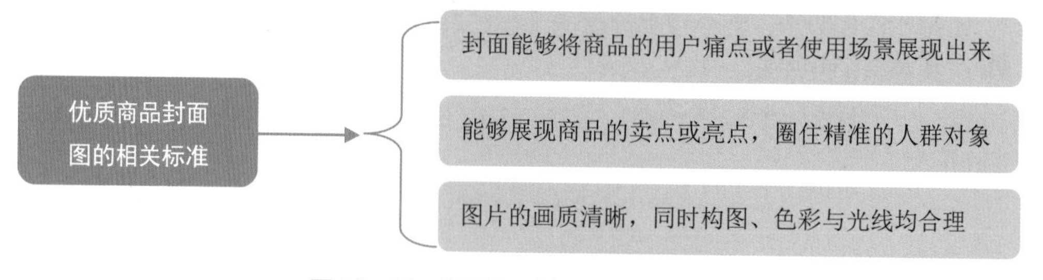

图 11-10　优质商品封面图的相关标准

2）直播标题

小红书直播的标题要简单明了，让观众快速了解你直播的是什么商品或内容；或者使用煽动性很强的标题，促使观众前往你的直播间购买产品。

卖货类直播标题：优质的卖货直播间标题需要明确直播主题，突出内容亮点。下面为卖货类直播标题的一些常用模板。

- 模板 1：使用场景 / 用户痛点＋商品名称＋功能价值。

- 模板 2：情感共鸣型标题，更容易勾起观众的怀旧心理或好奇心。
- 模板 3：风格特色 + 商品名称 + 使用效果。
- 模板 4：突出活动和折扣等优惠信息。

3）直播公告

直播间的公告牌拥有很多使用场景，而且商家企业可以自行策划其中的文案内容，方便在不同时间进入直播间的观众查看本场直播的重点信息。

4）主播妆容

一个好的妆容，可以让主播看上去更加精神。对于在小红书平台上开播的主播来说，妆容的基本原则是“简单大方，衣着整洁”。

其实，小红书主播的妆容和日常生活中的妆容并没有太大差别，只要注意化妆和穿搭过程中的一些小要领即可，从而更好地把直播主题与个人形象相结合，做到相得益彰。

11.1.4 直播管理

直播管理需要商家企业对直播间人员进行细致分工，一个完整的小红书直播间包括主播、助播、运营、场控、数据分析和客服等工作人员。当然，有能力的商家也可以身兼数职，但同样需要厘清这些直播角色的功能，这样你才能够事半功倍，提升直播间的带货效率。

1. 主播

小红书主播不同于其他电商平台的主播，他们可能会经常跨品牌和类目进行带货，而小红书则要求主播深入了解自己所带货的商品。商家在选择主播或者将自己打造为店铺主播时，还有一些基本要求，具体如图 11-11 所示。

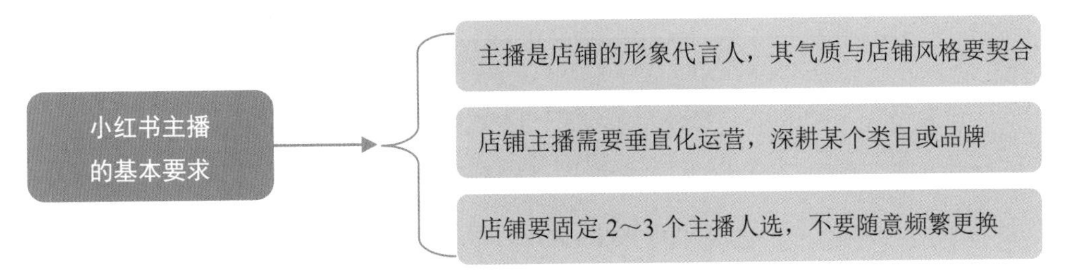

图 11-11 小红书主播的基本要求

2. 助播

助播简单理解就是帮助主播完成一些直播工作，也可称为主播助理，其工作内容包括直播策划、协助直播、参与直播，具体如图 11-12 所示。对于主播来说，助播能够起到锦上添花的作用，一主一辅相互配合，彼此是一种相互依赖的关系。

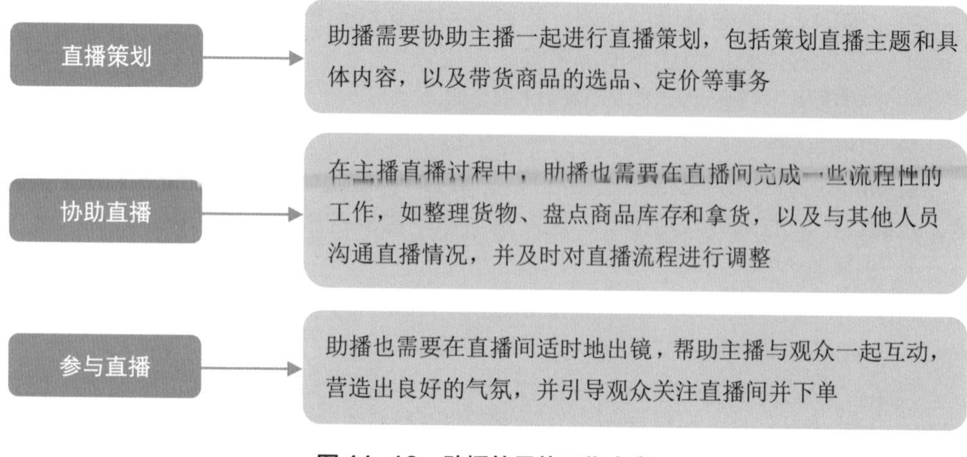

图 11–12　助播的具体工作内容

3．运营

直播间运营是一个非常重要的岗位，主要工作任务在直播前期的策划上，包括策划直播的脚本、策划与执行活动和直播商品的选品等，如图 11–13 所示。

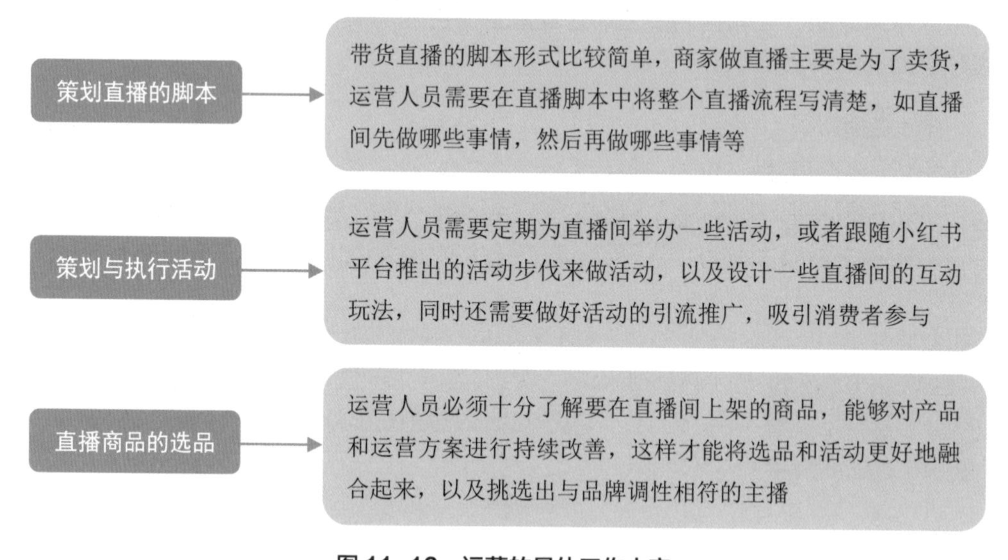

图 11–13　运营的具体工作内容

4．场控

对于主播来说，直播间的场控是一个炒热气氛的重要岗位，不仅可以帮助主播控制直播间的节奏，解决一些突发状况，而且还可以引导粉丝互动。直播间场控的具体要求如图 11–14 所示。

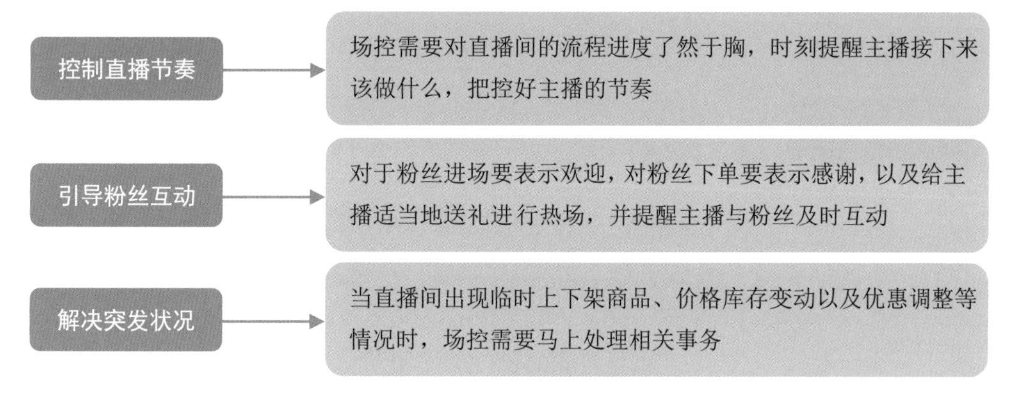

图 11-14　场控的具体要求

对于一些小商家来说，如果运营人员的时间足够多，同时能力也比较强，也可以由运营来兼任直播间场控一职。

5. 数据分析

直播间的数据分析是一个把控全局的岗位，要善于分析数据，做好直播间的总结和复盘，适时地推出爆款商品，并为下一场直播作准备。

6. 客服

直播间的客服主要工作是引导买家观看直播和下单，同时解决观众在直播间提出的问题，促进直播间的成交转化率。

需要注意的是，客服在给店铺直播间引流时，只需要在黄金时刻进行即可。当然如果直播间全天的流量都非常大，也可以让客服加强引导买家到直播间的频率。

11.1.5　直播脚本

对于一场成功的小红书直播来说，商家不仅要有好的选品、渠道和主播，而且关键在于要有好的脚本策划，也就是说，商家在直播间要说一些什么话。直播与短视频一样，都需要策划好的脚本。

1. 直播开场

在直播开场阶段，观众的心里通常想的是“这个直播间到底是卖什么产品的”，他们进入直播间后一开始都是抱着“随便瞧瞧”的想法。

因此，主播在开始直播后，要立刻进入状态，向观众进行自我介绍，话语要有一定的亲密感，来拉近彼此的距离。接下来，主播需要表明本场直播的活动主题。图 11-15 所示为笔者整理的一些直播开场脚本示例。

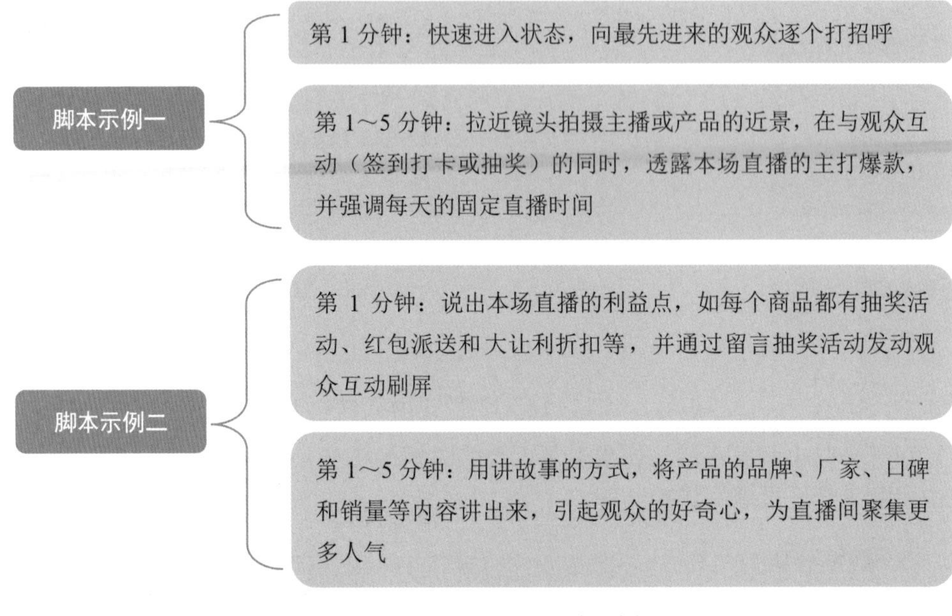

图 11-15　直播开场脚本示例

2．介绍产品

主播在介绍某个产品时，应该全方位地展示产品的相关信息。以服装产品为例，主播需要介绍服装的搭配技巧和适用场合。图 11-16 所示为一些产品介绍环节的直播脚本示例。

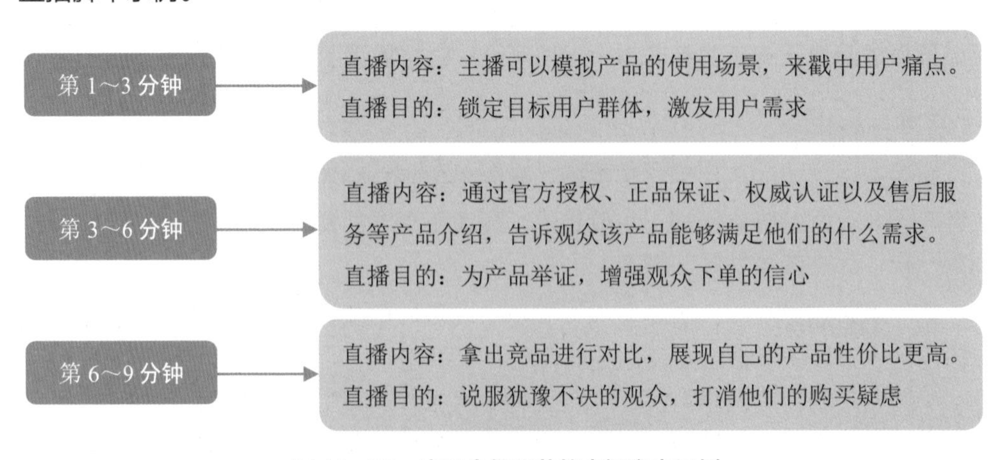

图 11-16　产品介绍环节的直播脚本示例

3．互动阶段

互动环节的主要目的在于活跃直播间的气氛，让直播间变得更有趣，避免产生尬场的状况。在策划直播脚本时，主播可以多准备一些与观众进行连麦互动的话题，可以从图 11-17 所示的两方面找话题。

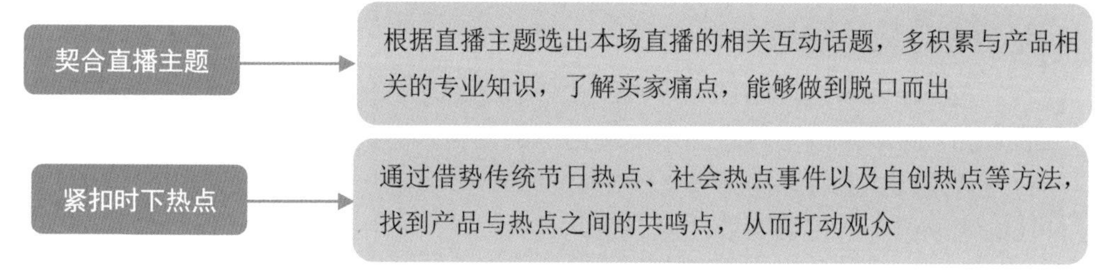

图 11-17　互动话题的相关技巧

当然，在一场完整的直播中还包括优惠、秒杀、使用感受等环节。表 11-1 所示为一个简洁明了的直播脚本范本。

表 11-1　简洁明了的直播脚本范本

xx 店铺 x 月 x 日直播脚本				
直播时间	× 年 × 月 × 日　晚上 × 点—× 点			
直播主题				
直播准备	（场地、设备、赠品、道具和商品等）			
时间点	总流程	主播	产品	备注
× 点 × 分	开场预热	向观众打招呼并进行互动，引导关注	/	/
× 点 × 分	讲解 1 号产品	讲解产品：时间 10 分钟 催单：时间 5 分钟	× × 产品	/
× 点 × 分	互动游戏或连麦等	互动：主播与助播互动，发动观众参与游戏 连麦：与 × × 直播间 × × 主播连麦	/	拿出准备好的道具
× 点 × 分	秒杀环节	推出秒拼、甩卖以及拍卖等直播商品	× × 产品	/
× 点 × 分	优惠环节	向观众打招呼，同时与其进行互动，用优惠价格提醒观众下单，并再次引导关注	× × 产品	/

11.2　带货话术

主播在直播过程中，最需要的就是和粉丝进行互动和沟通，用自己的话术来吸引粉丝目光并获取流量，从而把商品卖出去，提高自己的带货效果。

掌握一定的带货话术能够让你的直播间更加妙趣横生，能使观众对你和你推荐的产品更加信服。在某种程度上，好的带货话术能够提高直播间的观众留存率，增加商品销量。

11.2.1　语言能力

出色的小红书主播都拥有强大的语言能力，有的主播会多种语言，让直播间多

姿多彩；有的主播讲段子张口就来，让直播间妙趣横生。那么，主播该如何提高语言能力、打造一流的口才呢?

1．语言表达

一个人的语言表达能力在一定程度上体现了这个人的情商。对于小红书平台上的主播来说，可以从以下几方面来提高自己的语言表达能力。

1）语句表达

在语句表达上，主播需要注意以下两点。

- 首先，主播需要注意话语的停顿，把握好节奏。
- 其次，主播的语言表达应该连贯，让人听着自然流畅。

2）肢体语言

单一的话语可能会不足以表达，主播可以借助动作和表情进行辅助表达，尤其是眼神的交流，而夸张的动作可以使语言更显张力。

3）自身知识

主播可以在线下注重提高自身修养，多阅读，增加知识的积累。大量阅读可以增加一个人的逻辑能力与语言组织能力，进而帮助主播更好地进行语言表达。

4）学会倾听

懂得倾听是人品好的一种体现方式，小红书上的带货主播也要学会倾听观众的心声，了解他们的需求，才能更快地把商品卖出去。

在主播和观众交流沟通的互动过程中，虽然表面上看来是主播占主导，但实际上是以观众为主。观众愿意看直播的原因就在于能与自己感兴趣的人进行互动，主播要想了解观众关心什么、想要讨论什么话题，就一定要认真倾听观众的心声和反馈。

2．聊天语言

如果主播在小红书直播间带货时不知道该如何聊天，遭遇冷场该怎么办?为什么其他主播能一直聊得火热?那是因为他们掌握了正确的聊天技能。

1）感恩心态

俗话说得好："细节决定成败！"如果在直播过程中主播对细节不够重视，那么观众就会觉得主播有些敷衍。在这种情况下，直播间的粉丝很可能会出现快速流失的情况。相反地，如果主播对细节足够重视，观众就会觉得他是在用心直播。当观众感受到主播的用心之后，也会更愿意关注主播和下单购物。

在直播过程中，主播应该随时感谢观众，尤其是进行打赏的观众，还有新进入直播间的观众。除了表示感谢之外，主播还要通过认真回复观众的评论，让观众看到你对他们是很重视的，这也是一种转化粉丝的有效手段。

2）换位思考

面对观众进行个人建议的表达时，主播可以站在观众的角度进行换位思考，这样更容易了解回馈信息的观众的感受。换位思考的体现如图 11-18 所示。

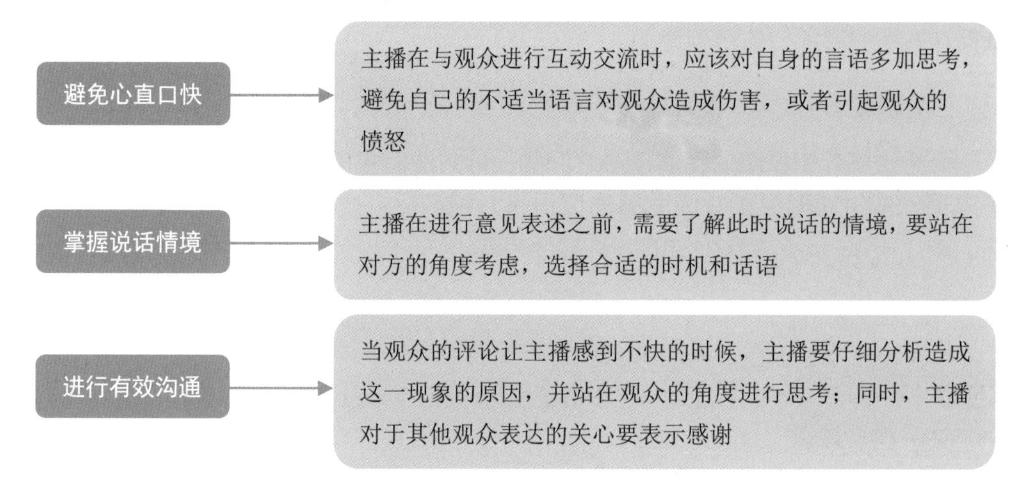

图 11-18　换位思考的体现

3）保持谦逊

主播在面对观众的夸奖或批评时，都需要保持谦虚礼貌的态度，即使成为热门的主播也要保持谦虚。谦虚耐心会让主播获得更多粉丝的喜爱，即使是热门主播，保持谦虚低调也能让主播的直播生涯更加顺畅，并获得更多的“路人缘”。

4）适可而止

在直播聊天的过程中，主播说话时要注意把握好尺度，懂得适可而止。如果在直播中，主播不小心说了错话，引起观众愤怒，主播应及时道歉。

5）幽默风趣

口才幽默风趣的主播，更容易俘获观众的喜爱，而且还能体现出主播个人的内涵和修养。所以，一个专业的小红书带货主播，必然少不了幽默技巧。在生活中，很多幽默故事就是由生活的片段和情节改编而来的。因此，幽默的第一步就是收集搞笑的段子和故事等素材，然后合理运用，先模仿再创新。

3．销售语言

下面笔者为大家介绍几种能够提高主播销售语言能力的方法。

(1) 提出问题：直击消费者的痛点和需求点。

(2) 放大问题：尽可能放大用户忽略的细节。

(3) 引入产品：用产品解决前面提出的问题。

(4) 提升高度：提高产品的附加值。

(5) 降低门槛：打破消费者购买的心理防线。

11.2.2 话术模板

主播在直播带货过程中，除了要把产品很好地展示给观众以外，最好掌握一些直播带货技巧和话术，这样才能更好地进行产品的推销，提高主播自身的带货能力，从而让主播的商业价值得到增值。

1. 介绍法

介绍法是介于提示法和演示法之间的一种方法。主播在小红书直播间带货时，可以用一些生动形象和有画面感的话语来介绍产品，达到劝说观众购买产品的目的。图 11-19 所示为介绍法的 3 种操作方式。

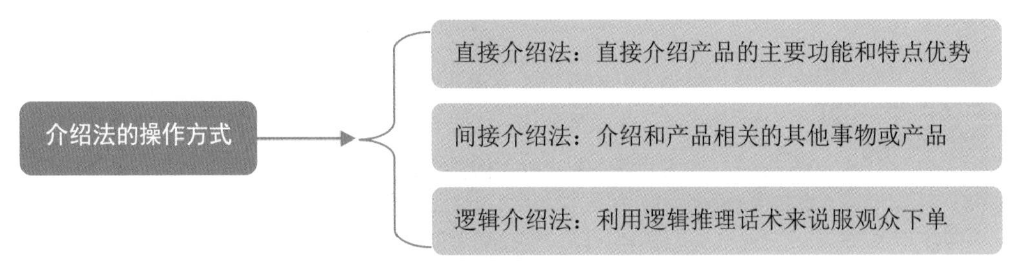

图 11-19　介绍法的 3 种操作方式

2. 赞美法

赞美法是一种常见的直播带货话术，这是因为每个人都喜欢被人称赞，喜欢得到他人的赞美。在这种赞美的情景之下，被赞美的人很容易情绪高涨愉悦，从而购买主播推荐的产品。主播可以将产品能够为观众带来的改变说出来，告诉观众他们使用了产品后会变得怎么样，通过赞美的语言来为观众描述梦想，让观众对产品心生向往。

另外，“三明治赞美法”也是赞美法中比较被人推崇的一种表达方法。它的表达方式是：首先根据对方的表现来称赞他的优点；然后提出希望对方改变的不足之处；最后重新肯定对方的整体表现。通俗的意思是：先褒奖，再说实情，最后说一个总结的好处。

3. 强调法

强调法，也就是需要主播不断地向观众强调这款产品多么好，多么适合他，类似于“重要的话说三遍”。

当主播想大力推荐一款产品时，就可以通过强调法来营造一种热烈的氛围，这样观众在这种氛围的引导下，会不由自主地下单。强调法通常用于在直播间催单，能够让犹豫不决的观众立刻行动起来，相关技巧如图 11-20 所示。

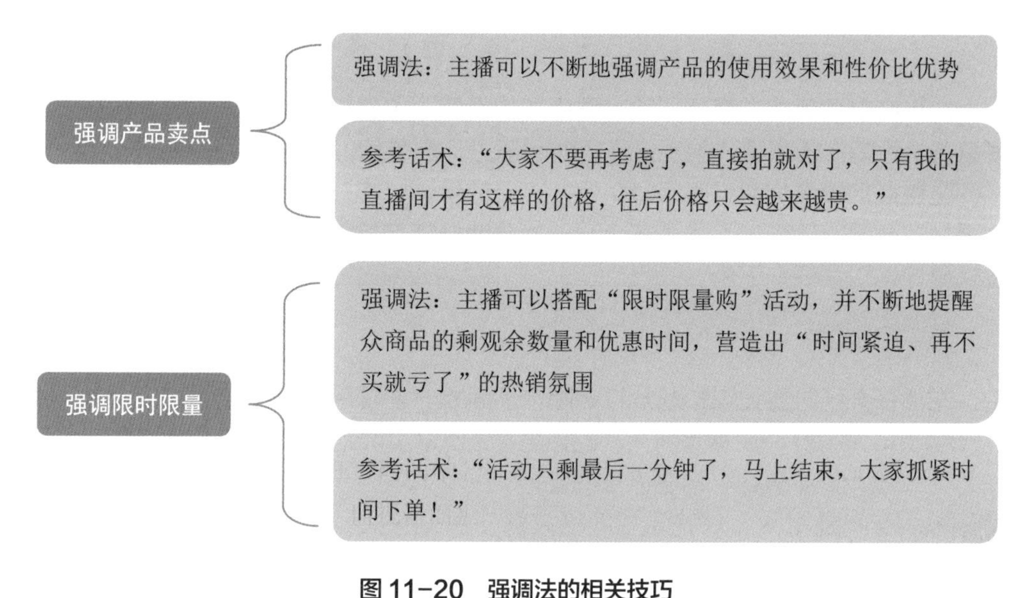

图 11-20　强调法的相关技巧

4. 示范法

示范法也叫示范推销法，就是要求主播把要推销的产品，通过亲自试用向顾客进行展示，从而激起观众的购买欲望。由于直播带货的局限性，观众无法亲自试用产品，这时可以让主播代替他们来使用产品，让观众直观地了解到产品的使用效果。图 11-21 所示为示范法的操作思路。

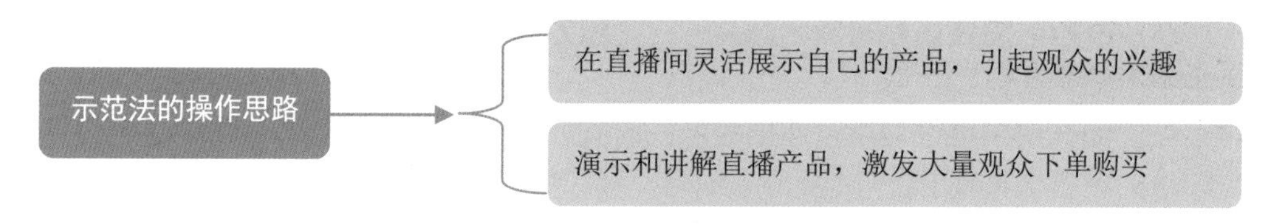

图 11-21　示范法的操作思路

5. 限时法

限时法是指主播直接告诉观众，本场直播在举行某项优惠活动，这个活动到哪天截止，在活动期，观众能够得到的利益是什么。此外，主播还需要提醒观众，在活动期结束后，再想购买，就要花更多的钱。

参考话术："亲，这款服装，我们做优惠降价活动，今天就是最后一天了，您还不考虑入手一件吗？过了今天，价格就会回到原价位，和现在的价位相比，足足多了几百元钱呢！如果您想购买这款服装的话，必须尽快下单哦，机不可失，时不再来。"

11.2.3 营造氛围

在小红书平台上，直播作为一种卖货的空间，主播要通过自己的言行在整个环境氛围上营造出紧张感，给观众带来时间压力，刺激他们在直播间下单。

主播在直播带货时，必须时刻保持高昂的精神状态，将直播当成现场演出，这样观众才会更有沉浸感。本小节介绍一些营造直播带货氛围的相关话术技巧，帮助主播更好地引导观众下单。

1．开场招呼

主播在开场时要记得和观众打招呼，下面是一些常用的模板。

- “大家好，主播是新人，刚做直播不久，如果有哪些地方做得不够好，希望大家多包容，谢谢大家的支持。”
- “我是 ××，将在直播间给大家分享 ×××，而且还会每天给大家带来不同的惊喜哟，感谢大家捧场！”
- “欢迎新进来的宝宝们，来到 ×× 的直播间，支持我就加个关注吧！”
- “欢迎 ×× 进入我们的直播间，×× 产品现在下单有巨大优惠哦，千万不要错过哟！”

2．时间压力

有很多研究人员做过有关时间压力的心理学实验，发现了一个共同的特点，那就是“时间压力”的作用。

- 在用数量性信息营造出超高的时间压力环境下，消费者很容易产生冲动性的购买行为。
- 而在用内容性信息营造出较低的时间压力环境下，消费者在购物时则会变得更加理性。

主播在直播带货时也可以利用“时间压力”的原理，通过自己的语言魅力营造出一种紧张状态和从众心理，来降低观众的注意力，同时让他们产生压力，忍不住抢着下单。

3．暖场互动

在小红书直播中，主播也需要和观众进行你来我往的频繁互动，这样才能营造出更火热的直播氛围。

因此，主播可以利用一些互动话术和话题，吸引观众深度参与到直播中，相关技巧如图 11-22 所示。

4．观众提问

许多观众之所以会对主播进行评论，主要就是因为他对产品或直播中的相关内容有疑问。针对这一点，主播在策划直播脚本时，应尽可能地选择一些能够引起观众讨论的内容。这样做出来的直播自然会有观众感兴趣的点，而且观众参与评论的积极性也会更高。当观众对主播进行提问时，主播一定要积极回复，这不仅是态度问题，还是获取观众好感的一种有效手段。

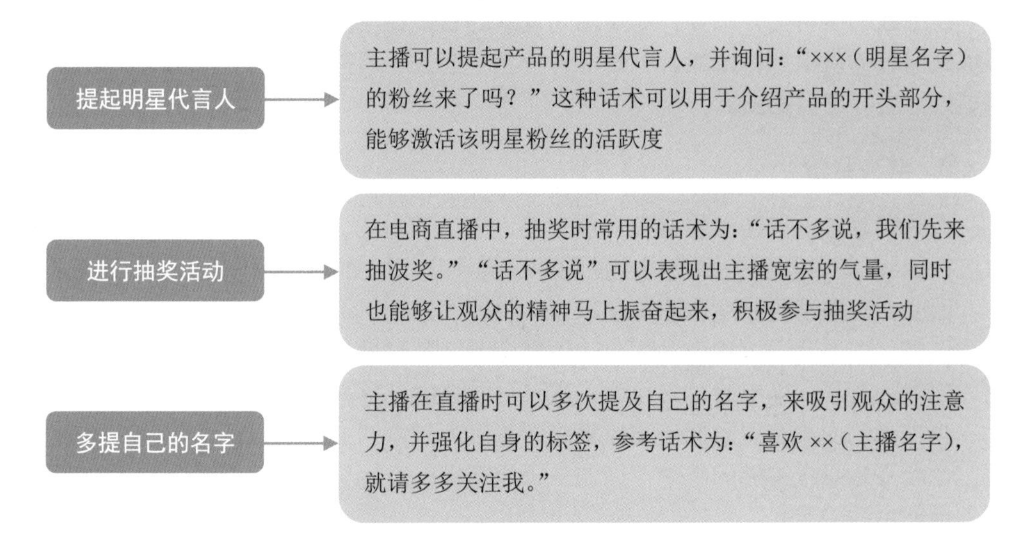

图 11-22　暖场互动话术的相关技巧

5. 卖货话术

对于小红书的主播来说，卖货是必须掌握的技能。因此主播需要掌握卖货的话术技巧，来提升直播间的气势和氛围，促使观众跟随节奏去下单，如图 11-23 所示。

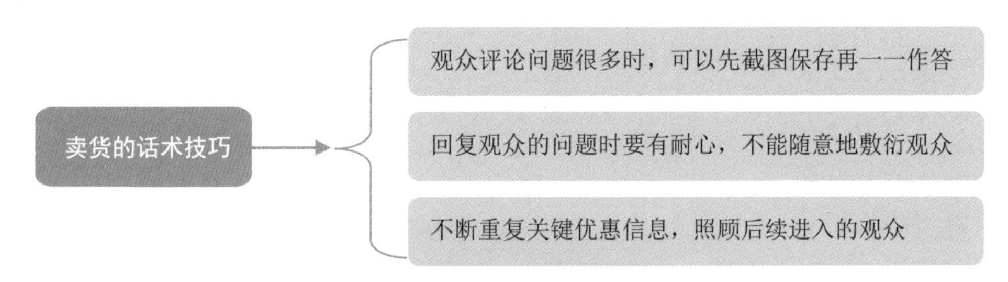

图 11-23　恰当沟通和互动的技巧

主播要想在直播间卖货，前提条件是直播间有足够的氛围和人气，这样才能提起观众的兴趣，让他们更愿意在直播间停留，从而增加更多成交和转化的机会。

11.3　销售技巧

主播在小红书直播间卖货时，如何把产品销售出去，是整场直播的核心点。主

播不仅需要运用话术技巧和观众进行互动、交流，同时还要通过活动和利益点来抓住观众的消费心理，从而促使他们完成最后的下单行为。

11.3.1 销售心得

在小红书平台上，想要打动直播间观众的心，让他们愿意下单购买，主播需要锻炼好自己的直播销售技能。下面笔者分享一些关于直播销售的心得体会，帮助主播更好地进行直播卖货。

1. 转变身份

直播销售是一种通过屏幕和观众交流、沟通的职业，它必须依托直播方式让观众进行购买，这种买卖关系使得主播更加注重建立和培养自己与观众之间的亲密感。

因此，主播不再是冷冰冰的形象或者单纯的推销机器，而渐渐演变成为更加亲切的形象。主播会通过和观众实时的信息沟通，及时地根据观众的要求进行产品介绍，或者回答观众提出的有关问题，实时引导观众进行关注、加购和下单等操作。

当主播的形象变得更加亲切和平易近人后，观众对主播的信任和依赖会逐渐加强，也会开始寻求主播的帮助，借助主播所掌握的产品信息和相关技能，帮助自己买到更加合适的产品。

2. 情绪管理

主播在直播卖货过程中，为了提高产品的销量，会采取各种各样的方法达到自己想要的结果。但是，随着步入小红书直播平台的主播越来越多，每个人都在争夺流量，都想要吸引粉丝、留住粉丝。毕竟，只有拥有粉丝，才会有购买行为的出现，才可以保证直播间的正常运行。在这种需要获取粉丝流量的环境下，很多个人主播开始延长自己的直播时间，而机构也开始采用多位主播轮岗直播的方式，以获取更多的曝光率，被平台上的更多观众看到。

这种长时间的直播，对于主播来说，是一个非常有挑战性的事情。因为主播在直播时，不仅需要不断地讲解产品，还要积极地调动直播间的氛围，同时还要及时回复观众提出的问题，可以说是非常忙碌的，会感到极大的压力。

在这种情况下，主播就需要做好自己的情绪管理，保持良好的直播状态，使直播间一直保持热烈的氛围，从而在无形中提升直播间的权重，获得系统给予的更多流量推荐。

3. 选对主播

直播销售主播，实际就是一个优秀的推销员，而作为一个直播商品推销员，最关键的就是可以获得流量，从而让直播间商品的转化率爆发。如果不能提高直播间的转化率，就算主播每天夜以继日地直播，也很难得到满意的结果。

主播需要对自己的商品足够的了解，了解自己在卖什么，掌握商品的相关信息，这样自己在直播过程中，才不会出现无话可说的局面。同时，主播还要学会认识自己的粉丝，最好记住他们的喜好，从而有针对性地向他们推荐产品。

在小红书中，商家可以选择网红 KOL 作为主播，这一类主播往往会自带粉丝，且在各自领域有一定研究，能够快速地促进商品销售。

4. 选对产品

直播带货中产品的好坏会影响观众的购买意愿，主播可以从如图 11-24 所示的几点选择带货的产品。

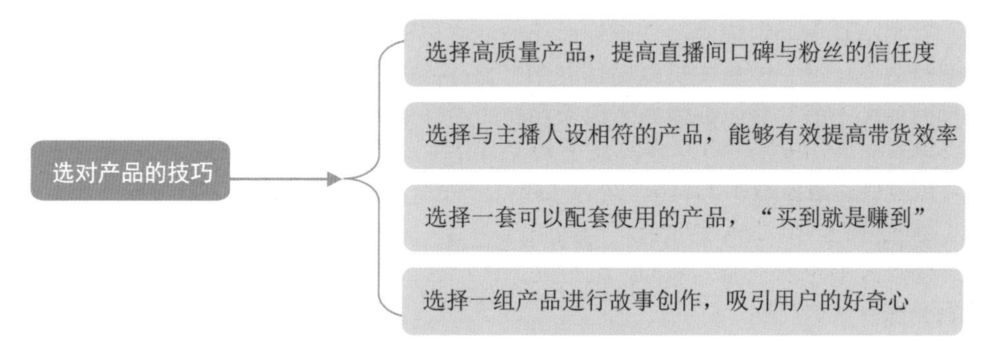

图 11-24　选对产品的技巧

11.3.2　带货技巧

作为小红书平台上的电商主播，每个人都能够吸引大量粉丝关注，都能成为带货达人。但是，主播要想激发用户的购买行为，关键前提是：主播能让用户察觉到产品带给他的价值。

那么，该如何做才能让用户察觉到产品带给他的价值呢?

1. 解决痛点

大部分观众进入直播间，就表明他在一定程度上对直播间是有需求的，即使当时的购买欲望不强烈，主播也完全可以通过抓住用户的痛点，让其采取下单行为。

主播在提出痛点的时候需要注意，只有与观众的“基础需求”有关的问题，才能算是他们的真正痛点。“基础需求”是一个人最根本和最核心的需求，这个需求没解决的话，人的痛苦会非常明显。

因此，在寻找和放大用户痛点时，主播可以先让观众产生解决痛点的想法后，然后慢慢地引入自己想要推销的产品，给观众提供一个解决痛点的方案。在这种情况下，很多人都会被主播所提供的方案吸引住。毕竟用户痛点出来了，观众一旦察觉到痛点的存在，第一反应就是消除这个痛点。

2．打造痒点

痒点，就是满足虚拟的自我形象。打造痒点，就是需要主播在推销产品时，帮助观众营造美好的梦想，满足他们内心的渴望，使他们产生实现梦想的欲望和行动力，这种欲望会极大地刺激他们的消费心理。

3．提供爽点

爽点，就是说用户由于某个即时产生的需求被满足后，就会产生非常爽的感觉。爽点和痛点的区别在于，痛点是硬性需求，而爽点则是即刻的满足感，能够让用户觉得很痛快。

对于小红书的主播来说，想要成功地把产品销售出去，就需要站在用户的角度思考产品的价值。这是因为在直播间中，观众作为信息的接受者，他自己很难直接发现产品的价值，此时就需要主播主动帮助观众发现产品的价值。

专家提醒

痛点、痒点与爽点都是一种用户欲望的表现，而主播要做的就是，在直播间通过产品的价值点，来满足用户的这些欲望，这也是直播带货的破局之道。

11.3.3 促单技巧

很多商家或主播看到别人的直播间中爆款多、销量好，难免会心生羡慕。其实，只要你用对方法，也可以打造出自己的爆款产品。

下面笔者从直播前和直播中两方面入手，介绍直播带货常用的促单技巧，促使观众快速下单。

1．种草推广

商家或主播除了直接通过直播来带货外，也可以利用小红书的发布笔记功能，在直播前进行“种草”推广，为直播间带来更多人气，同时也可以直接提升下单率。

小红书笔记分为视频笔记和图文笔记，不过在发布推广类笔记时，商家企业一定要注意，不能让笔记看上去太“广告”，需要分享自己的真实使用体验，力求让用户相信你的笔记是真实的。

2．红包营销

在直播间中，发红包是一种很好的吸引用户留存的方式，红包营销在直播的各个时段都可以使用，但不同的直播时段要使用不同的发红包策略，具体如

图 11-25 所示。

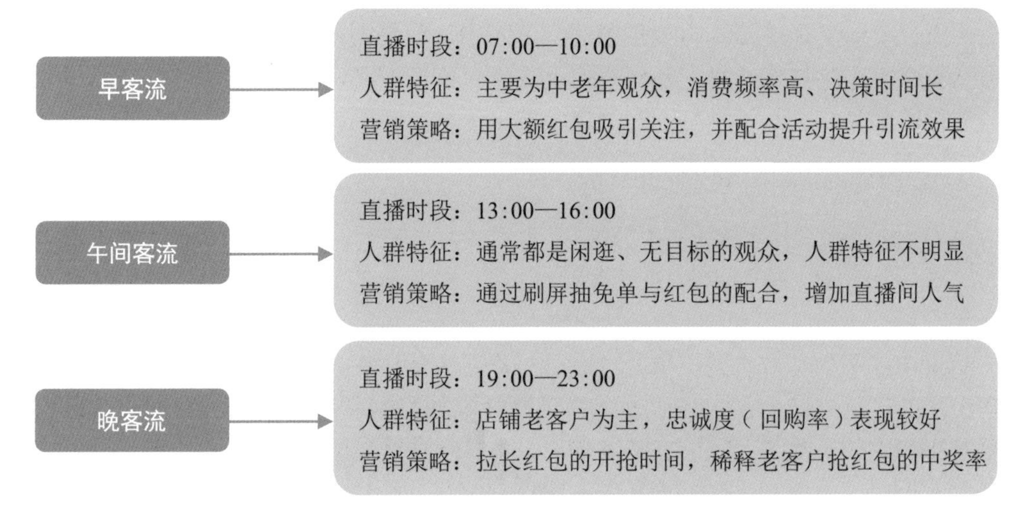

图 11-25　不同直播时段的不同营销策略